Many Hinman Abel

Practical Sanitary and Economic Cooking

Adapted to Persons of Moderate and Small Means

Many Hinman Abel

Practical Sanitary and Economic Cooking
Adapted to Persons of Moderate and Small Means

ISBN/EAN: 9783744788762

Printed in Europe, USA, Canada, Australia, Japan

Cover: Foto ©Lupo / pixelio.de

More available books at **www.hansebooks.com**

To this

Prize Essay

on

Practical, Sanitary and Economic Cooking,

By Mrs. Mary Hinman Abel,

Was awarded first prize among seventy competitors by the

AMERICAN PUBLIC HEALTH ASSOCIATION.

It was offered to the government for gratuitous distribution among the military and naval organizations and the offer has been accepted. Although it was principally written for the use of families, it is believed that much of the information contained therein would be practical and beneficial to our brave soldiers and sailors. In order to make it as useful as possible, Mrs. Abel, has, with the advice of Mrs. E. H. Richards (Professor of Chemistry of Food, Institute of Technology, Boston) kindly written a few prefatory pages relating to the preparation of articles of food furnished as rations by the government. Because of the desire to carry out the offer of distribution at as early a date as possible the time of the author for doing this work was very limited and it was not possible to make this part as thorough and complete as it would have otherwise been, but it will undoubtedly prove a very practical addition for the purpose intended.

If some of the money which is often spent for articles which are not nutritious nor healthful, was paid to a company fund to which all contributed, a much greater and more agreeable variety of palatable food could be obtained.

To make the donation as beneficial as possible a

SAVING AND INTEREST TABLE,

of which large numbers have been distributed, is enclosed with the Essay. The writer has seen during and after the late Civil War the conditions and consequences of soldiers *spending* and of soldiers *saving* their moderate earnings and he sincerely desires to assist in inducing as many as possible to save something for the future.

He hopes that the table may be circulated and examined by the members of the organizations. That this may be done and that the essay be often consulted and that it may assist in bringing, even if only in a comparatively small degree, comfort and health to the defenders of our now happily united country, is the sincere wish of one who is proud to be an

American Veteran Soldier.

ARMY COOKERY.

The ration issued to the U. S. army is more abundant, more varied and of better quality than that issued to the army of any other nation. It should therefore keep the men in health and strength, and if it fails to do so and to be palatable to the healthy appetite, the fault is in its preparation.

A few suggestions as to the cooking of the soldier's ration are here offered.

The garrison ration is so abundant that it cannot be wholly consumed and according to the liberal system of exchange of food the surplus can be exchanged in such a way as to give still greater variety. In an organized camp this allows of excellent and varied cookery. But, the ration when on the march is much less varied and contains little or no fresh meat or soft bread. It requires therefore more skill on the part of the cook to render it palatable and nutritious.

When the ration consists of salt pork and hard tack and a choice between beans, peas, rice and hominy, with tea and coffee and a few condiments, how it is to be best prepared with limited time and with the simplest utensils, rests entirely with the cook.

On the march the breakfast must be substantial as there can be often no other regular meal until night. The camp fires or the portable ovens must do their work over night in order to effect this. Only in this way can baked beans or bean soup be added to the bacon and hard tack, and this addition is necessary if the meal is to afford proper nutrition for the day and if there is to be no other resource. Pea and bean meal will here find a place and are much preferable to whole beans.

If there is an issue of fresh beef, the trimmings of what has been used the day before may be simmered with such vegetables and flavors as are at hand and thickened with hard tack broken in pieces. Such a soup or stew will be relished if well flavored.

Corn meal mush cooked long and slowly becomes a well flavored and nutritious food instead of being raw and irritating as it is if cooked hastily. If cooked stiff it may be moulded in cakes while yet warm, floured and fried in fat. Hominy and oat meal may be treated in the same way.

Rice is an excellent breakfast dish and quickly cooked. It is relished with the addition of condensed milk or syrup.

A Bill of Fare For Seven Days on the March, or at the Front

is here suggested, in which, for reasons stated, only *breakfasts* and *suppers* are provided for. If dinners are possible, they can be arranged according to material and time at command. Coffee can for some days be changed for tea.

For bills of fare at camp or garrison or on board ship, some of those suggested from pages 151 to 175 of the Essay, will prove useful.

SUNDAY. *Breakfast.*
    Bean Soup,
    Corn Beef,
    Coffee,
    Hard Tack,

Supper.
Fried Pork,
Coffee,
Plum Duff.

MONDAY. *Breakfast*
    Corn Mush and Molasses,
    Coffee,
    Bacon in Batter.

Supper.
Coffee,
Fried Mush,
Fried Bacon,
Hard Tack Pudding.

TUESDAY. *Breakfast.*
    Hoe Cake,
    Stewed Beans with Prunes,
    Coffee.

Supper.
Rhode Island Pancakes,
Coffee,
Fried Bacon.

WEDNESDAY. *Breakfast.*
    Pea Soup with Toasted Hard Tack,
    Coffee,
    Fried Bacon.

Supper.
Coffee,
Hoe Cake,
Cold Canned Beef.

THURSDAY. *Breakfast.*
    Boiled Bacon,
    Rice,
    Coffee.

Supper.
Pork and Potatoes,
Coffee,
Bean Meal Soup with Tomatoes.

FRIDAY. *Breakfast.*
    Baked Beans and Bacon,
    Coffee.

Supper.
Rhode Island Pancakes,
Coffee,
Canned Salmon.

SATURDAY. *Breakfast.*
    Hoe Cake,
    Pea Soup,
    Coffee,
    Boiled Pork.

Supper.
Coffee,
Fried Hominy and Molasses,
Cold Boiled Pork.

The meal, at the end of a day's march, must be often hastily prepared. It will then consist of fried pork, coffee and hard tack, or flour made into biscuits or pancakes with water and baking powder. Here whatever condensed foods are furnished will be used to advantage.

IMPORTANCE OF FLAVORING.

When the food is to be made up of few materials, the variety that can be given by cooking in different ways and by the addition of different flavors is very important.

The cook's stores should, if possible, contain vinegar, onions, tomatoes, dried fruits and pickles, which can be used to give character to the dishes. In the case of sugar, its food value, as well as its flavor, is to be considered. According to the result of late investigations carried on by the

war offices of different countries it is, in small quantities, an invaluable restorer of strength to men whose muscular strength has been overtaxed.

In camp, when a part of the regular ration may be exchanged for other food, all depends on the good judgment of the cook in making a right choice. With such varied materials, a large bill of fare can be made out and ordinary rules for cooking may be used.

The "Manual for Army Cooks" is here a valuable guide.

SALT PORK AND BACON.

Not alone for its excellent keeping qualities, but also because it gives a relish and flavor to other foods, salt pork remains the mainstay for the soldier of all countries.

It is more heavily salted than that sold for home consumption, and must always be freshened.

Fried Pork or Bacon. Cut in thin slices, soak in cold water for an hour, or boil for a few minutes, and then fry in a hot pan, on both sides, till transparent and light brown. Bacon is generally fried too hard, thus wasting the fat and ruining the flavor.

Gravy. To the fat left in the pan, add an equal quantity of flour; stir and cook a moment; stir in water to make a thick gravy, and season with pepper and a little vinegar.

Boiled Pork or Bacon. The pork must be soaked over night and boiled in plenty of water until tender. Whatever vegetables are at hand may be boiled with it, but only long enough to make them tender, else their flavor is injured and they become water-soaked. Thus a cabbage, if cut in quarters, will be quite tender in one half hour, potatoes in one half hour, greens, as spinage, in less time.

Pork and Potatoes. Cut one pound of pork in slices, also peal and slice one half peck potatoes, mix together in a pan, add a little water and cover. By the time the potatoes have become tender the water should have cooked away. Remove the cover and fry a light brown, season with pepper and a little vinegar.

Pork in Batter. Freshen salt pork as above, then dip in a thin batter made of one quart of flour, two heaping teaspoons of baking powder and one and one half pints of water and fry each piece brown in fat.

BEANS AND PEAS.

It is impossible to cook beans and peas without long soaking and parboiling. If there is not time for this long soaking and boiling, dried beans and peas should not be used at all. Well cooked beans and peas are an invaluable food for the soldier. Badly cooked, they are irritating and indigestible and doubtless responsible for much of the intestinal derangement common among hard worked and underfed soldiers. On the other hand bean or pea meal may be cooked in much less time and it has been found to be much more fully digested.

Boiled Beans and Peas. Soak twelve to twenty-four hours in soft water. If the camp water is hard, rain water can be frequently saved for this purpose. Boil for two to three hours also in soft water. If the water is hard add one-half teaspoonful of baking soda to each quart of beans and pour off this water after half an hour, replacing with

fresh boiling water. When soft they are to be seasoned with salt and pepper and some form of fat. If butter is not furnished, pork cut in small pieces may be boiled with the beans and served with them or a gravy made of any kind of fat in the manner described on page IV. Some acid seasoning is craved with peas and beans. A tomato sauce is excellent, or any kind of fruit.

The first water in which beans are boiled should be thrown away. The second water should be replenished sparingly and dried down at last rather than drained away.

Beans and Prunes.   Serve stewed beans with a border of stewed prunes.

Fried Beans.   (MANUAL FOR ARMY COOKS, p. 117.)

Bean or Pea Soup.   When beans or peas have been cooked as above till very soft, mash, return to the kettle, adding water to make a thick soup, also a little flour stirred up in water to keep the beans from sinking to the bottom. Season with salt and pepper, also with butter or beef drippings or pork fat unless fat meat has been cooked with the soup.

To every two quarts of soup a teacup of strained tomato is an excellent addition.

Fried Beans.   Boil and drain the beans. Put into a frying pan enough butter or beef drippings that when melted will just cover the bottom of the pan. When this becomes hot put in the beans and fry brown. Stir them occasionally, so they will become brown uniformly.

HARD TACK.

A soldier on the march reduced to coffee and hard tack softens the hard tack in coffee and thus makes it edible. There are many ways in which it may be softened and made to take up flavors, and it is always improved by being first toasted over coals.

Hard Tack Soup.   The basis of this must be the water in which any kind of meat has been cooked, and it should be flavored with salt and pepper, and if possible, with onions and flavoring herbs. The hard tack must be placed in it whole and soaked long enough to thoroughly soften. It may first be toasted or fried brown in fat.

Hard Tack Pudding.   Take a pan with a tight cover and pack in it hard tack, seasoning each layer with sugar, nutmeg, and adding boiled raisins or other fruit. Pour on boiling water, cover and allow it to stand until soft. Butter, if at hand, may be spread on each piece.

RICE.

As used among the Chinese and Japanese, rice can be made to take the place of all forms of bread. It is nearly water free, keeps well, and is easily cooked with simple outfit. Rice will doubtless be used more and more in our army.

First Method.   Melt in the pot a spoonful of butter or other fat, put in the well-washed rice and add to it three times its bulk of water and to each pint of rice a teaspoonful of salt. Cook close-covered, without stirring, for twenty minutes or half-hour on a fire that will keep it bubbling, but not hot enough to burn, as a bed of coals or

back of range. As soon as the grains are soft, turn out and eat with butter or fat meat. This is far better than the usual addition of sugar.

Second Method. In cooking rice, one object is to keep the grains distinct and light. This is also attained by rapidly boiling the rice in many times its bulk of water for about twenty-five minutes, and then draining and drying out a little over the fire. This is a better way if a thin utensil like tin must be employed or if the fire is very hot. But rice thus cooked has somewhat less flavor and nutrition than when cooked with only the amount of water it should absorb.

CORN MEAL.

As used in the South; corn meal is most valuable in a meal that must be cooked with a simple outfit. Unlike wheaten flour, it requires neither yeast nor baking powder to lighten it.

Hoe Cake. One quart corn meal, one teaspoon salt. Pour on this a scant quart of boiling water, mix well, and make out with the hands into thin cakes. Heat in a frying pan enough fat to nearly cover the cakes and fry brown on both sides.

Corn Mush. Stir into four quarts of boiling salted water one quart of corn meal, sifting it slowly in that all may be scalded. It should cook slowly, well covered, for an hour, or better two hours.

Rhode Island Pancakes. (MANUAL FOR ARMY COOKS, *page 141*.) Mix well one quart of Indian meal, one quart of rye flour, two large tablespoonfuls of melted shortening or butter; five tablespoonfuls of molasses, one tablespoonful of salt, one small teaspoonful of saleratus, one quart of water to make a stiff batter. Fry ten minutes as you would doughnuts.

COFFEE.

Coffee that must be kept for some time after roasting is much improved by being reheated in a pan before it is used.

The following are extracts of opinions on Mrs. Abel's Essay on "*Practical Sanitary and Economic Cooking Adapted to Persons of Moderate and Small Means,*" from members of the American Public Health Association:

DR. SAMUEL W. ABBOTT, Wakefield, Mass.—Mrs. Abel's prize essay is the best work of its kind that has yet appeared in this country. It deals with the food question in a practical, intelligible way, and will prove a useful and welcome addition to every household library. It is in fact, a working Manual, and a copy of it ought to form a part of every kitchen outfit in the land.

DR. A. W. ALVORD, Battle Creek, Mich.—This is a remarkable book. Very seldom does an author have a whole field to herself and fill it so wisely.

PROF. EDMUND R. ANGELL, Derry, N. H.—From hasty examination of the work, it appears to be excellent.

O. N. ARCHIBALD, Jamestown, N. Dakota.—The above little work is a very valuable essay on the subjects treated, and will do a vast sight of good to the class it is intended to benefit. I would wish to see it in the hands of every citizen, and especially those of small means and without knowledge on this important part of our lives.

Harry T. Bahnson, M. D., Pres't N. C. Board of Health, Salem, N. C.—Am thoroughly pleased with the little book. Shall try to introduce it largely throughout the State.

Dr. Wm. Bailey, Louisville, Ky.—The work is admirable.

Dr. Henry B. Baker, President American Public Health Association.—I consider it a very useful book to all classes of people.

B. F. Beardsley, M. D., Hartford, Conn.—So far as read I am much pleased with it.

Dr. Jos. A. Beaudry, Montreal.—I deem the work a most valuable addition to Domestic Economy.

Fred'k Becker, Clermont, Iowa.—The above-named little work is a marvel of usefulness and should be found in every household.

Dr. E. W. Blatchford, Chicago, Ill.—The subject and mode of treatment admirable; calculated to accomplish much good. Especially needed at present time.

Dr. Jno. Willis Browne, Surgeon General, U. S. N., Washington, D. C.—A clear, sufficient, full, practical, interesting treatment of the subject, and worthy of the commendation of the committee.

J. G. Cabell, M. D., Richmond, Va.—It will prove very useful for many purposes, especially in Public Institutions, where large numbers have to be provided for and economy consulted. It is gotten up in attractive style.

C. W. Chancellor, M. D., Baltimore, Md.—As a manual of Domestic Economy the book is admirable. It treats of a subject which is wisely in process of introduction into the routine of general education; and, for purposes of "teaching the young idea how to cook," is a scientific guide rather than a cookery book or a volume of rules and receipts.

Walter H. Chapin, M. D., Springfield, Mass.—A valuable work.

Dr. E. F. X. Cleveland, Dundee, Ill.—I will endeavor to interest employers to purchase copies for their married employees, as it meets their case *exactly*.

Dr. Chas. E. Cole, Wauzeka, Wis.—It is just what its title implies.

N. B. Cole, Bloomington, Ill.—The essay I prize highly. It is simple vest pocket common sense.

Dr. George Cook, Concord, N. H.—Very good thing!

Dr. Chas. Wm. Covernton, Toronto, Ont.—A most admirable compendium on a very important subject for contributing to the well-being of the masses, and well adapted for securing the object in view.

Prof. F. C. Curtis, Albany, N. Y.—A good subject well treated, in concise form.

Dr. J. P. Dake, Nashville, Tenn.—Your committee of award did wisely in this case. The book comes up to the requirements very nicely.

H. C. Darby, Wilmot, Wis.—The best I ever read.

H. H. Darr, M. D., Caldwell, Tex.—I think it is a splendid work and will no doubt do a great deal of good.

Dr. S. H. Durgin, Boston, Mass.—The best I have ever seen on the subject, and will do inestimable good if read by the people.

Dr. Cyrus Edson, New York.—The work is the most complete of its kind I have seen. Its mission, though seemingly lowly, is in reality a very high one, and it fills it perfectly. It reflects great credit upon all connected with its production.

Dr. W. H. Elliott, Savannah, Ga.—I am glad to be able to say that I think this work admirable.

Delos Fall, Albion, Mich.—This work must be the means of doing much good in teaching people how to live better and more cheaply. The work will be of great value to me personally in the lectures on sanitary science.

DR. CHAS. H. FISHER, Providence, R. I.—I am most favorably impressed with the high value of this little book as a practical manual of sanitary, economic and also scientific cooking. The correctness of scientific statement and the directness and clearness of scientific application in the grouping of the fundamental "food principles" in the various formulæ for cooking, are most admirable.

DR. CHARLES JAMES FOX, Surgeon General of the State, Willimantic, Conn.—A very valuable and interesting work.

DR. E. B. FRAZER, Sec'y State Board of Health, Delaware.—The work is brief and to the point. Its value as an educator can hardly be computed in dollars and cents. It is a gem.

DR. SPENCER M. FREE, Beachtree, Jefferson Co. Pa.—I am glad to say that the above is one of the finest works on the subject that I have had the opportunity to examine. It should have a wide circulation.

W. S. FRENCH, C. E., Agent and Clerk Board of Health, West Newton, Mass.—From the little study which I have been able to give to it it seems to justify the opinion of the Committee of Award. Its arrangement is admirable and so clear that "he may read who runs" and understand it.

DR. WOLCOTT GIBBS, Newport, R. I.—An admirable book which ought to be in every family.

DR. ALBERT L. GIHON, U. S. Naval Hospital, Brooklyn, N. Y.—Attractive in appearance—neat and elegant in style—an admirable addition to any library.

CROSBY GRAY, Esq., Municipal Hall, Pittsburgh, Pa.—An excellent work, which should be in the possession of every housekeeper.

WM. E. GRIFFITHS, M. D. Brooklyn, N. Y.—Worthy of the prize.

DR. JUNIUS M. HALL, Chicago, Ill.—The work contains a great quantity of valuable information and I am greatly pleased with it.

DR. JOHN B. HAMILTON, U. S. Mar. Hospital Serv., Washington, D. C.—The essay is a good one and in my opinion should have a wide distribution.

DR. A. HAZLEWOOD, Grand Rapids, Mich.—Like the essay very much; pleasing in the manner, and full of good ideas.

WILLIAM HEAPS, Manufacturer, Muskegon, Mich.—A masterpiece. Will prove of incalculable benefit to those "who read, mark, and learn."

DR. H. J. HERRICK, Cleveland, O.—I am very much pleased with the clear and definite manner of presentation, as also the practical matter contained in the Prize Essay. It treats of a most important subject in Hygiene.

HON. HENRY D. HOLTON, Brattleboro, Vt.—A most valuable book.

DR. GEO. HOMAN, St. Louis, Mo.—I think the essay is admirable both in scope and method.

DR. CARL H. HORSCH, Dover, N. H.—I sincerely hope that the valuable and inexpensive essay will be in every house in the land.

ALEXANDER HADDEN, M. D., New York City.—I have examined the book on Sanitary, Economic Cookery hastily, but sufficiently thorough to understand fully that it will be a useful manual in every intelligent household, and an invaluable aid to physicians who look after the regimen of their patients.

C. C. HUNT, Dixon, Ill.—An excellent exposition and treatment of the subjects considered.

EZRA M. HUNT, M. D., Trenton, N. J.—I find the book of Mrs. Abel is a most valuable one, and adds new credit to the Lomb Prize Essays. It will be of great and wide-spread service.

DR. D. C. JONES, Member State Board of Health, Topeka, Kansas.—I am very much pleased with the clear and concise manner in which the author presents her views.

Hon. J. M. KEATING, Editor Memphis Commercial, Memphis, Tenn.—A scientific and practical work that would be of especial value in classes, and that should be pushed as rapidly as is possible into general circulation.

PROF. R. C. KEDZIE, M. D., Prof. in Agricultural College, Lansing, Mich.—I am much pleased with the book. It resembles a well-ordered meal in that there is enough and not too much. The good cook is the handmaid of good morals; there is no real civilization without her aid.

JOSIAH F. KENNEDY, A. M., M. D., Sec'y Iowa State Board of Health, Des Moines, Iowa.—I am much pleased with the work. It is eminently practical; scientific without being technical. The arrangement is excellent. The style is clear and terse. It is indeed a multum in parvo and as a cook book I know none better—though many larger.

DR. P. H. KRETZSCHMAR, Brooklyn, N. Y.
So far as I have read the little work, I consider it very valuable, full of instructive matter.

BENJAMIN LEE, M. D., Sec'y State Board of Health of Pennsylvania, Philadelphia, Pa.—The wanton waste which characterizes the provisioning and cooking of the family of the American mechanic is only too well-known to students of social science. If this work could be brought into such families, its simplicity and clearness could not fail to convince the mothers and housekeepers of the advantage, both to the purses of their husbands and the health of their families, of a more careful study of the science of cooking and of the true values of foods. Money which is now recklessly squandered would be laid away against a rainy day, and many a dyspeptic pang would be prevented. It is much to be desired that means should be taken to give this truly valuable book a wide circulation.

DR. E. R. LEWIS, Kansas City, Mo.—I believe this little book will prove of much practical value to those who are fortunate enough to possess it, and I believe its domain could well be extended to those of more than moderate means. I would especially commend it to many of our American hotels and restaurants.

CHAUNCEY E. LOW, M. D., Brooklyn, N.Y.—The work strikes me as practical, containing much information that should be known to all of those who desire to study the sanitary and economic methods of preparing food.

R. N. MACDONNELL, M. D., Montreal, P. Q.—A work that is certain to do a great deal of good.

JNO. EDW. MASON, M. D., Washington, D. C.—Have read the work, find it first rate, especially the article on cooking meats.

C. D. MCDONALD, Kansas City, Mo.—From the short time I have had to read and digest the subject matter I think it excellent.

W. P. MCLAREY, Milwaukee, Wis.—An exceedingly valuable book.

DR. J. A. MEAD, Pearlington, Miss.—Am well pleased with the book.

DR. ALFRED MERCER, Syracuse, N. Y.—I have examined the above work and am pleased with its scope and suggestions.

C. MONJEAU, Secretary and Manager of National Water Supply Co., Cincinnati, O.—The essay impresses me more favorably than anything of the kind I ever met with in any school.

F. MONTIZAMBERT, M. D., Quarantine Officer, Quebec, P. Q.—Interesting and valuable essay.

ROB'T MOORE, C. E., St. Louis, Mo.—Seems to be very valuable.

EMMA W. MOOERS, Arlington, Mass.—The book is invaluable,—it will bring harmony out of discord. Better work, clearer heads, and happier lives will belong to the working people.

D. P. MORGAN, Chicago, Ill.—From the cursory glance that I have made of the book I should consider it one of extreme usefulness, and the author deserves great credit for her labor.

W. F. MORSE, New York City.—Admirably sensible and compact in arrangement and statement. Thoroughly practical and well adapted for purposes required.

E. M. MOSHER, M. D., Brooklyn, N. Y.—It is clearly written, scientific, simple, well adapted to the needs of the people, both rich and poor.

DR. A. NASH, Joliet, Ill.—I am very much pleased with the essay of Mrs. M. H. Abel.

DR. WM. K. NEWTON, Paterson, N. J.—A most excellent work.

FRANK P. NORBURY, M. D., Jacksonville, Ill.—An intensely interesting essay, full of practical facts worthy the consideration of all who "eat to live." The application of physiological principles is aptly set forth and well adapted for the use to which these health essays are intended.

DR. WM. OLDRIGHT, Toronto, Ont.—Think it conveys a large amount of useful, practical information, very much needed by our housekeepers, in a concise and pleasant manner.

H. S. ORNE, M. D., Los Angeles, Cal.—I have examined the copy of "Sanitary and Economic Cooking," and find it an excellent book on the subject, and just what is needed for the people.

HENRY E. PELLEW, Esq., Washington, D. C.—A very practical code of instructions in the preparation of food in the households of the majority in this country.

DR. C. O. PROBST, Columbus, O.—I have read the above work with much interest, and am much pleased with it. I consider it one of the best of the series and wish we were able to place one in each household in our State.

J. W. REDDEN, M. D., Topeka, Kan., Sec'y Kansas State Board of Health.—This is a most admirable work; well adapted to the purposes designed. It is full of valuable information and should be in every family. May its demand be equal to its merits.

DR. JAMES E. REEVES, Chattanooga, Tenn.—I am delighted with the work. Its value will be the happiness and saving of thousands of persons who will never see the book.

R. H. REID, Mansfield, Ohio.—Good.

DR. B. O. REYNOLDS, Lake Geneva, Wis.—A valuable little Essay, especially calculated to benefit the poor and middle classes (financially speaking) of American society.

MRS. ELLEN H. RICHARDS, S. B., A. M., Instructor in Sanitary Chemistry, Mass. Institute of Technology, Boston, Mass.—It is not often that we find so much real knowledge, or the result of so much study condensed into one little volume of 175 pages. It is a truly fortunate circumstance that an American mother and housekeeper should have the great opportunity, and with the opportunity the desire and ability to weave the scientific knowledge of the laboratory into the daily food of the family. The great value of the little book lies in the clear statement of certain principles which lie at the foundation of all food preparation; so that if the particular recipe is not available for the housewife she may by a little study learn how to adapt what she has to the best advantage.

F. C. ROBINSON, Brunswick, Me.—I am exceedingly pleased with the work. It cannot be too widely circulated.

F. J. ROGERS, M. D. Stamford, Ct.—Sensible and practical. An excellent work.

DR. H. W. ROSE, Westerly, R. I.—An excellent work.

J. B. ROZIER, Esq., Memphis, Tenn.—Highly appreciated.

A. R. Rui, Springfield, Mass.—Of inestimable value, especially to young housekeepers.

D. A. Sargent, M. D., Cambridge, Mass.—An excellent treatise on the subject.

Chas. H. Shepard, M. D., 81 Columbia Heights, Brooklyn, N. Y.—Exceedingly interested in this book. Will prove valuable in many ways.

Dr. J. H. Sears, Waco, Tex.—Have not had time to examine critically, but so far as examined, very much pleased and think it entitled to the prize.

Joel W. Smith, M. D., Charles City, Iowa.—Without exception, the most valuable work of the kind in the English language—and I suspect in any language—not alone for the poor but for all classes.

Dr. Joseph Spiegelhalter, St. Louis, Mo.—This is an excellent book.

State Board of Health, Des Moines, Iowa.—Excellent.

Dr. George M. Sternberg, U. S. A., Ex-President Am. Pub. Health Ass'n., John Hopkins University, Baltimore, Md.—This essay, in which the results of scientific research and of practical experience are combined in an admirable way, should be in the hands of every housekeeper.

Eug. F. Storke, M.D., Milwaukee, Wis.—I am much pleased with the book.

Chas. Sutherland, U. S. A., Governor's Island.—As far as I have had time to examine this book I believe it to be an excellent one for the object intended.

Dr. G. B. Thornton, Memphis, Tenn.—From a hasty sketch I am sure it is worthy of the credit awarded it by the Committee, and it will prove very useful in practice.

J. P. Thomas, M. D., Elmo, via Pembrook.—I am very much pleased with the entire book. It is certainly a multum in parvo on the subject of both scientific and practical cooking.

Dr. Gerard G. Tyrrell, Sec'y California State Board of Health, Sacramento, Cal.—I have looked over the book and think it a most valuable addition to the sanitary works of the American Public Health Association. I think it ought to have a large circulation among those to whose means it is adapted as embodying the greatest economy in the most efficient results in the preparation of palatable food.

Dr. J.H. Van Deman, Chattanooga, Tenn.—Decidedly practical and useful.

F. P. Vanderbergh, Buffalo, N. Y.—A most excellent book for any citizen, whether professional or artisan.

Dr. H. P. Walcott, Ex-President of the American Public Health Ass'n., Cambridge, Mass.—The work appears to me now, as it did upon my earlier reading of it, eminently wise and practical. I think a more general use of this little book would be of essential benefit to the public health.

Jerome Walker, M. D., Brooklyn, N. Y.—One of the most practical books I have ever seen and the *only* one of the kind as far as I know.

D. R. Wallace, M. D., Sup't North Texas Lunatic Asylum, Terrell, Tex.—Little book, is a most important treatise on a most important subject, truly a multum in parvo.

Cheney D. Washburn, Springfield, Mass.—Excellent work.

Dr. J. Madison Watson, Elizabeth, N. J.—An essay which supplies a real need.

J. O. Webster, M. D., Augusta, Me.—It is of great value, and it is very desirable that it should be widely circulated.

H. M. Wells, Medical Inspector, U. S. N. Washington, D. C.—Multum in parvo.

Elisha Winter, Brooklyn, N. Y.—Admirably adapted.

S. P. Wise, Millersburg, O.—It is a masterpiece on the subject of which it treats.

Praktische Sanitäre und ökonomische Küche,

Personen von Mässigen und geringen Mitteln angepasst.

— Von —

Frau Mary Hinman Abel.

In's Deutsche übertragen von H. Pfäfflin.

Lomb'scher Preis-Aufsatz.

Aufschrift: „Die fünf Nahrungsgrundlagen durch praktische Rezepte illustrirt."

Herausgegeben von dem
Amerikanischen Verein für öffentliche Gesundheitspflege.
1890.

PRACTICAL

SANITARY AND ECONOMIC COOKING

ADAPTED TO

PERSONS OF MODERATE AND SMALL MEANS

BY

MRS. MARY HINMAN ABEL.

THE LOMB PRIZE ESSAY.

Inscription: "The Five Food Principles, Illustrated by Practical Recipes."

PUBLISHED BY THE
AMERICAN PUBLIC HEALTH ASSOCIATION.
1890.

COPYRIGHT, 1889,
BY IRVING A. WATSON,
SECRETARY AMERICAN PUBLIC HEALTH ASSOCIATION.

In exch.
D. of C. Pub. Lib.

JAN 17 1908

PRINTED BY E. R. ANDREWS
ROCHESTER, N. Y.

Vorrede.

Es gibt vielleicht keine bessere Art und Weise, dem Publikum die Thatsachen vorzulegen, welchen dieses werthvolle Werk seine Entstehung verdankt, als die Beifügung der Ankündigung, die zu einer außerordentlich lebhaften und tüchtigen Concurrenz um den Preis, wie auch zu der wohlverdienten Ehre führte, welche dem erfolgreichen Preisbewerber gesichert war. Sie lautete, wie folgt:

American Public Health Association.

Die Lomb'schen Preisaufsätze.

Herr Henry Lomb von Rochester, N. Y., der bereits dem amerikanischen Publikum wohlbekannte Veranlasser der „Lomb'schen Preisaufsätze", offerirt durch den amerikanischen Verein für öffentliche Gesundheitspflege für das laufende Jahr zwei Preise für folgendes Thema:

Praktische, sanitäre und ökonomische Küche, Personen von mäßigen und geringen Mitteln angepaßt.

Erster Preis $500, - - - - Zweiter Preis $200.

Preisrichter: Prof. Charles A. Lindsley, New Haven, Conn.; Prof. Geo. H. Rohé, Baltimore, Md.; Prof. Victor C. Vaughan, Ann Arbor, Mich.; Frau Ellen H. Richards, Boston, Mass.; Frl. Emma C. G. Polson, New Haven, Conn.

Bedingungen: Das Arrangement des Aufsatzes ist dem Gutdünken des Verfassers überlassen. Derselbe

PREFACE.

Perhaps there is no better way of presenting to the public the facts which led to the creation of this valuable work, than by inserting the announcement which resulted in the exceedingly lively and able competition for the prize, as well as the merited honor which was certain to fall upon the successful competitor. It read as follows:

AMERICAN PUBLIC HEALTH ASSOCIATION.

THE LOMB PRIZE ESSAYS.

Two Prizes for 1888.

Mr. Henry Lomb, of Rochester, N.Y., now well known to the American public as the originator of the "Lomb Prize Essays," offers, through the American Public Health Association, two prizes for the current year, on the following subject:

PRACTICAL SANITARY AND ECONOMIC COOKING ADAPTED TO PERSONS OF MODERATE AND SMALL MEANS.

First Prize, $500, - - - Second Prize, $200.

JUDGES: Prof. Charles A. Lindsley, New Haven, Conn.; Prof. George H. Rohé, Baltimore, Md.; Prof. Victor C. Vaughan, Ann Arbor, Mich.; Mrs. Ellen H. Richards, Boston, Mass.; Miss Emma C. G. Polson, New Haven, Conn.

CONDITIONS: The arrangement of the essay will be left to the discretion of the author. They are, however,

sollte jedoch in der umfassendsten und specifischsten Weise Kochmethoden sowohl, wie sorgfältig ausgearbeitete Rezepte für 3 Classen enthalten, — 1) für Leute von mäßigen Mitteln, 2) für Leute mit geringen Mitteln, 3) für Leute, die arm genannt werden können. Für jede dieser drei Classen sollten Rezepte zu drei täglichen Mahlzeiten für mehrere aufeinander folgende Tage gegeben werden, wobei jede Mahlzeit den leiblichen Bedürfnissen zu entsprechen hat und von Tag zu Tag möglichst viel Abwechslung bietet. Auch sind Formulare für zwölf Mittagsmahlzeiten zu geben, welche kalt nach dem Arbeitsplatz mitgenommen und meist kalt gegessen werden sollen. Zuträglichkeit, praktisches Arrangement, Wohlfeilheit und Schmackhaftigkeit sollten vereint berücksichtigt werden. Der Zweck dieses Werks ist die Information der Hausfrau, deren Bedürfnissen das durchschnittliche Kochbuch schlecht angepaßt ist, sowie Hinlenkung ihrer Aufmerksamkeit auf zuträgliche und ökonomische Methoden und Rezepte.

Alle um den obigen Preis geschriebenen Aufsätze müssen längstens bis zum 15. September 1888 in den Händen des Sekretärs, Dr. Irving A. Watson, Concord, N. H. sein. Jeder Aufsatz muß ein Motto haben, und Name und Adresse des Verfassers muß ihm in einem sorgfältig versiegelten Briefcouvert, auf dessen Außenseite das Motto geschrieben steht, beigegeben sein.

Nachdem über die Preisaufsätze entschieden ist, werden die Couverte mit den ihnen entsprechenden Mottos geöffnet und den Personen, deren Namen sich darin befinden, die Preise zuerkannt. Die übriegen Couverte werden, wenn die ihnen entsprechenden Aufsätze von den Verfassern nicht reklamirt werden, vom Sekretär uneröffnet vernichtet.

Keinem der Richter ist die Preisbewerbung erlaubt.

Die Richter machen die Preisvertheilung in der jährlichen Versammlung des Vereins für öffentliche Gesundheitspflege, 1888, bekannt.

Es wird gewünscht, daß die obigen Aufsätze in ihrem

expected to cover, in the broadest and most specific manner, methods of cooking as well as carefully prepared receipts, for three classes,—(1) those of moderate means; (2) those of small means; (3) those who may be called poor. For each of these classes, receipts for three meals a day for several days in succession should be given, each meal to meet the requirements of the body, and to vary as much as possible from day to day. Formulas for at least twelve dinners, to be carried to the place of work, and mostly eaten cold, to be given. Healthfulness, practical arrangement, low cost, and palatableness should be combined considerations. The object of this work is for the information of the housewife, to whose requirements the average cook-book is ill adapted, as well as to bring to her attention healthful and ecconomic methods and receipts.

All essays written for the above prizes must be in the hands of the Secretary, Dr. Irving A. Watson, Concord, N. H., on or before September 15, 1888. Each essay must bear a motto, and have accompanying it a securely sealed envelope containing the author's name and address, with the same motto upon the outside of the envelope.

After the prize essays have been determined upon, the envelopes bearing the mottoes corresponding to the prize essays will be opened, and the awards made to the persons whose names are found within them. The remaining envelopes, unless the corresponding essays are reclaimed by authors or their representatives within thirty days after publication of the awards, will be destroyed, unopened, by the Secretary.

None of the judges will be allowed to compete for a prize.

The judges will announce the awards at the Annual Meeting of the American Public Health Association, 1888.

It is intended that the above essays shall be essentially American in their character and application, and

Charakter und in ihrer Anwendung wesentlich amerikanisch sein sollen und darin werden die Richter ein Hauptverdienst sehen.

Die Conkurrenz steht Verfassern von irgend einer Nationalität frei, alle Aufsätze aber müssen in englischer Sprache geschrieben sein.

Irving A. Watson, Sekretär.

Concord, N. H., Februrr 1888.

Obiges Circular wurde weit verbreitet und in den ganzen Ver. Staaten und in der „Dominion" Canada veröffentlicht, was zur Folge hatte, daß beim Sekretär in der specificirten Zeit siebenzig Aufsätze über das angekündigte Thema einliefen. Das Eintreffen dieser Aufsätze erstreckte sich über einen Zeitraum von nahezu fünf Monaten, und sie wurden fast ebenso rasch, wie sie eingingen, an den Vorsitzenden des Preiskommittees übermittelt, wodurch das Kommittee für seine überaus arbeitsreiche Aufgabe der Prüfung hinreichend Zeit erhielt. Die Entscheidung der Richter wurde in der 16. Jahresversammlung des Vereins für öffentliche Gesundheitspflege wie folgt, bekannt gemacht:

Bericht des Kommittees über die Lomb'schen Preise.

Ihr Kommittee, welchem die Aufsätze über „Praktische, sanitäre und ökonomische Küche, Personen von mäßigen, kleinen und geringen Mitteln angepaßt" überwiesen wurden, berichtet respektvoll, daß es mit nachdenklicher und sorgfältig erwägender Aufmerksamkeit die nahezu 6 Dutzend Aufsätze durchgesehen hat, welche ihm vorgelegt wurden.

Einige von ihnen waren in hübscher Typenschrift verfaßt, die meisten aber waren Manuscripte, und einige von ihnen waren nicht gerade von den leserlichsten Charakteren, ein Umstand, der, wie man zugeben wird, schwer in die Wagschale fiel, wenn man ihn in Verbindung mit der großen Zahl der Preisbewerber und der Thatsache in Be-

this will be considered by the judges as an especial merit.

Competition is open to authors of any nationality, but all the papers must be in the English language.

IRVING A. WATSON,
Secretary.

CONCORD, N. H., February, 1888.

The above circular was extensively circulated and published throughout the United States and the Dominion of Canada, with the result of bringing to the Secretary, within the specified time, *seventy essays* upon the subject announced. The arrival of these essays covered a period of nearly five months, and they were forwarded to the Chairman of the Committee of Award nearly as fast as received, thus giving the committee ample time for their exceedingly laborious work of examination. The decision of the judges was announced at the Sixteenth Annual Meeting of the American Public Health Association, and was as follows:

REPORT OF COMMITTEE ON THE LOMB PRIZES.

Your committee, to whom were referred the essays upon "Practical Sanitary and Economic Cooking Adapted for Persons of Moderate and Small Means," respectfully report that they have perused with thoughtful and considerate attention the three score and ten essays which were submitted to them.

A few of them were presented in beautiful specimens of type-writing, but the great majority of them were in manuscript, and some of them not in the most legible characters, a circumstance which, it will be appreciated, became an important matter, when considered in connection with the large number of competitors, and the fact that many of their papers were each of several hundred pages in length.

rücksichtigung zieht, daß viele der Aufsätze je ein paar hundert Seiten lang waren.

Die Arbeit des Kommittees resultirte in dem einstimmigen Zugeständniß, daß der erste Preis von $500 der Verfasserin des Aufsatzes mit der Aufschrift: „Die fünf Nahrungsgrundlagen, durch praktische Rezepte illustrirt" zuzuerkennen sei.

Ihr Kommittee, erlaubt sich, ferner zu berichten, daß, obschon sich unter den übrigen 69 eine Anzahl sehr verdienstvoller Aufsätze befanden, doch kein einziger den übrigen so weit überlegen war, daß er sich den Beifall einer Majorität Ihres Kommittees errungen hätte, und es war auch keiner darunter, der nicht einige Fehler in seinen Angaben enthielt, so daß Ihr Kommittee sich nicht berechtigt glaubte, sie von diesem Verein durch Zuerkennung eines Preises bestätigen zu lassen, und unter den anderen war keiner, der nicht hinter einigen der Bedingungen zurückblieb, unter welchen der Preis offerirt wurde, oder sonst einen Anstoß wegen literarischer Mangelhaftigkeit gab.

Ihr Kommittee erlaubt sich daher, respektvoll zu berichten, daß unter dem ihm vorgelegten Aufsätzen sich keiner befand, den es des zweiten Preises von $200 würdig erkannte.

Das Kommittee hält es für eine Pflicht, bei der Zuerkennung des Preises auf die Thatsache Nachdruck zu legen, daß von allen ihm vorgelegten Aufsätzen der von ihm ausgewählte nicht nur weit hervorragend der beste ist, sondern auch an und für sich eine bewunderungswürdige Abhandlung über den Gegenstand bildet.

Er ist einfach und klar in seiner Darstellung und den Classen, an die er gerichtet ist, wohl angepaßt. Wer ihn liest, muß zu seinen gesunden Lehren Vertrauen bekommen und kann nicht verfehlen, durch seine einfachen Vorschriften, die blos auf die korrekte Anwendung wissenschaftlicher Prinzipien der Chemie und Physiologie auf die richtige Bereitung der Speisen für die Menschen basirt sind, in der Kochkunst zu lernen.

The result of the labors of the committee is, that by unanimous approval, the first prize of $500 is awarded to the author of the essay bearing this inscription,—"The Five Food Principles, illustrated by Practical Recipes."

Your committee would further report that although there were among the remaining sixty-nine a number of essays of considerable merit, there was no single one so prominently superior to others as to commend the approval of the majority of your committee, nor was there any which did not contain some errors of statement, which your committee did not feel justified in endorsing with the approval of this Association by the bestowal of a prize, or else which did not fail to meet some of the conditions upon which the prize was offered, or which was not otherwise objectionable because of literary defects.

Your committee would therefore respectfully report that no essay was found among those submitted to them which they judged deserving of the second prize of $200.

The committee consider it a duty, in awarding the prize, to emphasize the fact that of all the essays submitted the one selected is not only preëminently the best, but that it is also intrinsically an admirable treatise on the subject.

It is simple and lucid in statement, methodical in arrangement, and well adapted to the practical wants of the classes to which it is addressed. Whoever may read it can have confidence in the soundness of its teachings, and cannot fail to be instructed in the art of cooking by its plain precepts, founded as they are upon the correct application of the scientific principles of chemistry and physiology to the proper preparation of food for man.

All of which is respectfully submitted.

C. A. LINDSLEY.
GEORGE H. ROHÉ.
V. C. VAUGHAN.
ELLEN H. RICHARDS.
EMMA C. G. POLSON.

Respektvoll unterbreitet von

   E. A. Lindsley.
   George H. Rohé.
   V. C. Vaughan.
   Ellen H. Richards.
   Emma E. G. Polson.

 Das amerikanische Publikum kann sich zu diesem nützlichen und werthvollen Beitrag zu dem, was seine große Armee von Arbeitsleuten gebraucht, den dies menschenfreundliche Wohlwollen eines Privatbürgers möglich gemacht hat, Glück wünschen. Dies war der fünfte Preis, den derselbe Bürger durch dieselbe Vermittlung offerirt hat, in der edelmüthigen Absicht, dadurch bis zu einem gewissen Grade die Mühseligkeiten zu heben, welche der Menschheit in dem unermüdlichen Kampfe um's Dasein zufallen.

 Daß dieser Aufsatz in die Hände jeder Familie im Lande gelegt werden könne, ist sowohl sein ernstlichster Wunsch, wie der des Vereins; es wird deßhalb ein Preis, der kaum die Kosten deckt, für diesen Band gefordert. Man hofft, daß Regierungsdepartements, staatliche und lokale Gesundheitsbehörden, Sanitäts- und Wohlthätigkeitsvereine, Fabrikanten, Arbeitgeber &c Ausgaben zum Kostenpreis ankaufen oder anderweitig zur Verbreitung dieses Werkes unter dem Volke beitragen werden.

 Obschon das Verlagsrecht auf diese Aufsätze zum gesetzlichen Schutze gesichert ist, kann die Erlaubniß zur Veröffentlichung unter gewissen Bedingungen erlangt werden, wenn man sich an den Sekretär wendet.

 Wir empfehlen diesen Band dem Publikum in der Überzeugung, daß er ein Werk ohne Gleichen ist über „Praktische, sanitäre und ökonomische Küche, Personen von mäßigen und geringen Mitteln angepaßt."

Irving A. Watson

Sekretär des amerikanischen Vereins für öffentliche Gesundheitspflege.

Table of Contents.

Legumes,	81
Potatoes and other Vegetables,	82
Fruits,	83
The Cooking of Grains,	85
Grains Cooked Whole,	85
Cooking of Grits,	86
Corn Flour,	87
Graham Flour,	88
Fine Wheat Flour,	89
Macaroni and Noodles,	89
Flour Raised with Fat,	91
Flour Raised with Egg,	92
Egg Pancakes, &c.	92
Flour Raised with Carbonic Acid Gas,	93
(a) Yeast Raised,	
White Bread,	94
Rye and Corn Bread,	97
Biscuits, Rolls, &c.	97
Yeast Pancakes,	99
Buckwheat Flour,	100
(b) Raised with Soda,	
Methods,	101
Soda Biscuits,	102
Uses of Biscuit Dough, &c.	102
Soda Corn Breads,	103
Soda Pancakes, without Eggs,	103
Soda Pancakes, with Eggs,	104
Uses for Bread,	105
Simple Sweet Dishes,	107
Milk Puddings,	107
Fruit Puddings, with Biscuit Dough,	108
Fruit Puddings with Bread,	109
Custard Puddings,	110
Bread and Custard Puddings,	110
Suet Puddings,	112
Pudding Sauce,	112
Fritters,	113
Cooking of Vegetables,	115

Soups without Meat,	117
Vegetable Soups,	117
Flour and Bread Soups,	121
Milk Soups or Porridges,	122
Fruit Soups,	124
Additions to Soups,	126
Dumplings for Soups and Stews,	127
Flavors and Seasonings,	130
Drinks,	133
COOKERY FOR THE SICK,	137
TWELVE BILLS OF FARE—Explanation,	142
Class I. (with letter of advice to mother of the family),	143
Class II.	163
Class III.	164
TWELVE COLD DINNERS,	176

Einleitung.

Es gibt wenige Dinge, die von größerer Bedeutung sind, als daß wir uns leiblich und geistig unserer Tagesarbeit gewachsen sehen, allein Wenige von uns sind sich bewußt, in wie großem Maße dies von der Nahrung abhängt, die wir genießen.

Nehmen wir an, eine bestimmte Familie habe gerade Geld genug, um sich die richtige Sorte und Quantität Nahrung kaufen zu können. Wenn nun dieses Geld nicht klug verwendet wird, oder die Nahrungsmittel nach dem Kauf beim Kochen verderben, so ist das Resultat für die Mitglieder der Familie ein höchst bedenkliches; sie werden schlecht genährt und büßen von der Klarheit des Kopfes, ihrer leiblichen Stärke ein, und soweit Kinder davon berührt werden, in ihrer Körperentwicklung.

Sicher ist der richtige Körperzustand zu wichtig, um dem Zufall preisgegeben werden zu dürfen; für ihn sollten die besten wissenschaftlichen Kenntnisse, die praktischsten Köpfe in Anspruch genommen werden, und dies geschieht auch thatsächlich in großem Maßstab in Europa, wo die Nahrung der Soldaten und Insassen öffentlicher Anstalten mehr oder weniger nach gewissen Regeln geliefert wird, die theils aus der Beobachtung, theils aus wissenschaftlichen Experimenten abgeleitet sind.

Die Anwendung wissenschaftlicher Prinzipien auf dieses Fach ist noch ziemlich neu, denn die Untersuchungen, die sie feststellten, sind noch verhältnißmäßig neuen Da-

INTRODUCTION.

Few things are of more importance than that we should find ourselves physically and mentally equal to our day's work, but not many of us realize how largely this depends upon the food we eat.

Supposing there to be just money enough in a given family to buy the right kind and quantity of food. Now if this money is not wisely expended, or if after the food has been bought it is spoiled in the cooking, the results will be very serious for the members of that family; they will be under-nourished and they will suffer in clear-headedness, bodily strength, and in the case of children, in bodily development.

Surely the right condition of the body is too important to be left to chance ; the best scientific knowledge, the best practical heads should be at its service, and this is the case, indeed, to a large extent in Europe, where the food of the soldiers and of the inmates of public institutions is furnished more or less according to certain rules that have been deduced partly from observation, and partly from scientific experiment.

The application of scientific principles on these lines is not of long standing, for the investigations that have clinched them are all of comparatively recent date. At

tums. Zu Ende des letzten Jahrhunderts wurde in Frankreich und Deutschland im Zusammenhang mit philanthropischen Bestrebungen mit Verbesserung der Nahrungsmittel von Armen der Anfang gemacht, und in dieser Zeit führte Graf Rumford in den Münchner Suppenanstalten die nach ihm benannte Suppe ein. Von dieser Zeit an haben Nahrungsmittel für Menschen und Hausthiere an Interesse stetig gewonnen, obschon die Experimentatoren beständig zu falschen Schlüssen gelangten, weil die Wissenschaft der organischen Chemie und der Physiologie, soweit sie auf diesen Gegenstand Bezug haben, noch nicht weit genug fortgeschritten war.

Erst in den vierziger Jahren wurden Stationen für Ackerbauerperimente errichtet, die sich jedoch so reißend schnell vermehrten, daß es eben in Europa allein deren mehr als hundert gibt; und in diesen und den Laboratorien der großen Universitäten sind Analysen der meisten von Menschen und Thieren gebrauchten Nahrungsmittel, sowie Proben über die relative Fleisch- und Fett bildende Kraft verschiedener Nahrungsmittel und Nahrungsmittelverbindungen angestellt worden.

Lange Jahre wurden die Resultate dieser Untersuchungen mit Nutzen auf die Viehfütterung angewendet, allein erst ein Fall, in dem England eine allgemeine Hungersnoth drohte, lenkte die Aufmerksamkeit von Personen mit geeigneter Bildung auf ein ähnliches Studium der Nahrungsmittel für Menschen. Während unseres Bürgerkrieges wurde die Lage der Baumwollspinner in Lancashire und Cheshire, England, eine so bedenkliche, daß die Hülfe der Regierung nothwendig war, um sie vor dem Verhungern zu retten, und 1862 und 63 wurde Dr. Edward Smith beauftragt, die diätetischen Bedürfnisse der bedrängten Arbeiter zu prüfen. In seinem Bericht für 1863 finden sich Tabellen der von 634 Familien per Woche verzehrten Nahrungsmittel, und trotz der einer solchen Untersuchung im Wege stehenden Schwierigkeiten, wurden die verzehrten Nahrungsmittel in Tabellen einge-

the end of the last century a beginning was made in France and in Germany in connection with philanthropic efforts to improve the food of the poor, and it was at this time that Count Rumford introduced into the soup kitchens of Munich, the soup that has been named after him. From this time on interest in the subject of foods, both for men and domestic animals, steadily increased, although experimenters were constantly coming to wrong conclusions because the sciences of Organic Chemistry and Physiology, as far as they concerned the subject, were not far enough advanced.

It was only in the early forties that the first experimental agricultural stations were established, but so rapidly have they multiplied that they now number more than a hundred in Europe alone; and in these and in the laboratories of the great universities, analyses have been made of most of the foods used by men and animals, and also tests of the relative flesh and fat producing power of different foods and combinations of foods.

For years the results of these investigations have been applied with profit to the feeding of cattle, but it was a case of threatened wholesale starvation in England that first turned the attention of properly trained persons to a like study of the nourishment of human beings. During our civil war the condition of the cotton spinners in Lancashire and Cheshire, England, became so serious as to make government help necessary to keep them from starving, and in 1862 and 1863 Dr. Edward Smith was commissioned to examine into the the dietetic needs of the distressed operatives.

theilt, welche die Quantitäten der verschiedenen, von jeder Familie wöchentlich genossenen Nahrungsgrundlagen auswiesen.

Eines der größten praktischen Resultate dieser Untersuchung war die Feststellung des Minimalbetrags solcher Nährgrundlagen, welcher für Männer, Frauen und Kinder nothwendig ist, um sie bei guter Gesundheit zu erhalten. Es fand sich, daß die Nahrungsquantität, mittelst deren ein Mensch, der nichts zu thun hat, sich des Verhungerns und der daraus entspringenden Krankheiten erwehren kann, durch 35 Unzen guten Brodes per Tag und die nothwendige Quantität gesunden Wassers repräsentirt ist.

Seit der Veröffentlichung von Dr. Smith's Bericht sind ähnlich Nachforschungen von Männern der Wissenschaft in anderen Ländern angestellt worden, und es wurden viele Analysen der genauen Quantität und der Sorten von Nahrung angestellt, welche unter den manigfaltigsten Bedingungen von verschiedenen Arbeiterclassen genossen wird. Die Professoren Voit und Pettenkofer von München haben sogar über jedes Nahrungstheilchen, das durch den Körper eines Mannes ging, sowohl während er arbeitete, wie wenn er müßig ging, Rechnung geführt. Sie haben ferner notirt, wie viel von seinem eigenen Körper verbraucht wurde, wenn er nichts aß. Schließlich wurden eine Anzahl Durchschnittsberechnungen angestellt und sogenannte „Stehende Diätregeln" angefertigt, worunter die Durchschnittsquantität der hauptsächlichsten Nährstoffe verstanden wird, welche den durchschnittlichen Muskelarbeiter in gutem Stande erhält, während er seine durchschnittliche Arbeit verrichtet.

Jedermann wird zugeben, daß es von großer Bedeutung ist, wenn der Farmer weiß, wie viel Heu und anderes Futter er zur Winterfütterung seines Viehs einzulegen hat; die Thiere müssen gedeihen, aber es darf keine Verschwendung stattfinden, indem ihnen das Futter in unrichtigen Quantitäten oder Proportionen geliefert wird.

Für die Hausfrau kann die Ernährungsfrage in ihrer

In his report for 1863 are found tables of the food consumed per week by 634 families, and in spite of the difficulties standing in the way of such an investigation, the foods consumed were classified into tables showing the amounts of the different food principles taken per week by each family.

One of the great practical results following from this investigation was the determination of the minimum amount of each nutritive principle which men, women and children need, to keep them in fair health. The amount of food with which an unemployed man can fight off starvation, and the diseases temporarily incident to it, was found to be represented in 35 ounces of good bread per day, and the necessary amount of wholesome water.

Since the publication of Dr. Smith's report similar inquiries have been instituted by the scientists of other countries, and many analyses have been made of the exact amount and kinds of food eaten by various classes of laborers under the most varied conditions. Professors Voit and Pettenkofer of Munich have even accounted for every particle of food that passed through the body of a man, both while he was at work and while he was idle. They have also noted how much of his own body was consumed when he ate nothing. Finally, a great number of averages have been taken and so-called "standard dietaries" constructed, by which is meant the average amount of each of the chief food principles that keep an average muscle-worker in good condition, when doing average work.

Every one will admit that it is of great importance

Beziehung auf die Familie in ganz denselben Worten ausgedrückt werden. Es ist wichtig, daß sie ökonomisch verfährt, aber der Weg, den sie dabei zu gehen hat, wird für sie voll von Fallgruben sein, wenn sie nicht versteht, was wirkliche Ökonomie heißt. Die meisten Leute haben bei allem wirklichen Interesse, das sie an der Sache nehmen, in manchen Lebensperioden gewisse Lieblingstheorien betreffs der Nahrung. Zu Zeiten waren sie vielleicht überzeugt, daß die meisten Leute zu viel essen, zu anderen aber, daß Fleisch das allgemeine Kraftmittel sei, oder waren sie mit der Vegetarianersucht behaftet, und was für spezielle Anschauungen sie auch gehabt haben mögen, stets haben sie jedenfalls geglaubt, daß sie auf Thatsachen beruhen. Sicher aber hätten sie ihre Überzeugungen nicht auf eine einseitige Diät verpicht, wenn sie die Hauptthatsachen der Ernährung wirklich verstanden hätten. Wir glauben, wenn diese Thatsachen, wie sie gegenwärtig ausgelegt werden, und die Welterfahrung bei ihrer Anwendung der Hausfrau zur Verfügung gestellt werden können, daß sie dieselben dann mit großem Gewinn zu verwerthen im Stande ist.

Wir haben den Ausdruck „Nahrungsgrundlagen" angewendet; was aber verstehen wir unter demselben? Jedermann weiß, was unter einem Nahrungsmittel verstanden wird, wie Fleisch oder Brod, und jedermann weiß, daß die Nahrungsmittel, welche unsere Fleischer und Spezereihändler uns liefern, aus dem Thier- und Pflanzenreiche stammen. Der Sauerstoff, den wir einathmen, und das Wasser, das wir trinken, liefert uns die Natur so zu sagen direkt, obschon, unglücklicherweise für Viele unter uns und besonders für kleine Kinder, der erstere nicht als Nahrungsmittel betrachtet wird. Außer dem Sauerstoff enthalten, wie Diejenigen, welche die Sache zu ihrem Studium gemacht haben, fanden, alle Nahrungsmittel einen oder mehrere Bestandtheile von fünf Classen, welche „Nahrungs-Ingredienzien" oder „Nahrungsgrundlagen" genannt werden.

for the farmer to know in what proportion he shall lay in hay and other food for the winter feeding of his stock; the animals must thrive, but there must be no waste by furnishing food in the wrong quantities or proportions.

For the housewife, the food question in its relation to her family can be stated in the very same words. It is important that she should economize, but her path will be full of pitfalls if she does not understand in what true economy consists. Most people with a real interest in this subject, have had at some period of their lives certain pet theories as to food. Perhaps they have been at one time convinced that most people ate too much, at another, that meat was the all strengthener, or they may have been afflicted with the vegetarian fad, and whatever their special views have been they have thought that they rested them upon facts. But surely they would never have pinned their faith to one-sided diets if they had rightly comprehended the main facts of nutrition. We believe that if these facts as at present interpreted, and the world's experience in applying them, can be put at the command of the housewife, she can use them to great profit.

We have employed the term "food principles"; what do we mean by it? Everyone knows what is meant by a food, as meat or bread, and everyone knows that the food offered us by our butchers and grocers comes from the animal and vegetable kingdoms. The oxygen we breathe and the water we drink nature furnishes for us directly, so to speak, though unfortunately for many of us, and especially

Diese fünf Grundlagen sind:
(1) Wasser.
(2) Proteinkörper.
(3) Fette.
(4) Kohlenhydrate.
(5) Salze oder mineralische Bestandtheile.

Wasser.

Es ist von Bedeutung, zu bemerken, daß unser Körper, wenn er ausgewachsen ist, zu zwei Dritteln aus Wasser besteht, und daß unsere Nahrung zwischen 1—94 Prozent davon enthält. Bei dem Zwecke dieser Abhandlung muß dasselbe als Nahrungsmittel sich selbst überlassen bleiben.

Proteinkörper.

Eine Classe von nahe mit einander verwandten Körpern ist unter dieser Rubrik einbegriffen. Die ganze Classe wird zuweilen auch mit „Eiweißstoffen" bezeichnet.

Die Hausfrau kennt Eiweißkörper in Nahrungsmitteln wie mageres Fleisch, Eier und Käse. Diese enthalten die Grundlage in verschiedenen Proportionen. z. B.

Das Magere am Fleisch hat =	15–21 Proz.
Eier im Weißen und im Dotter =	12.5 Proz.
Frische Kuhmilch im Durchschnitt =	3.4 Proz.
Käse = = =	25–30 Proz.
Getrockneter Stockfisch = =	30 Proz.

Vegetabilien haben weniger Proteinkörper, obschon Getreide und Hülsenfrüchte viel davon enthalten.

Weizenmehl hat = = =	10–12 Proz.
Erbsen, Bohnen und Linsen haben	22.85–27.7 Proz.

for young children, the former is not thought of as a food. Oxygen aside, it has been found by those who have studied the matter, that all foods contain one or more of five classes of constituents, called "nutritive ingredients" or "food principles." These five principles are:

(1) Water.
(2) Proteids.
(3) Fats.
(4) Carbohydrates.
(5) Salts or mineral constituents.

WATER.

It is important to note that our bodies when full-grown are two-thirds water, and that our food contains from 1 to 94% of it. Considering the scope of this essay, it must be left to take care of itself as a food.

PROTEIDS.

A class of nearly allied bodies is included under this head. The whole class is sometimes called "Albumens."

The housewife is familiar with proteids in such foods as the lean of meat, in eggs and cheese. These contain the principle in various proportions; for example,

Lean of meat has	15–21 %
Eggs in both white and yolk	12.5%
Fresh cows' milk on an average	3.4%
Cheese	25–30 %
Dried Codfish	30 %

In frischen Vegetabilien finden wir blos ½—3 Prozent, mit Ausnahme von grünen Erbsen und Bohnen, in welchen die Proteinkörper eine Proportion von 5 — 6.5 erreichen.

Fette.

Fette erhält man vom Thierreich sowohl, wie vom Pflanzenreich. Die beim Kochen von uns verwendeten stammen meist von Thieren her und sind der Hausfrau als Butter, Schmalz und Talg bekannt. Vegetabilische Nahrung ist in der Regel sehr arm an Fetten, da sie blos zwischen 0—3 Prozent davon enthält.

Mehrere Cerealien, wie Mais und Hafer, enthalten 4—7 Prozent Fette.

Kohlenhydrate.

Die als „Kohlenhydrate" klassificirten Körper finden sich hauptsächlich in Vegetabilien. Die Hausfrau kennt sie als Stärkmehl und Zucker.

Unter dem eigentlichen Stärkmehl sind Dinge einbegriffen, wie das Stärkmehl im Getreide und in Sämereien, im isländischen Moos, Gummi und Dextrin.

Milch ist eines der wenigen thierischen Erzeugnisse, das mehr als eine sehr kleine Quantität von Kohlenhydraten enthält. Sie hat im Durchschnitt etwa 4.8 Prozent von dieser Nahrungsgrundlage, eine Kleinigkeit mehr als Proteinkörper oder Fette.

Salze.

Die Dinge, welche unseren Knochen Härte verleihen, wie phosphorsaurer Kalk und das gewöhnliche Salz, mit dem wir unsere Speisen würzen, illustriren diese Classe.

Vegetables are more deficient in proteids though the grains and legumes contain much of it.

Wheat flour has - - - 10 to 12 %
Peas, beans and Lentils have 22.85 to 27.7%

In fresh vegetables we find only from ½ to 3%, excepting green peas and beans in which the proteids reach 5 to 6.5%.

FATS.

Fats are obtained from both the animal and vegetable kingdoms. Those used by us in cookery come mostly from animals, and are known to the housewife as butter, lard and tallow. Vegetable food as a rule, is very poor in fats, containing from 0 to 3% only.

Some of the cereals, like corn and oats contain from 4 to 7% of fats.

CARBOHYDRATES.

The bodies classed as "carbohydrates" are found mainly in vegetables. The housekeeper knows them as starches and sugars.

Under the starches proper are included such things as the starches of grains and seeds, Iceland moss, gums and dextrin.

Milk is one of the few animal products that has more than a very small quantity of carbohydrates. It contains on the average about 4.8% of this principle;—slightly more than of either proteids or fats.

SALTS.

The things that give hardness to our bones, like

Funktionen der Nahrungsgrundlagen.

Um zu wissen, in welchen Verhältnissen diese Nahrungsgrundlagen in unserer Diät repräsentirt sein sollten, müssen wir die Rolle erforschen, welche jede von ihnen im Körper spielt. Die erste und letzte Grundlage können wir kurz abmachen. Die erste, Wasser, ist das große Mittel, welches die Dinge durch den Körper schwemmt. Die letzte, die Salze, verbindet sich auf verschiedene Weise mit den festen und flüssigen Bestandtheilen unserer Speisen, und wir können nicht leicht an einem Mangel derselben zu leiden haben.

Die anderen drei Nahrungsgrundlagen (wir wollen sie in den folgenden Seiten die drei großen Nahrungsgrundlagen nennen), können wir nicht so summarisch behandeln. Wir können kurz und dogmatisch sagen, daß die Proteinkörper „Fleischerzeuger", die Fette „Wärmeerzeuger", die Kohlenhydrate „Krafterzeuger" sind. In den Hauptpunkten stimmen die Experimentatoren sicher überein, allein die verschiedenen Schulen liegen sich noch über die endgiltigen Erklärungen und über viele Einzelheiten in den Haaren, und es hat sich mehr und mehr erwiesen, daß wir die Arbeit des Körpers nicht in diesem einfachen Stile abtheilen können. Obschon man behaupten kann, daß jede dieser drei großen Nahrungsgrundlagen eine Lieblingsrolle hat, die sie besser spielen kann, als irgend eine andere, finden wir doch, daß jede, wie ein guter Schauspieler mit vielseitigem Talent, mehr als eine Rolle auf dem Repertoir hat.

Funktionen der Proteinkörper.

Daß diese Classe unentbehrlich ist, dafür haben wir die

calcium phosphate, and the common salt with which we flavor our food, illustrate this class.

FUNCTIONS OF FOOD PRINCIPLES.

To know in what proportion these food principles should be represented in our diet, we must inquire into the part played by each of them in the body. The first and the last principle may be dismissed briefly. The former, water, is the great medium which floats things through the body; the latter, salts, are combined in various ways with the solids and fluids of our foods, and we shall not easily suffer from lack of them.

The other three food principles (let us call them in the following pages the three great food principles), cannot be so summarily dealt with. We might say, briefly and dogmatically, that the proteids are "flesh foods," the fats are "heat foods," the carbohydrates "work foods." To be sure, experimenters are agreed on the main points, but the different schools are still at war on the final explanations and on many details, and it has become more and more evident that we cannot portion off the work of the body in this simple style. Though each of the three great food principles can be said to have a favorite part which it plays better than any other, yet we find that like an actor of varied talents, it has more than one rôle in its repertoire.

FUNCTION OF PROTEIDS.

That this class is indispensable we have the best of proofs. It must be given us in one or another of its

besten Beweise. Sie müssen uns in der einen oder andern Form gegeben werden, denn selbst ohne daß wir Athleten sind, besteht beinahe die Hälfte unseres Körpers aus Muskeln, die zu einem Fünftel aus Proteinkörpern gebildet werden, und der Stickstoff in diesen Proteinkörpern kann wiederum blos durch Proteinkörper geliefert werden, da er weder in Fetten noch in Kohlenhydraten enthalten ist; wir müssen daher bei der Zusammenstellung von Speisekarten eingedenk sein, daß Proteinkörper zum Wachsen und zum Arbeiten, ja sogar ganz unthätige Proteinkörper, wie Dr. Smith gefunden hat, Proteinkörper brauchen, und daß es in keiner der anderen Nahrungsgrundlagen etwas gibt, was vollständig ihre Stelle zu vertreten vermag.

Obschon wir uns unter Proteinkörpern meist ein bedeutendes Mittel zum Aufbau und zur Restauration des Leibes vorstellen, können sie auch bis zu einem gewissen Grade Fett liefern, wenn sie in gewissen Verhältnissen zu den Fetten und Kohlenhydraten unserer Nahrung stehen, und von Experimentatoren wird versichert, daß sie auch Hitze und Muskelkraft unter gewissen Bedingungen erzeugen.

Was die beiden letzteren Thätigkeiten anbelangt, so werden sie darin indessen von Fetten und Kohlenhydraten weit in den Schatten gestellt. Wir betrachten sie daher als die Stickstofflieferanten für unsere Gewebe und zugleich als die bedeutendsten Stimulantien unter den Nahrungsmitteln, welche, wie sie, den Körper zur stärkeren Verbrennung anderer anreizen.

Männer der Wissenschaft waren einst der Ansicht, daß unsere Muskelkraft hauptsächlich Proteinkörpern ent-

forms, for, even if we are not athletes, nearly one half of our body is made up of muscle which is one fifth proteid, and the nitrogen in this proteid can only be furnished by proteid again, since neither fats nor carbohydrates contain any of it; therefore in making up bills of fare, let us remember that growing and working proteid, yes, even idle proteid as Dr. Smith found, needs proteid, and that there is nothing in any of the other food principles that can entirely take its place.

Though we think of proteid mostly as a great body builder and restorer, it can also to some extent furnish fat when it stands in a certain relation to the fats and carbohydrates of our food, and we are assured by experimenters that it also furnishes heat and muscle energy under certain conditions.

In these last two activities, however, it is far excelled by fats and carbohydrates. We shall therefore think of it as the nitrogen-furnisher of our tissues, and also as the grand stimulant among foods, inciting the body, as it does, to burn up more of other kinds.

Scientists, at one time, held the opinion that our muscle energy comes chiefly from proteids. This view has been abandoned, but many a working man still believes that meat is the only kind of food that is of any account; he thinks of fats and starches as quite unimportant comparatively. Now it has been proved over and over again, that we can combine meat with fats and vegetable food in such a proportion that it shall play only its main rôle, viz., that of building and restoring, while these latter furnish the heat and

stamme. Diese Anschauung ist aufgegeben worden, allein mancher Arbeitsmann glaubt noch, daß Fleisch das einzige Nahrungsmittel von Belang sei; Fette und Stärkmehl hält er für verhältnißmäßig unbedeutend. Nun hat sich aber immer und immer wieder erwiesen, daß wir Fleisch mit Fetten und vegetabilischen Nahrungsmitteln in einer solchen Proportion verbinden können, daß es blos seine Hauptrolle zu spielen vermag, nämlich die des Aufbauens und Restaurirens, während die letzteren die nöthige Wärme und Muskelkraft liefern. Proteinhaltige Nahrung ist ein so kostspieliger Artikel, daß sie nicht zu einer Arbeit verwendet werden kann, die mit billigerem Material sogar noch besser geleistet werden kann.

Functionen der Fette.

Die Fette haben ebenfalls mehr als ein Amt im Körper zu versehen. Sie können als Leibesfett aufgespeichert oder auch verbrannt werden und geben Wärme ab, auch können sie, wenigstens indirekter Weise, als Quellen von Muskelkraft dienen.

Functionen der Kohlenhydrate.

Die Nahrungsgrundlage der Kohlenhydrate liefert unsern Geweben Fett und ist eine Quelle der Wärme und Muskelkraft, in der That die Hauptquelle der Muskelkraft in jeder gewöhnlichen Diät.

Gewürze.

Bis jetzt haben wir hauptsächlich die wirklichen, arbeitenden Bestandtheile der Nahrung im Auge gehabt, wenn wir uns so ausdrücken dürfen. Viele Dinge aber können nicht in obiger Weise studirt oder klassificirt werden; sie

muscle energy needed. Proteid food is such a costly article that it will not do to put it at work which cheaper material can do even better.

FUNCTION OF FATS.

The fats also have more than one office in the body. They can be stored as body fat, or they can be burned and give off heat, and they may also serve as a source of muscular energy, in an indirect manner at least.

FUNCTION OF CARBOHYDRATES.

The Carbohydrate principle furnishes fat to our tissues, and is a source of heat and muscle energy, indeed the chief source of muscle energy in all ordinary diets.

FLAVORINGS.

So far we have had chiefly in mind the real working constituents of food, if we may so speak. But many things cannot be studied or classified in the above way; they must be looked at from another point of view.

Thus, a pinch of pepper, a cup of coffee, a fine, juicy strawberry,—what of these? They may contain all five of the food principles, but who cares for the proteid action or carbohydrate effect of his cup of good coffee at breakfast, or what interest for us has the heating effect of the volatile oil to which the strawberry owes a part of its delicious taste?

Surely the economical housekeeper who would throw out of the list of necessaries all the things that tickle the palate, that rouse the sense of smell, that

müssen von einem anderen Gesichtspunkte betrachtet werden.

Was ist so über eine Prise Pfeffer, eine Tasse Kaffee, eine schöne, saftige Erdbeere zu sagen? Sie können alle fünf Nahrungsgrundlagen enthalten, allein wer gibt etwas um die Portein-Wirkung oder den Effekt der Kohlenhydrate in seiner Tasse guten Kaffees beim Frühstück, oder welches Interesse hat für uns die wärmeerzeugende Wirkung des flüchtigen Oeles, welchem die Erdbeere einen Theil ihres delikaten Geschmackes verdankt?

Sicher aber würde die ökonomische Hausfrau, die alle Dinge, die den Gaumen kitzeln, den Geruchssinn anregen, dem Auge gefällig sind und unsere ermüdeten Nerven reizen, aus der Liste der nothwendigen Dinge striche, eben weil diese Dinge nur wenig Nahrung enthalten, einen schweren Fehler begehen. Sie kann wissen, was für Fleischschnitten sie zu kaufen hat, was für Vegetabilien am gesündesten und ökonomischsten sind, aber wenn sie nicht versteht, wie sie „den Mund wässern machen" kann, ist ihre Arbeit größtentheils vergeblich. Ganz besonders wenn sie wenig Geld hat, sollte sie diesem Gegenstand ausnehmende Aufmerksamkeit zuwenden, denn das ist die einzige Art und Weise, wie der Körper veranlaßt werden kann, einfache Nahrungsmittel mit Erquickung in sich aufzunehmen.

Die Liste dieser Spezereien, Gewürze, harmlosen Getränke u. dgl. ist eine lange. Unglücklicherweise haben wir kein umfassendes Wort, das Alles von dieser Sorte in sich begreift, von einem Petersilienschößling an bis zur Tasse Kaffee. Die Deutschen nennen sie „Genußmittel" ("Pleasure giving Things").

Flavorings.

please the eye and stimulate our tired nerves, just because these things contain but little food, would make a grave mistake. She may know just what cuts of meat to buy, what vegetables are most healthful and economical, but if she does not understand how to "make the mouth water," her labor is largely lost. Especially if she has but little money, should she pay great attention to this subject, for it is the only way to induce the body to take up plain food with relish.

The list of these spices, flavors, harmless drinks and the like, is a long one. Unfortunately, we have no comprehensive word that will include everything of the sort, from a sprig of parsley to a cup of coffee; the German calls them "Genuss-mittel"—"pleasure-giving things."

PROPORTIONS AND AMOUNTS OF FOOD PRINCIPLES.

We have brought our discussion of the three great food principles to the point where we can enquire in what proportions and amounts these should be represented in our diet.

The standard daily dietary that is most frequently cited, and which, perhaps, best represents the food consumption of the average European workman in towns, is that proposed by Prof. Voit. This dietary was made upon the basis of a large number of observed cases. It demands for a man of average size, engaged in average manual labor,

Proteids.*	Fats.	Carbohydrates.
118 gms.	56 gms.	500 gms.

Now it is the opinion of all competent judges, that

*28.34 grams.= 1 oz.

Proportionen und Quantitäten der Nahrungsgrundlagen.

Wir sind in unserer Discussion über die drei großen Nahrungsgrundlagen auf den Punkt gekommen, wo wir untersuchen können, in welchen Proportionen und Quantitäten sie in unserer Diät repräsentirt sein sollten.

Die am häufigsten citirte tägliche Diätregel, die vielleicht den Nahrungsverbrauch des durchschnittlichen europäischen Arbeitsmannes in Land-Ortschaften am besten repräsentirt, ist die von Prof Voit vorgeschlagene. Diese Diätregel ist auf der Basis einer großen Anzahl beobachteter Fälle aufgestellt worden. Sie verlangt für einen Menschen von Durchschnittsgröße, der Handarbeit zu verrichten hat,

Proteinkörper.*	Fette.	Kohlenhydrate.
118 Gramm.	56 Gramm.	500 Gramm.

Nun sind alle kompetenten Sachverständigen der Ansicht, daß wenigstens ein Drittel dieser Proteinkörper dem Thierreich entnommen werden sollte, und dieses Drittel, wenn es in der Form von frischem Rindfleisch gegeben wird, würde durch 230 Gramm Fleisch aus dem Metzgerladen repräsentirt sein, dessen Bestandtheile, wie folgt, berechnet werden:

Knochen und Flechsen	=	=	=	18 Gramm.
Fett	=	=	=	21 „
Mageres Fleisch	=	=	=	191 „

Wenn wir ganze Bevölkerungen in Berücksichtigung ziehen, finden wir, daß wenig Fleisch, wenn überhaupt, mehr auf den Antheil einer Person per Tag kommt. Der Durchschnittskonsum per Tag wird so, für drei große Städte, wie folgt, festgestellt:

Berlin	=	=	=	135 Gramm per Kopf.
New York	=	=	226	„ „ „
London	=	=	274	„ „ „

*28.34 Gramm = 1 Unze.

at least one third of this proteid should come from the animal kingdom, and this one third, if given in the form of fresh beef, would be represented by 230 grams of butcher's meat, calculated to consist of

    Bone and tendon, - - - - 18 gms.
    Fat, - - - - - - - 21 "
    Lean, - - - - - - 191 "

When we take whole populations into account, we find that little, if any, more meat than this falls to each person per day. Thus the average consumption per day for three great cities is given as follows;

    Berlin, - - - - 135 gms. per cap.
    New York, - - - - 226 " " "
    London, - - - - 274 " " "

Of course these averages include children, but they also include great numbers of the well-to-do, who eat much more meat than their bodies need.

We will add a few more examples of dietaries, some of which are used by the writer in making out the bills of fare given in this essay.

Proteids, gms.	Fats, gms.	Carbohydrates, gms.	
145	100	450	Proposed by Prof. Voit for a man at hard work.
120	56	500	Allowed to German soldiers in garrison.
150	150	500	Proposed by Prof. Atwater for American at hard work.
125	125	450	By the same for American at moderate work.
100	60	400	Proposed by Prof. Voit for a woman.
80	50	320	By the same for children from 7 to 15 years.

Selbstverständlich sind in diesen Durchschnitten Kinder eingeschlossen, allein sie begreifen auch eine große Anzahl von Wohlhabenden in sich, welche viel mehr Fleisch essen, als ihre Leiber gebrauchen.

Wir fügen einige weitere Beispiele von Diätregeln bei, von welchen einige von der Verfasserin bei Aufstellung der Speisekarten, die in dieser Abhandlung gegeben sind, benutzt werden.

Proteinkörper, Gramm	Fette, Gramm	Kohleuhydrate. Gramm	
145	100	450	Vorgeschlagen von Prof. Voit für einen hart Arbeitenden.
120	56	500	Deutschen Garnisonsoldaten zugestanden.
150	150	500	Vorgeschlagen von Prof. Atwater für Amerikaner bei schwerer Arbeit.
125	125	450	Von demselben für Amerikaner bei mäßiger Arbeit.
100	60	400	Vorgeschlagen von Prof. Voit für ein Frauenzimmer.
80	50	320	Von demselben für Kinder von 7—15 Jahren.

Wir wollen nun ein Beispiel davon geben, wie weit oft der Consumbetrag unter diesen Ziffern steht.

Prof. Böhm fand, daß eine arme norddeutsche Familie, die aus Mann, Frau und einem fünfjährigen Kinde bestand, in einer Woche zur Nahrung hatte:

Kartoffeln	41 Pfund.
Roggenmehl	$2\frac{1}{2}$ Pfund.
Fleisch	$1\frac{3}{4}$ Pfund.
Reis	$\frac{1}{2}$ Pfund.
Roggenbrod	12 Pfund.

Nebst sehr wenig Milch.

Berechnen wir die in diesen Quantitäten enthaltenen Nahrungsgrundlagen, so finden wir, daß diese drei Personen täglich konsumirten:

Proteinköper,	Fette,	Kohlenhydrate,
175.5 Gramm.	41 Gramm.	1251. Gramm.

We will give an instance of how much below these figures the amount consumed sometimes falls.

Prof. Boehm found that a poor North German family, consisting of a man, wife and a child five years old, had in one week for their food:

Potatoes,	41 lbs.
Rye flour,	2½ lbs.
Meat,	1¾ lbs.
Rice,	½ lb.
Rye Bread,	12 lbs.

A very little milk.

Calculating the food principles contained in these amounts, we find that the three individuals daily consumed of:

Proteids,	Fats,	Carbohydrates,
175.5 gms.	41 gms.	1251. gms.

It needs no comment to show how insufficient is this dietary in amount, and how incorrect in proportion.

We have selected Prof. Atwater's dietary for a man at moderate manual labor as the basis of our twelve bills of fare and have taken Voit's standard for women and children.

Our climate is more trying and our people work faster, and we shall do well to allow more fat and meat to our working-man than the foreign dietaries provide. If our man is to get daily one-third of his proteid in the form of animal food, this would be represented by 8 ozs. of butcher's meat (without bone), by from 5 to 5.8 ozs. cheese, or by 8 eggs.

Es bedarf keines Commentars, um zu zeigen, wie unzureichend diese Diät in ihren Quantitäten ist und wie unrichtig in ihren Proportionen.

Wir haben Prof. Atwaters Diätregel für einen Mann mit mäßiger Handarbeit als Basis von zwölf Speisekarten ausgewählt und Voits Maßstab für Frauen und Kinder.

Unser Clima stellt größere Anforderungen, und unsere Bevölkerung arbeitet schneller, wir thun daher wohl daran, wenn wir unserem Arbeitsmann mehr Fett und Fleisch zuerkennen, als die fremdländischen Diätregeln vorsehen. Wenn der Mann bei uns täglich ein Drittel seiner Proteinkörper in der Form von thierischer Nahrung bekommen sollte, würde sie durch 8 Unzen Fleisch vom Fleischerladen (ohne Knochen) und 5 — 5.8 Unzen Käse oder 8 Eier repräsentirt werden.

Wir halten es für besser, lieber etwas höher mit proteinhaltiger Nahrung zu gehen, als zu niedrig. In der Regel sind Leute, welche genug Proteinkörper, besonders genug thierische Nahrung genießen, kräftig genug und besitzen das, was man „Strammheit" nennt, und die Doctoren neigen zu der Ansicht hin, daß solche Leute Krankheiten besser Widerstand leisten können, weil ihr Blut und ihre Gewebe weniger wasserhaltig sind, als bei Leuten, welche ihre Proteinkörper beinahe vollständig aus Vegetabilien, wie Kartoffeln beziehen. Viele Arbeiter in Amerika aber würden überrascht sein, wenn sie hörten, wie gut sich Gesundheit und Stärke mit einer bei alledem nicht sehr großen Quantität Fleisch erhalten lassen, vorausgesetzt, daß der Rest der Diätvorschrift genug Proteinkörper oder Fett enthält.

Praktische Anwendung.

Es bleibt uns nun noch übrig, nachzusehen, ob sparsame Haushalter aus den vorhergehenden Thatsachen über die Beschaffenheit der Nahrungsmittel und den im Körper von ihnen gemachten Gebrauch Nutzen ziehen können.

We believe that it is better to go a little high rather than too low with proteid food. As a rule, people who eat enough porteids, and especially enough animal food, are vigorous and have what we call "stamina," and doctors incline to the belief that such people resist disease better because their blood and tissue are less watery than in the case of people who draw their proteids almost entirely from such vegetables as potatoes. But many workingmen in America would be surprised to learn how well health and strength can be maintained on what is, after all, not such a very large amount of meat, provided the rest of the dietary contains enough vegetable proteid and fat.

PRACTICAL APPLICATIONS.

It now remains for us to see whether the economist can get practical help from the foregoing facts about the character of foods and the use that is made of them in the body.

We have seen that we cannot economize in the amount of our food beyond certain limits and yet remain healthy and strong; also that we must not greatly alter the relative proportions in which experience has shown that these foods are best combined. The true field of household economy has, then, certain prescribed limits.

Its scope lies, 1st. In furnishing a certain food principle in its cheap rather than its dear form; for example, the proteid of beef instead of that of chicken, fat of meat instead of butter. 2nd. Having bought foods wisely, in cooking them in such a manner as to bring out their full nutritive value; for

Wir haben gesehen, daß wir mit der Sparsamkeit in der Nahrungsquantität gewisse Schranken nicht überschreiten können, wenn wir gesund und kräftig bleiben wollen; daß wir ferner die relativen Proportionen, in welchen der Erfahrung gemäß diese Nahrungsmittel am besten kombinirt werden, nicht sehr bedeutend ändern dürfen. Das Feld der Sparsamkeit hat daher seine bestimmten, vorgeschriebenen Grenzen.

Ihr Zweck und Ziel ist, 1) gewisse Nahrungsgrundlagen lieber in ihrer billigen, als ihrer theuren Form zu liefern; z. B. Proteinkörper von Rindfleisch statt von Hühnern, Fett von Fleisch, statt von Butter; 2) nach klugem Ankauf von Nahrungsmitteln sie in einer Weise zu kochen, daß ihr voller Nährwerth zur Geltung gebracht wird; z. B. einen Braten saftig und wohlschmeckend statt trocken und geschmacklos zu machen; 3) zu lernen, wie jedes bischen Nahrung sich mit Vortheil verwenden läßt, wie z. B. beim Suppenkochen; und wenn wir 4) noch die Kunst des Würzens und der Abwechslung hinzufügen, so daß wir diese einfachen Materialien wohlschmeckend machen können, so haben wir das ganze Feld einer sparsamen Haushälterin erschöpft, soweit die Nahrungsfrage dabei in Betracht kommt.

Wir hoffen, daß ihr die folgenden Seiten dienlich sein werden, denn einen Theil unserer Aufgabe in dieser Abhandlung wird die Untersuchung der verschiedenen Nahrungsartikel betreffs ihres Nährwerthes bilden, sowie eine Empfehlung der Combinationen und Methoden im Kochen, welche den höchstmöglichen Gewinn aus einer bestimmten Geldsumme zu ziehen gestatten. Was Nahrungsmittel betrifft, so haben wir in Amerika eine großAuswahl; rohe Stapelprodukte kosten in der Regel weniger als in Europa, und der Arbeitsmann hier hat etwas mehr Geld, um sie sich zu kaufen. Der besorgte Ernährer, der viele Mäuler von einer, wie es scheint, unzureichenden Summe füttern muß, kann versichert sein, daß er davon zweifellos lernen kann, wie er besser fertig zu

instance, making a roast juicy and delicious instead of dry and tasteless. 3d. In learning how to use every scrap of food to advantage, as in soup making, and 4th, if we add to these the art of so flavoring and varying as to make simple materials relish, we have covered the whole field of the household economist, so far as the food question is concerned.

We hope she will find help in the following pages, for it will be part of our task in this essay to examine different articles of food as to their nutritive value, and to recommend such combinations and such methods of cooking as will make the utmost out of a certain sum of money. As to foods, we have in America a large range of choice; staple raw products cost less generally than they do in Europe and the laboring man here has somewhat more money to buy with. The anxious provider, who must feed many mouths on what seems an insufficient sum, may feel assured that he can, without doubt, learn to do better than he now does. In this line we must not disdain to learn lessons wherever we can.

There is an unfortunate prejudice among us against learning of foreign countries. The American workman says indignantly that he does not want to learn how to live on "starvation wages." But the facts, viewed coolly, are just these: the inhabitants of older countries have learned some lessons that we too must soon learn whether we will or no, and to profit by these lessons before we are really obliged to, will in no way lower wages, it will simply help us to get more comfort and pleasure out of our money.

Students of economy, political and domestic, find

werden vermag, als bisher. In dieser Beziehung müssen
wir nicht versäumen zu lernen, wo wir irgend können.

Gegen das Lernen von fremden Ländern herrscht unter
uns ein unglückseliges Vorurtheil. Der amerikanische
Arbeiter erklärt mit Entrüstung, daß er nicht lernen
wolle, wie man mit „Hungerlöhnen" leben könne. Al=
lein die Thatsachen, kühl ins Auge gefaßt, sind einfach
diese: Die Bewohner älterer Länder haben etwas gelernt,
was auch wir in Kurzem zu lernen haben, ob wir wollen
oder nicht, und von diesen Lehren profitiren, ehe wir wirk=
lich dazu gezwungen sind, heißt in keiner Weise die Löhne
herabdrücken; es wird uns einfach helfen, mehr Bequem=
lichkeiten und Vergnügen von unserem Gelde zu ziehen.

Wer National= oder Haushaltökonomie studiren will,
findet keine bessere Lehrmeisterin als die Erfahrung älterer
Länder, und kann beständig aus ihrer größeren Betrieb=
samkeit und Ökonomie in der Lebensweise Lehren ziehen.
Frau Helen Campbell hat gefunden, daß unter den armen
Näherinnen in New York keine geschickter im Kochen ihrer
kärglichen Speisen war, als die Deutsche oder die Schwei=
zerin. Alle aufmerksamen Reisenden stimmen in diesem
Zeugniß überein:—„Wenn der amerikanische Arbeitsmann
so viel mit seinem großen Lohne zu machen wüßte, wie der
ausländische mit seinem kleinen, so könnte er im Luxus leben."

Aber, wird man fragen, welches sind die speziellen
Lehren, die wir von der ausländischen Hausfrau abzu=
nehmen haben? Unsere Antwort lautet: hauptsächlich
Selbstverleugnung und Sparen. Verzweifle nicht, weil
du ein kleines Einkommen hast und von der Hand in den
Mund leben mußt. Fleißiges Studium der Frage und
entschlossene Enthaltung vom Luxus wird das Problem
lösen, wenn es gelöst werden kann.

Wir und unsere Kinder schwelgen zu viel in Dem, was
gut schmeckt, während wir vielleicht die ganze Zeit über
wissen, daß wir nicht Geld genug zur Anschaffung des
Nothwendigen haben. Der Zuckerkonsum z. B. betrug
1887 in Amerika 56 Pfund per Kopf, in Deutschland kaum

no better school than the experience of older countries, and constantly draw lessons from their greater thrift and economy in living. Mrs. Helen Campbell found, among the poor sewing women of New York, that none were skillful in cooking their scanty food excepting only the German and Swiss women. All observing travelers unanimously give this testimony,—"If our American workman knew how to make as much of his large wage as the foreigner does of his small one, he could live in luxury."

But you ask, what are the special lessons to be learned of the foreign housewife? We answer, chiefly self-denial and saving. Do not give up in despair because you have a small income and resign yourself to living meanly, in a hand to mouth fashion. Diligent study of the question and resolute abstention from luxuries will solve the problem, if it can be solved.

We indulge ourselves and our children too much in what tastes good, while all the time we know we have not money enough to buy necessaries. For instance, the consumption of sugar in America was in 1887, 56 lbs. per head, in Germany hardly more than one third that amount. This means a larger consumption of sweetmeats than we can afford and at the same time be well fed otherwise.

We seem, in general, to spend too much money in our country on food compared with what we use in other directions; one great trouble is that we do not know how to save every scrap of food and use it again in some form. For one thing, we have yet to learn the great art of soup making,—and it seems also, of soup eating.

mehr als ein Drittel von dieser Quantität. Dies bedeutet einen größeren Consum von Süßigkeiten, als unsere Mittel erlauben, wenn wir uns anderweitig gut nähren wollen.

Im Allgemeinen scheinen wir zu viel Geld in unserem Lande für die Nahrung im Verhältniß zu Dem, was wir sonst brauchen, auszugeben; eine große Schwierigkeit ist, daß wir nicht wissen, wie jedes bischen Nahrung gespart und in irgend einer Gestalt wieder gebraucht werden kann. Denn Eines haben wir noch zu lernen, nämlich die große Kunst des Suppenkochens — und wie es scheint, auch des Suppenessens.

Die amerikanische Hausfrau wird mir sagen: „Das ist mir nichts Neues mehr, seit Jahren schon wird uns von Suppen vorgeredet. Wir mögen keine Suppen!" Ich möchte sie indessen blos fragen: „Hast Du sie auch lange genug versucht, um Geschicklichkeit im Bereiten derselben erlangt und Deine Familie an ihren Geschmack gewöhnt zu haben?" Eine Thatsache schon sollte ihnen eine tüchtige Probe sichern, daß nämlich wenigstens drei Nationen, die Franzosen, die Deutschen und die Italiener, sie täglich genießen und schon ganze Generationen lang genossen haben. Einen Theil unserer Nahrung in dieser Form in uns aufzunehmen, ist eine absolute Nothwendigkeit, wenn wir das Bestmögliche aus bestimmten Geldbeträgen herausschlagen wollen.

Praktische Schwierigkeiten.

Die praktischen Schwierigkeiten bei der Verbesserung der Hausmannskost sind nicht gering. Als Köchin haben wir die Gattin und Mutter, welche zu wenig Zeit zu diesem sehr wichtigen Zweig der Hausarbeit hat; sie hat vielleicht keine genügende Ausbildung in der Kochkunst (denn eine Kunst ist es), und außerdem sind ihre Küche und ihre Küchengeräthe gar nicht das, was sie sein sollten. Thatsächlich können auch die Eigenschaften zur Erfüllung einer Aufgabe vom Ideal nicht weiter entfernt sein.

In Europa haben Familien von geringen Mitteln viele

The American housekeeper would say to me: "This is nothing new, for years we've been hearing about soups. We don't like soups!" I only ask, "have you tried them for a considerable length of time, so that you have become skilled in making them, and your family used to their taste?" One fact alone ought to insure for them a good trial; that at least three nations, the French, German and Italian, make daily use of them and have for generations. To take part of our food in this form is an absolute necessity if we are to do the best possible with a certain amount of money.

PRACTICAL DIFFICULTIES.

The practical difficulties in the way of improvement in household cookery are not small. As cook, we have the wife and mother, who has too little time for this very important branch of household work; she has had, perhaps, no good training in the art of cookery (for it is an art), and besides, her kitchen and kitchen utensils are not at all what they should be. Indeed, the qualifications for a given task could not well be further from the ideal.

In Europe families of small means have many helps unknown to us. In the first place, bread is never baked at home, the bakers' bread being both excellent and cheap. It would seem that among us, bakers' bread must shortly improve in quality and decrease in price; either the profits must be too large, or the business not well managed. For instance, in those parts of Germany where white bread is eaten as a staple, it costs a trifle over 3

Hilfsmittel, die uns unbekannt sind. Zunächst wird das Brod nie zu Hause gebacken, da das Bäckerbrod ebenso ausgezeichnet, wie billig ist. Man sollte denken, daß auch bei uns das Bäckerbrod in Kurzem sich in der Qualität bessern und im Preise fallen müsse; entweder müssen die Profite zu groß oder die Geschäfte nicht gut verwaltet sein. In den Theilen von Deutschland nämlich, in welchen Weißbrod als stehendes Nahrungsmittel genossen wird, kostet es eine Kleinigkeit über 3 Cents per Pfund, während Mehl von Durchschnittsqualität ungefähr denselben Preis hat. Im Gegensatze dazu vergleiche man die Preise von Brod und Mehl in unserem eigenen Lande, wo in keiner großen Stadt der Brodpreis unter 7 Cents steht, während das Mehl 3 Cents kostet. Das heißt: Brod kostet in Deutschland ungefähr ebenso viel, wie Mehl, und in Amerika mehr als doppelt so viel, und dabei ist der deutsche Bäcker anerkanntermaßen ein wohlhabender Mann!

Die ausländische Hausfrau hat aber vom Bäcker noch weitere Hilfe. Wenn sie einen Kuchen oder „Pie" backt, schickt sie denselben zum Backen fort und bezahlt 1 — 2 Cents dafür (das Feuerungsmaterial würde sie mehr kosten); Fleischkeulen und vermischte Gerichte werden zu demselben Preise zum Backen fortgeschickt; und vor jedem Bäckerladen in Deutschland kann man am Sonntag Mittag eine Schaar Dienstmädchen stehen sehen, von welchen jedes nach der Reihe ein dampfendes Gefäß frisch aus dem Backofen in Empfang nimmt. Die Suppenküchen (Volksküchen) verschiedener Abstufungen sind ebenfalls eine große Hilfe. Schreiberin dieses hat wiederholt aus einer derselben excellente Fleischbrühe (1 Pt. für 2 Cents) geholt, und gut gekochtes Gemüse wird zu einem Preise geliefert, der weniger beträgt, als die Kosten des Kochens zu Hause, wenn man Zeit und Feuerung in Berechnung zieht.

Solche Hilfsmittel sind jedoch noch nicht sehr vielfach für die amerikanische Frau erreichbar; sie muß sich mit ihrer Aufgabe zu Hause abplagen und eben mit ihr fertig werden, so gut sie kann.

cents a pound, while flour of average quality costs about the same. In contrast with this, compare the prices of bread and flour in our own country where in no large city is bread quoted at less than 7 cents, while flour costs 3 cents. That is, bread costs in Germany about the same as flour and in America more than twice as much; and yet the German baker is notably a prosperous person!

The foreign housekeeper has still further help from the baker. If she makes a cake or pie, she sends it out to be baked, and pays from one to two cents (the fuel would have cost more); joints of meat and mixed dishes are also sent to be baked for the same price; and before any bakeshop in a German city, at noon on Sunday, can be seen a line of servant girls, each in turn receiving a steaming dish as it is taken from the oven. The soup kitchens (*Volks Küchen*) of various grades are also a great help. The writer has repeatedly had brought from one of them an excellent meat broth (1 pt. for 2 cents), and good cooked vegetables are furnished for a price less than they could be cooked for at home, if one took any account of time and fire.

But such helps are not yet to any great extent available to the American woman; she must wrestle with her own problem at home and solve it as best she can.

Die Küche.

Die Küche einer Frau von Durchschnittsmitteln ist nicht die ideale Küche. Sie ist vielleicht zu klein oder hat zu wenig Licht, oder weist sie noch ernstlichere Mängel auf, wie schlechten Wasserabfluß. Wir müssen sie indessen eben nehmen, wie sie ist, und blos die Forderung stellen, daß sie alles Nothwendige für den Zweck enthält, den wir im Auge haben — einfache Küche für eine Familie von Sechsen.

Größe der Küche. In den billigeren Stadtwohnungen ist die Küche klein, zu klein für gute Ventilation und für die schweren Arbeiten, wie das Waschen; zum Kochen kann jedoch auch eine sehr kleine Küche so eingerichtet werden, daß sie allen Zwecken entspricht.

Wer eine Schiffsküche gesehen hat, kann dies verstehen. Der Koch, wenn er vor seinem Herde steht, kann alle seine Vorräthe erreichen, denn Reihen von Schubläden und Fächern besetzen buchstäblich die Wände vom Fußboden bis zur Decke; kleine Tischchen zum Teiganmachen können aus der Wand ausgezogen und wieder hineingeschoben werden, wenn man sie nicht mehr braucht, und jeder Zoll Boden und Wand ist mit bestmöglichem Vortheile verwendet. Der Koch wird einem sagen, daß er keine größere Küche möchte; er würde mit dem Umherlaufen blos Zeit verlieren.

Einrichtung. Man beginne damit, sich den Wandraum zu Nutzen zu machen. Hast Du noch nicht so viele Fächer, als an den Wänden Platz finden, so bringe noch mehr an, und besonders um und über dem Ofen, so daß Du, während Du am Kochen bist, Pfeffer, Salz, und alle anderen Gewürze, die Du zur Suppe,

THE KITCHEN.

The kitchen of a woman of average means is not the ideal kitchen. It is perhaps too small or not light enough, or it may have still more serious defects, as a bad drain. We must take it as it is, however, requiring only that it contain what is necessary to the end we have in view,— plain cooking for a family of six.

Size of Kitchen. In the cheaper city dwellings the kitchen is small, too small for good ventilation, and for the heavier kinds of work as washing; but for cooking, a very small kitchen can be so arranged as to answer every purpose.

Any one who has seen a ship's kitchen can understand this. The cook as he stands before his range is within reach of all his stores, for rows of drawers and shelves literally line the walls from floor to ceiling, little tables for pastry or cake making are drawn out of the wall and pushed in again when not wanted, and every inch of floor and wall space is used to the best advantage. This cook would tell you that he did not want a larger kitchen; he would only lose time running about in it.

Arrangement. Begin to utilize the wall space. If you have not yet as many shelves as the walls will accommodate, put up more, and espe-

oder zum Schmoren brauchst, erreichen kannst; Kochlöffel und Gabeln und Messer, Topfdeckel und Halter — alles Dieses sollte Dir zur Hand sein. Lasse von einem Zimmermann in die vergipste Wand Holzlatten einfügen, welche Nägel und einige Fächer halten können, und wenn der Ofen in einer Nische mit einer Wand an zwei oder sogar drei Seiten steht, so ist das um so besser. An diesen Nägeln sollten so ziemlich alle Geräthe hängen, die beim Kochen gebraucht werden, und in den Fächern sollten alle Gewürze und Zuthaten zu finden sein; weiter rückwärts kann man Das anbringen was weniger häufig gebraucht wird. Hast Du keine Schubladen, so thut das nichts; benutze dicht schließende Blechdosen für so viele Dinge, wie Du kannst; hast Du keinen schließbaren Speiseschrank für deine Geschirre, so hänge einen Vorhang vor den offenen Fächern auf.

Je näher dein Abguß bei dem Ofen ist, um so besser ist es, denn das ist der Weg, den deine Füße am öftesten zu gehen haben. Nahe beim Ofen muß ein Tisch von irgend einer Art stehen; am besten ist ein beweglicher Tisch, es kann jedoch auch ein breites Regal mit einer starken und in sichern Angeln eingehängten Stütze darunter sein, die es niederklappen läßt, wenn man es nicht braucht.

Ich setze voraus, daß Deine Hauptarbeit an diesem Ofen und diesem Tische geschehen muß und daß ein gut versehener Speiseschrank, der die nöthige Ausstattung zum Bereiten von Backwerk, Kuchen und künstlichen Gerichten Dir ebensowenig zur Verfügung steht, wie die Zeit zum Bereiten derselben.

Geräthe. Der Geräthe, die Du brauchst, sind nur wenige, allein diese wenigen mußt Du haben. Ziehe den Werth der Speisematerialien in Betracht, die Du gebrauchst; einige in einer alten Bratpfanne angebrannte Speisen repräsentiren fast den Kaufpreis einer neuen. Wir werden blos von den wichtigsten und absolut nothwendigsten Geräthen sprechen.

cially about and above the stove, so that as you stand at your cooking you can reach salt, pepper and every other flavor that can be used in a soup or stew; cooking spoons and forks and knives, potlids and holders —all these should be at your hand. Let a carpenter fasten into the mortared wall strips of wood that will hold nails and a few shelves, and if the stove is in a niche with wall on two or even three sides of it, all the better. On these nails should hang nearly every implement used in cooking, and on the shelves should be found all spices and flavors; farther back can be placed what is more seldom used. If there are no drawers, never mind, use close tin boxes for as many things as you can; if no closed cupboard for your dishes, hang a curtain before the open shelves.

The nearer your sink is to the stove the better, that is the path your feet must oftenest travel. There must be a table of some sort very near the stove; if it is a movable one, all the better, or it may be a broad shelf with a very strong and safe hinged support under it, letting down when not in use.

I take for granted that the main part of your work is to be done on this stove and table, and that a well stocked pantry, fitted out for the making of pastry and cake and elaborate dishes, is not within your reach any more than the time for making such.

Utensils. The utensils you need are few, but these few you must have. Consider the value of the food materials that you use; a few burns on an old sauce pan will quite buy a new one. We will speak only of the most important and absolutely necessary utensils.

Erstens, gebrauche kein Zinnblech; es ist billig, aber die Kohlen sind es nicht, und Du wirst viel Kohlen verschwenden, wenn Du in Blechgeschirren kochst. Kochgeschirre von Messing und Kupfer müssen von Denjenigen, die sparen wollen, vermieden werden, denn sie sind kostspielig und erfordern zu viel Sorgfalt, wenn sie von giftigem Grünspan rein gehalten werden sollen.

Von besonderer Bedeutung unter Deinen Geräthen ist ein eiserner Topf mit flachem Boden und gutschließendem **eisernem Deckel**. Verschaffe Dir den glattesten und besten, selbst wenn er doppelt so viel kostet. In diesem wirst Du Dein Fleisch mit wenig Feuer braten, Gemüse, außer Bohnen und Erbsen, überhaupt alles kochen können, was nicht sauer ist. Halte deren zwei, wenn Du kannst, von verschiedenen Größen. Zunächst kommt eine eiserne Schmorpfanne, ebenfalls von dem glattesten Schmiedeeisen und leicht; auch sie muß einen dichtschließenden Deckel haben. Viele Leute halten eiserne Geräthe für schwerfällig und altmodisch; allein wo es sich um Sparsamkeit handelt, ist keine andere Waare so gut und zufriedenstellend. Die blau oder grau emaillirte Waare ist sehr hübsch, hält aber keine große Hitze aus und zersplittert und zerkracht leicht; einen Kessel von dieser Waare aber solltest Du haben, weil er zum Kochen von Früchten und allen sauren Dingen sehr werthvoll ist. Du brauchst einen Drahtrost zum Rösten von Brod und Fleisch; Du mußt ihn zu verschiedenen Dingen gebrauchen, die Du bis jetzt in der Schmorpfanne gekocht hast. Der Theekessel und die Backpfanne sind selbstverständlich. Es gibt noch ein anderes Geräthe, das nicht so gewöhnlich ist, es aber zu sein verdiente, nämlich ein Dampfkochtopf; ein einfacher Topf mit durchlöchertem Boden, der genau in den oberen Theil des eisernen Topfes hineinpaßt und einen dichtschließenden Kessel hat. Sein Gebrauch wird später besprochen werden.

Ohne eine Anzahl irdener Häfen, die mit bleifreier Emaille glasirt sind, kannst Du besonders beim Kochen

First, do not use tin; it is cheap, but coal is not, and you will waste a great deal of coal in trying to cook in tin. Brass and copper cooking vessels are to be avoided by one who must economize, as they are expensive and require too much care to keep them free from the poisonous verdigris.

Of chief importance among your utensils is a flat bottomed iron pot with close fitting *iron* lid. Get the smoothest and best, even if it cost double. In this you will roast meat with little fire, cook vegetables, all but peas and beans, cook anything indeed that is not acid. Have two of these, if you can, of different sizes. Next, an iron frying pan, also of the smoothest wrought iron and light; this too should have a close fitting cover. Some people consider iron utensils heavy and old fashioned, but where economy is an object, no other ware is so good and satisfactory. The blue or grey enamelled ware is very nice but will not stand great heat and easily chips and cracks, but you should have one kettle of this ware as it is valuable for cooking fruit and anything acid. You must have a wire gridiron for toasting bread and broiling meat; this you should use for many things which you now cook in the frying pan. The tea-kettle is a matter of course, and a griddle. There is one other utensil not as common, but which deserves to be, viz., a steamer; a simple pot with perforated bottom which will fit tightly into the top of the iron pot, and have a very tightly fitting cover. Its use will be discussed later.

You can hardly do without a number of earthen jugs, glazed with lead-free enamel, especially for

und Aufbewahren der Milch nicht auskommen. Verschaffe Dir auch eine Anzahl hölzerner Löffel; sie sind billig und sauber und von einer zum Umrühren geeigneten Form. Der altväterische Puddingstock der Yankee=Küche ist die primitivste Form desselben bei uns, und viele Leute kennen keine andere.

Oefen. Ein guter Ofen ist in einer Küche von erster Bedeutung, allein glücklicher Weise sind gute Oefen etwas Gewöhnliches geworden. Eine gewichtigere Frage jedoch ist der Preis des in ihnen zu verbrennenden Feuerungsmaterials. Selbstverständlich müssen Kohlen da sein, und wenn der Ofen geheizt ist, wie an Bügel= und Backtagen, kann man darauf sehen, daß das Feuer bis zu seiner äußersten Leistungsfähigkeit ausgenutzt wird; im Winter können Gerichte auf mehrere Tage vorausgekocht werden.

Kohlenöl. Zum Kochen eines einzigen Gerichtes oder zum Siedenmachen eines Theekessels ist ein Kohlenöhlofen eine große Ersparniß; er ist auch unschätzbar um einen Topf in Schmorhitze zu erhalten — etwas, was auf dem Ofen sehr schwer zu erreichen ist.

Holzkohle. Zu demselben Zwecke und zu allem stetigen Kochen, vor Allem aber zum Fleischrösten, sollte jede Hausfrau Vorrichtungen zum Brennen von Holzkohlen haben; es bedarf dazu blos eines Rostes mit einem 2—3 Zoll hohen Rande, den man in das Ofenloch hinablassen kann (Eine Art von tiefer Pfanne mit rostartigem Boden). Für solche Zwecke hält ein Bushel harter Holzkohlen, die 15 — 20 Cents kostet, lange vor. Holzkohlen sind in Paris fast das einzige Feuerungsmaterial beim Kochen; sie sind in der That auch in ganz Frankreich und Westdeutschland in allgemeinem Gebrauch.

Kochwärmapparat. Betreffs des „Kochwärmapparats" als Mittel zur Feuerungs=Ersparniß
s. S. 44.

cooking and holding milk. Get also a number of wooden spoons; they are cheap and clean, and of convenient shape for stirring. The old fashioned pudding stick of the Yankee kitchen is the earliest form among us, and many people know no other.

Stoves. A good stove is of first importance in a kitchen, but fortunately good stoves have become common. A graver question, however, is the cost of fuel to be burned in them. Of course coal must be the stand-by, and when the stove is heated up as on ironing and baking days, care can be taken to use the fire to its fullest capacity; in winter, dishes can be cooked ahead for several days.

Coal Oil. To cook a single dish or for boiling a tea-kettle a coal oil stove is a saving; it is also invaluable for keeping a pot at a simmering heat,—a thing very difficult to accomplish on a stove.

Charcoal. For the same purpose, and for any steady cooking, and above all for broiling meat, every housekeeper ought to have appliances for burning charcoal; it only needs a grating with a rim 2 or 3 inches high, to let down into the stove hole (a sort of deep spider with a grated bottom). For such purposes, a bushel of hard wood charcoal costing 15 or 20 cents would last a long time. Charcoal is almost the only fuel used in Paris for cooking; indeed, throughout France and in Western Germany it is in very common use.

"Cooking Safe." For "Cooking Safe" as a saver of fuel, see page 44.

Proteinhaltige Speisen
und ihre Bereitung.

Wir haben bereits in der Einleitung auf die Bedeutung dieser Nahrungsgrundlage aufmerksam gemacht. Wir werden wohl daran thun, wenn wir uns daran erinnern, daß es drei große Classen von proteinhaltigen Körpern gibt, eigentliches Eiweiß, Casein und Fibrin, und daß in Pflanzen, wie Thieren Repräsentanten dieser drei Classen gefunden werden. In Pflanzensäften und in den Eiern haben wir so Dinge, die zu der Eiweißclasse gehören; in dem Quark saurer Milch und in dem Legumin von Schotenfrüchten haben wir Proben von Casein, und in dem Kleber der Getreidefrüchte und in den Klumpen, die sich in verrührtem Blute bilden, haben wir Proben von Fibrin.

Thierische Speisen.

Unsere thierischen Speisen enthalten noch andere Dinge, welche die Hausfrau den Proteinkörpern an die Seite stellt, und über eines derselben haben wir einige Worte zu sagen, nämlich Gelatin, die stickstoffhaltige Substanz, welche aus Knochen und Knorpeln herausgekocht wird.

Gelatin; Geschichte. In der Geschichte der Nahrungsmittel hat dieses Gelatin, wie der Fleischextrakt, eine große Rolle gespielt. Ehe man die wirklichen Functionen der Nahrungsgrundlagen verstand, glaubte man, aus einem Stücke Fleisch mit Wasser Alles herausziehen zu können, was von Werth für den Körper darin enthalten sei; und so kam es, daß nach mehr als hundert

PROTEID-CONTAINING FOODS

AND THEIR PREPARATION.

We have already in the Introduction called attention to the importance of this food principle. It is well for us to bear in mind that there are three great classes of Proteids, Albumens proper, Caseins, and and Fibrins, and that in both plants and animals are found representatives of these three classes. Thus, in plant juices and in eggs we have things belonging to the Albumen class; in the curd of sour milk and in the legumine of the pod-covered plants we have examples of caseins; and in the gluten of grains and in the clot whipped out of blood we have examples of fibrins.

ANIMAL FOODS.

Our animal foods contain some other things that the housewife ranks with proteids and we have a few words to say about one of them, viz., gelatine, that nitrogenous substance boiled out of bones and cartilage.

Gelatine, Hist. of — In the history of foods this gelatine, like meat extract, has played a great part. Before the real functions of the food principles were understood it was thought that what could be extracted by water from a piece of meat comprised all in it that was of value to the body; and so it hap-

Jahren, nachdem Papin die Methode zum Ausziehen des Gelatins aus Knochen entdeckt hatte, (er that dies vermittelst der Vorrichtung, die noch jetzt in den Küchen als „Papin's Suppenzerkocher" bekannt ist) das Gelatin als einer der besten, wenn nicht geradezu als der bestnährende Bestandtheil des Fleisches betrachtet wurde. In dem letzten Jahrzehnt des 18. Jahrhunderts und zu Anfang des gegenwärtigen machten die Franzosen von dem Gelatin stark Gebrauch, in der Meinung, daß es ein Proteinkörper sei, weil es dem Chemiker Stickstoff lieferte. Es wurden verbesserte Methoden zur Extraktbereitung erfunden, und sein Gebrauch wurde, besonders in den öffentlichen Anstalten von Paris, ein so allgemeiner, daß von 1820—38 zwei und dreiviertel Millionen Portionen Knochengelatinsuppe an die Insassen eines einzigen Hospitals verabreicht wurden. Trotz den Gutachten eminenter Gelehrter, daß die Gelatinsuppen und Gelatintafeln ein vollkommener Ersatz für Proteinkörper seien, nahm sein Consum jedoch ab; die Aerzte bemächtigten sich wieder des Gegenstandes, und gegen die Mitte des Jahrhunderts hatten sich die Ansichten so geändert, daß ihm fast aller, wenn nicht überhaupt aller Nährwerth abgesprochen wurde. Moderne Experimente, die auf einer rationelleren Basis beruhen, haben dem Gelatin seinen richtigen Platz angewiesen. Es ist ein Nahrungsmittel, gerade so gut wie Fett, allein wie Fett kann es nicht die Rolle von Protein spielen, obschon ein bestimmter Betrag davon, mit Fetten und Kohlenhydraten zusammen genossen, den Körper in Stand setzt, mit etwas weniger Protein auszukommen. Von Prof. Voit wird sogar behauptet, daß es dem Fett in der Fähigkeit, die halbe Obliegenheit von Proteinstoffen zu übernehmen, vorangehe.

Wir haben für gut gefunden, hiervon zu sprechen, weil so zu sagen eine Art von abergläubischer Hochachtung in der Küche für das „Sähmige" herrscht, ein Ueberbleibsel von Papin's Zeit, wie man denken sollte. Eine gute deutsche Hausfrau pflegte mit der Verfasserin die haushäl-

pened that for more than a hundred years after Papin had discovered the method of extracting all the gelatine out of bones (which he did by the aid of that contrivance still known in kitchens as the "Papin Soup Digester") gelatine was considered to be one of the most, if not the most nourishing constituent of meats. In the last decade of the 18th century, and in the early part of this the French made great use of gelatine under the impression that it was a proteid because it yielded nitrogen to the chemist. Improved methods of extracting it were invented, and so general did its use become, especially in the public institutions of Paris, that from 1829-38, two and three quarters million portions of bone-gelatine soup were dealt out to the inmates of a single hospital. But in spite of the opinions of eminent scientists that gelatine soups and gelatine tablets were a perfect substitute for proteids, their consumption decreased; physicians again took hold of the subject, and by the middle of the century opinion had so changed that nearly all, if not all, food value was denied to them. Modern experimentation based on more rational methods has put gelatine in its right place. It is a food, just as much so as is fat, but like fat it cannot play the rôle of proteid although a certain amount taken with fats and carbohydrates will enable the body to get along with a little less proteid. It is even said by Prof. Voit to excel fat in its ability to do half duty for proteid material.

We have thought it well to speak of this because of a sort of superstitious regard in the kitchen for "stock," a survival, one would think, of Papin's time.

terischen Vorzüge einer gewissen „Frau Doctor" zu be=
sprechen, die „stets ihre Knochen dreimal auskochte", so
daß die Nasenlöcher der Bewohner manches Haushalts
während der sechsten Stunde der Knochenaussiebung durch
Leimgeruch beleidigt wurden.

Wenn jedoch die Bedeutung des Gelatins überschätzt
wurde und noch überschätzt wird, so gilt dies noch mehr
von anderen Theilen des Fleisches, welche durch Wasser
ausgezogen werden können.

Eiweiß und Extraktivstoffe. Wir haben gesehen, daß heißes Wasser
das Protein zum Gerinnen bringt, und
wenn es einmal geronnen ist, löst es sich nicht mehr im
Wasser auf, und aus diesem Grunde enthält Suppe diese
werthvolle Grundlage gewöhnlich blos in dem löslichen
Eiweiß, welches als Schaum emporstieg. Wenn die
Köchin diesen abgeschöpft hat, ist die Suppe, welche sie
kräftig nennt, eher noch kräftig an Gewürzen, als an
Nährgrundlagen.

Um zu zeigen, wie äußerst wenig wirkliche Nahrung eine
wohlschmeckende Fleischbrühsuppe enthalten kann, wollen
wir eine von Prof. König vorgenommene Analyse geben.

Analyse der Suppe. Er nahm ein Pfund Rindfleisch und
etwa $6\frac{1}{2}$ Unzen Kalbsknochen und be=
handelte sie, wie er sagt, wie es gewöhnlich in der Küche
geschieht, um ein Pint guter, kräftiger Suppe oder Bouil=
lon zu erhalten. Dieselbe enthielt:

Proteinkörper,	Fette,	Extraktivstoffe,	Salze,
1.19 Proz.	1.48 Proz.	1.83 Proz.	.32 Proz.

Wo aber sind die Eiweißstoffe, die zu Anfang in dem
Fleisch gewesen? Viele sind noch in der zähen, trockenen
Masse, dem „Suppenfleisch", das nach Angabe der Köchin
keinen Werth mehr hat. Es besteht aus gekochten Binde=
geweben und Eiweiß; diese aber sind Nahrungsmittel und

A good German housewife was wont to discourse to the writer on the economical virtues of a certain "Frau Doctor" who "always boiled her bones three times" and dwellers in many a household have had their nostrils assailed by the smell of glue, during the sixth hour of bone boiling.

But if the importance of gelatine was and is still exaggerated, this is still more true of the other parts of meat that can be extracted by water.

Sol. Albumen and Extractives. We have seen that hot water coagulates proteid, and once coagulated, it will not dissolve in water, and for this reason the soup generally contains of this valuable principle only the soluble albumen which rose as scum. If the cook has skimmed this off, the soup which she calls strong is strong with flavors rather than with nutritive principles.

To show how very little real food a good tasting meat soup may contain, we will give an analysis made by Prof. König.

Analysis of Soup. He took 1 lb. of beef and about $6\frac{1}{2}$ oz. of veal bones, and treated them, he says, as is usually done in the kitchen to get a pint of good strong soup or bouillon. This contained

Proteids,	Fat,	Extractives,	Salts.
1.19%	1.48%	1.83%	.32%

But where are the albumens that were in the meat to begin with? Many of them are still there in that stringy, sodden mass, the "soup meat," which the cook tells us contains no further value. It consists of cooked connective tissue and albumen; now these

müssen vor dem Abfallfaß bewahrt werden, denn mit Hilfe des Hackmessers und des Kräutersackes können wir sie in unseren Leibern noch immer die Dienste von Proteinkörpern verrichten lassen.

Wirkliche Bedeutung der Suppe. Wenn wir weder das Gelatin, noch die Würzstoffe in unseren Fleischbrühsuppen überschätzen, noch das Fleisch wegwerfen, aus dem sie gemacht werden, so werden wir anfangen, Suppen auf der richtigen Grundlage zu machen, d. h. mit richtigem Verständniß des wirklichen Werthes der Stoffe, mit welchen wir arbeiten, und wir werden dann vielleicht weniger häufig, als jetzt, Fleisch zu unseren Suppen benützen, wenn wir seinen hohen Preis und den Umstand in Betracht ziehen, daß wir es, in anderer Weise gekocht, nothwendiger brauchen. Suppen sollten jederzeit weder als Luxusartikel, noch als die letzte Zuflucht der Armuth betrachtet werden, sondern als nothwendiger Bestandtheil einer Mittagsmahlzeit, gerade so, wie sie jetzt von allen Classen Europas gebraucht werden; sie brauchen aber nicht von guten Fleischschnitten gemacht zu werden und auch überhaupt nicht von Fleisch.

Proteinkörper, wie wir sie kaufen. Wir wollen nun unsere Aufmerksamkeit den Proteinkörpern zuwenden. wie wir sie kaufen.

Wir können hier nicht die chemische Zusammensetzung und den genauen Nährwerth jeder Fleischsorte vornehmen, die im Fleischerstand, im Fischmarkt und der Geflügelbude gekauft werden kann. Wir müssen jedoch einige wichtige Punkte bemerken.

Fleisch vom Metzgerladen. Wir wissen, daß Fleisch vom Metzgerladen etwa 50—78 Prozent Wasser, je nach der Qualität des Stückes und der Art des Thieres enthält. Die meisten Leute denken beim Fleischkaufen zuerst an die rothen Theile; sie mögen wissen, daß es von Vortheil ist, Fleisch zu kaufen, das mit Fett unterwachsen ist, allein sie

are foods and they must be rescued from the garbage barrel, for with the help of the chopping knife and the herb bag we can make them still do proteid duty in our bodies.

Real importance of Soup. If we do not overvalue either the gelatine or the flavoring matters in our meat soups, nor throw away the meat out of which they are made, we shall begin to make soups on the right basis, that is an understanding of the real value of the materials we are working with, and we shall use meat for our soups less often than we now do perhaps, considering its high price and our greater need of it cooked in other ways. Soups should not be regarded as a luxury, neither as the last resort of poverty, but as a necessary part of a dinner, just as they are now used by all classes in Europe; but they need not be made of good cuts of meat, nor indeed, of meat at all.

Proteid as we buy it. We will now direct our attention to the proteid as we buy it.

We cannot here take up the chemical composition and exact nutritive value of every kind of meat to be bought at the butcher's stall, the fish market and the poultry stand. But we must note a few points of importance.

Butchers' meat. We know that butchers' meat contains from 50% to 78% of water, according to the quality of the piece and the kind of animal. Most people in buying meat think first of the red part; they may know that it is advantageous to buy meat that is streaked with fat, but they hardly realize how wise it is to do so. As a rule, fat takes the place of water. Let us consult tables of analyses for the

sind sich kaum vollständig bewußt, wie klug es ist. In der Regel nimmt das Fett die Stelle des Wassers ein. Wir wollen die analytischen Tabellen über die Quantitäten von Wasser, Proteinkörpern und Stickstoff-Extracten, Fetten und Salzen betrachten, welche in mageren und in fettunterwachsenen Stücken enthalten sind. In Prof. König's werthvoller Abhandlung über die Nahrungsmittel finden wir solche Analysen sorgfältig aus einer großen Masse von Material gesammelt, und gesichtet; Proben von Nacken-, Schwanz-, Schulter-, Hinterviertelstücken usw., wie sie vom Metzger gekauft, wurden analysirt, nachdem sie von dem ihnen anhängenden „Schichtenfett" befreit waren, und die durchschnittliche Zusammensetzung aller verschiedenen Schnitte war folgende:

Prof. König's Fleisch-Analysen

Fettes und mageres Ochsenfleisch verglichen.	Wasser.	Stickstoffsubstanzen.	Fett.
	Proz.	Proz.	Proz.
Von einem sehr fetten Ochsen	55.42	17.19	26.38
Von einem mittelfetten Ochsen	72.25	20.91	5.19
Von einem mageren Ochsen	76.71	20.78	1.50

Diese Tabellen illustriren, wie klug es ist, Fleisch von einem sehr fetten Thiere zu kaufen. Sie zeigen, daß ein Pfund Fleisch von einem fetten Ochsen mehr als 20 Proz. weniger Wasser enthält als ein entsprechendes Stück von einem mageren; natürlich kann ein solches Stück 3—4 Proz. weniger Proteinstoff enthalten, allein zum Ersatz dafür wird es 25 Prozent mehr Fett haben.

Geben wir eine andere Tabelle, welche illustrirt, daß Theile wie Schwanzstücke nicht die an Proteinkörpern und Fetten am reichsten sind, obschon sie den feinsten Geschmack haben. Dies mag Denjenigen zum Troste dienen, deren Börse ihnen nicht diese kostspieligen Schnitte zu kaufen gestattet.

amounts of water, proteids and nitrogenous extractives, fats and salts contained in lean pieces and in pieces streaked with fat. In Prof. König's valuable treatise on Foods we find such analyses, carefully collected and sifted out of a large amount of material; samples of neck, tenderloin, shoulder, hind-quarter and so on, just as bought at the butchers', were analyzed after being freed from adherent *lump* fat, and the average composition of all the different cuts was as follows:—

<small>Prof. König's Analyses of Meat.</small>

Fat and lean ox compared.	Water %	Nitrogenous Substances %	Fat %
From a very fat ox	55.42	17.19	26.38
From a medium fat ox	72.25	20.91	5.19
From a lean ox	76.71	20.78	1.50

These tables illustrate how wise it is to buy meat from a very fat animal. They show that a pound of meat from a fat ox may have more than 20% less water than a corresponding piece from a lean one; of course such a piece may contain from 3 to 4% less proteid, but to compensate for this, it will have 25% more fat.

Let us give another table which illustrates that pieces like tenderloin are not the richest in proteids and fats, though they do have the finest flavor. It may help to console those whose purses do not allow them to buy these expensive cuts.

Verschiedene Theile vom Ochsen verglichen	Wasser	Stickstoffsub= stanzen	Fett
	Proz.	Proz.	Proz.
Hals............	73.5	19.5	5.8
Schulter..........	50.5	14.5	34.
Schwanzstück.......	63.4	18.8	16.7
Hinterviertel........	55.05	20.81	23.32

In diesem Falle ist der Unterschied zwischen Schulter und Schwanzstück, was die in jedem enthaltene Wasser= quantität betrifft, auffallend. Bei Thieren die in der Mitte zwischen fett und mager stehen, kommen sich gute und schlechtere Stücke in der Zusammensetzung näher.

Wir bedauern, daß der Raum dieser Abhandlung nicht Zeichnungen und vollständige Illustrationen der verschie= denen Theile eines Thieres beizufügen gestattet, mit de= tailirten Rathschlägen, welche zu kaufen sind. Mit Ver= gnügen weisen wir jedoch bei dieser Gelegenheit auf eine frühere Preisschrift — „Gesunde Wohnungen und Nahr= ungsmittel für die arbeitenden Classen"—hin, welche viel der Hausfrau nothwendige Auskunft über die Qualitäten und den vergleichsweisen Werth des Fleisches verschiedener Thiere, der Milch und der Milcherzeugnisse gibt.

Einige Fleischsorten verglichen. Unter dem Fleisch aus dem Fleischer= laden müssen wir Rindfleisch immer als das ökonomischste betrachten, wobei seine Auswahl sich nach den oben angegebenen Thatsachen richtet. Fettes Hammelfleisch steht ebenfalls hoch.

Schweinefleisch. Man mag gegen Schweinefleisch sagen, was man will, so ist es eine sehr werth= volle Fleischsorte, besonders für den Armen, und die Ge= setze zur Regulation seines Ausschlachtens und Verkaufs sollten so streng sein, daß sie ihm Schutz gewähren. Die große Bedeutung von eingesalzenem Schweinefleisch und geräuchertem Speck haben wir unter den „Fetten" in Be= tracht gezogen.

Regeln über den Ankauf von diesem Fleisch aufzustel= len ist von wenig Nutzen; wir müssen gewöhnlich nehmen,

Dif. part of ox compared	Water %	Nitrogenous Substances %	Fat %
Neck	73.5	19.5	5.8
Shoulder	50.5	14.5	34.
Tenderloin	63.4	18.8	16.7
Hind-quarter	55.05	20.81	23.32

In this case the difference between shoulder and tenderloin as to the amount of water contained in each is striking. In the case of *medium* fat and lean animals, poor and good pieces approach each other more nearly in composition.

We regret that the scope of this essay will not allow us to give drawings and full illustrations of the different parts of an animal, with advice in detail as to what to buy. We are glad to mention in this connection a former prize essay—"Healthy Homes and Foods for the Working Classes"—which gives much information needed by the housekeeper as to the qualities and comparative value of the meat from different animals, of milk and milk products.

Some meats compared. Of butchers' meat beef must always be considered the most economical, its choice being governed by facts just stated. Fat mutton also ranks high.

Pork. *Pork.* Say what we may against pork, it is a most valuable kind of meat, especially for the poor man, and the laws governing its slaughter and sale should be so stringent as to protect him. The great importance of salt pork and bacon we have considered under "Fats."

It is of little use to give rules about buying this meat; we must generally take what the butcher fur-

was der Metzger liefert, allein wir können es wenigstens gut kochen und sollten es niemals roh essen, selbst wenn es gut gedörrt und geräuchert ist.

Fische. **Fische.** Vom Standpunkt der sparsamen Haushälterin betrachtet verdient der Fisch besondere Erwähnung; die Natur besorgt bei ihm die Fütterung, wir haben blos für den Fang zu bezahlen. In der Jahreszeit, in der sie am besten und billigsten sind, sollten frische Fische vielfach genossen werden. Wir brauchen die Hausfrau blos daran zu erinnern, daß sie ⅓—½ von dem Gewichte eines Fisches an seinen Gräten und seinem Kopfe verliert.

Gesalzene und geräucherte Fische. Eingesalzene und geräucherte Fische sind als Nahrungsmittel von großer Bedeutung, und zwar nicht blos für Bewohner der Seeküste. Eingesalzener Stockfisch enthält nach König's Tabellen 30 Proz. Proteinkörper, und diese Thatsache, verbunden mit dem billigen Preise, rechtfertigt vollständig seine Beliebtheit bei sparsamen Leuten. Andere eingesalzene und konservirte Fische, wie z. B. der Hering, bringen Abwechslung in die Nahrung mancher armen Familie.

Leber, Herz u. s. w.

Innere Organe. Von den inneren Organen der Thiere, die wir als eßbar betrachten, schätzen wir in der That gewöhnlich blos die Leber. Die Lunge, das Gehirn, die Nieren, das Herz und der Magen als Kaldaunen zubereitet, geben gute Nahrungsmittel und werden in Landstädten oft sehr billig verkauft. Der Kopf von den meisten Thieren, wie vom Kalbe, ist ausgezeichnet für Suppen, und andere Gerichte und wird auf dem Lande oft weggeschenkt.

Eier.

Eier im Vergleich mit Fleisch als Nahrungsmittel. Um eine Idee von dem vergleichsweisen Werth der Eier als Nahrungsmittel zu bekommen, wollen wir sie mit mittelfettem Rindfleisch vergleichen.

nishes, but at least we can cook it well, never eating it raw even when well dried and smoked.

Fish. *Fish.* From the standpoint of the economist fish is worthy of especial mention; nature does the feeding, we have only to pay for the catching. In the season when it is best and cheapest, fresh fish should be used freely. We have only to remind the housewife that she loses $\frac{1}{3}$ to $\frac{1}{4}$ of the weight of a fish in bones and head.

Salted and smoked fish. Salted and smoked fish is of great importance as food, and not alone for people living on the sea-coast. Salted cod contains, according to König's tables, 30% of Proteids, and this fact, together with its low price, fully justifies its popularity with all economical people.

Other salted and preserved fish, as for instance, the herring, give variety in the diet of many a poor family.

LIVER, HEART, ETC.

Internal Organs. Of the internal organs of animals generally considered eatable, we really appreciate only the liver. The lungs, brains, kidneys, heart, and the stomach prepared as tripe, are good food and they are often sold very cheap in country towns. The head of most animals, as of the calf, is excellent for soups and other dishes, and in the country it is often given away.

EGGS.

Eggs compared with meats as a food. To get an idea of the comparative value of eggs as a food let us compare them with medium fat beef.

	Water %	Proteids %	Fat %
Medium fat beef has	72.5	21.	5.5
Eggs have	74.5	12.5	12.

	Wasser Proz.	Proteinkörper Proz.	Fett Proz.
Mittelfettes Rindfleisch hat	72.5	21.	5.5
Eier haben	74.5	12.5	12.

Wir sehen daraus, daß, während beide ungefähr gleichviel Wasser enthalten, das Fleisch in den Proteinkörpern den Vorzug hat, Eier aber in Fett, wobei noch außerdem dieses Fett von sehr feiner Qualität ist.

Kaufe Eier, wenn sie am billigsten sind, wie im April, wo sie oft zu 15 Cents per Dutzend verkauft werden; dies würde 12½ Cents per Pfund ausmachen, da 10 Eier durchschnittlich ein Pfund Gewicht haben. In diesem Falle könnten sie für billiger betrachtet werden, als die theuersten Fleischschnitte, aber trotzdem noch viel theurer als die billigeren Theile, wie Weichen, Hals und Brustkern zu 8 Cents. Sogar zu diesem billigen Prese sind sie daher eigentlich noch ein Luxus für den Menschen, der sich Proteinkörper und Fett in ihrer billigsten Form verschaffen muß.

Und wenn wir in Betracht ziehen, daß der Preis nur während einer kurzen Zeit im Jahre so niedrig ist — da Eier durchschnittlich zu 25—30 Cents im Markte stehen, so können sie sich als Nebenbuhler im Protein neben dem Fleisch schlecht sehen lassen. Außer im Frühjahr müssen ökonomisch veranlagte Personen mit ihnen selbst bei ihren Desserts sparsam umgehen. Wenn Haushälterinnen sagen, wie ich es schon gehört, daß Eier zu 25 Cents das Dutzend billiger seien als Fleisch, so müssen sie im Vergleich mit sehr theurem Fleische so reden.

Käse.

Käse (sein Nährwerth.) In Amerika wird der Käse mehr als Luxusartikel, denn als stehendes Nahrungsmittel betrachtet, und doch kommt ein Pfund Käse an Nährwerth mehr als zwei Pfund Fleisch gleich, da er reich an Fett sowohl, wie an Proteinkörpern ist.

We see that while the water is nearly the same in both, the meat has the advantage in proteids and the eggs the advantage in fat, this fat, moreover, being of very fine quality.

Take eggs at their cheapest, as in April when they often sell at 15 cents a dozen, that would be $12\frac{1}{2}$ cents a pound, 10 eggs of average size weighing a pound. They could then be considered cheaper than the highest priced cuts of meat, but still much dearer than the cheaper parts, flank, neck and brisket, at 8 cents. So that even at this low price, they are somewhat of a luxury to the man who must get his proteid and fat in their cheapest form.

And when we consider that only for a short time in the year is the price so low,—eggs being on an average quoted at 25 to 30 cents, the showing for them as a proteid rival of meat is poor indeed. Except in the Spring the economically inclined must be sparing of their use even in dessert dishes. When housekeepers say, as I have heard them, that eggs at 25 cents a dozen are cheaper than meat, they must be speaking in comparison with very high priced meats.

CHEESE.

Cheese (its food value.) In America, cheese is regarded more as a luxury than as a staple article of food, and yet 1 lb. of cheese is equal in food value to more than 2 lbs. of meat, it being very rich in both fat and proteids. Considering this, its price is very low and it ought to be a treasure to the poor man and do good service in replacing sometimes the more expensive meat.

Wenn wir dies berücksichtigen, so ist sein Preis ein sehr niedriger, und er sollte ein wahrer Schatz für den Armen sein und ihm gute Dienste beim zeitweiligen Ersatz des kostspieligen Fleisches leisten.

Verwendung des Käses im Ausland. Im Ausland wird sein Nährwerth vollkommen anerkannt. Für den Bauern in der Schweiz ist er ein stehendes Nahrungsmittel, das blos dem Brod im Range nachsteht, während er auch in Italien und Deutschland in sehr ausgedehntem Maße genossen wird. Die Verfasserin hat einst mehrere Wochen in dem Hause eines bedeutenderen Bauern am Abhang des Pilatusberges in der Schweiz zugebracht und dabei täglich die Nahrung betrachtet, welche den Erntearbeitern gereicht wurde. Die zweimal täglich auf das Feld gesandten Mahlzeiten bestanden aus einem Viertel grauen, rahmlosen Käse nebst Brod. Man sagte mir, daß die armen Leute in der Gegend fast gar kein Fleisch essen, sondern Käse an seiner Stelle genießen.

Die Verfasserin hat ferner den Käseverbrauch in Deutschland beobachtet. Jede Gegend hat dort ihre besondere Varietät von der weichen, von saurer Milch bereiteten Sorte, und große Quantitäten Schweizerkäse, rahmloser sowohl, wie aus vollständiger Milch bereiteter, werden konsumirt. Gewöhnlich wird er ungekocht gegessen, aber auch als Zuthat zu gekochten Speisen in den manigfaltigsten Gerichten.

Verdaulichkeit des Käses. Der Nährwerth des Käses unterliegt keinem Zweifel, allein seine Verdaulichkeit wird in Frage gestellt. Wenn wir zur Untersuchung dieses Punktes kommen, werden wir finden, daß von deutschen Gelehrten gründliche Experimente vorgenommen worden sind. Dr. Rubner, ein Schüler Voits, gibt die Resultate von Experimenten, die er an sich selbst vorgenommen hat. Er fand, daß er von Käse allein nicht viel zu genießen vermochte, mit Milch jedoch vermochte er leicht 200 Gramm oder nahezu

Use of cheese abroad. Its food value is fully recognized abroad. For the Swiss peasant it is a staple second only to bread, while the use of it in Italy and in Germany is extensive. The writer once spent several weeks in the house of a large farmer on the slope of Mt. Pilatus in Switzerland, and observed daily the food given to the harvesters; the luncheon sent twice a day to the fields consisted of a quarter section of the grayish skim cheese, accompanied with bread. I was told that the poor people in the region ate scarcely any meat, using cheese in its stead.

The writer has also observed the use of cheese in Germany. Every locality has its special variety of the soft kind made of sour milk, and great amounts of the Swiss, both skim and full milk, cheese are consumed. It is generally eaten uncooked, but also as an addition to cooked food in a great variety of dishes.

Digestibility of cheese. There is no doubt of the food value of cheese, but there does seem to be some question as to its digestibility. When we come to inquire into this point, we find that thorough experiments have been made by German scientists; Dr. Rübner, a pupil of Voit, gives the result of experiments on himself. He found that he could not consume much of it alone, but with milk he took easily 200 grams, or nearly $\frac{1}{2}$ lb., and only when he took as high as 517 grams or over a pound daily, was it less completely digested than meat. Prof. König says, that in the amounts in which it is generally eaten, 125 to 250 grams daily ($\frac{1}{4}$ to $\frac{1}{2}$ lb.), it is as well digested as meat or eggs. The extensive use of it abroad would seem to be some guarantee for the digestibility of the foreign varieties at least.

½ Pfund in sich aufzunehmen, und nur wenn er sich zu 517 Gramm oder mehr als einem Pfund per Tag verstieg, wurde er weniger gut verdaut als Fleisch). Prof. König sagt, daß er in den gewöhnlich per Tag genossenen Quantitäten, 125—250 Gramm per Tag (¼—½ Pfund) so gut verdaut werde, wie Fleisch oder Eier. Der ausgedehnte Verbrauch im Ausland sollte eine Garantie für die Verdaulichkeit wenigstens der ausländischen Sorten sein.

Amerikanische Käse haben gewöhnlich einen schärferen Geschmack als ausländische, trotzdem aber ist es wahrscheinlich, daß mit anderer Nahrung wohl vermengt manches Mal genug davon genossen werden könnte, um einem Menschen sein nothwendiges tägliches Quantum von thierischem Protein — 6—7 Unzen — zu geben, und dies ist ein Gegenstand von großer Bedeutung vom ökonomischen Standpunkt betrachtet.

American cheeses have in general a sharper flavor than the foreign, still it is probable that well mixed with other food, enough could be taken many a time, to give a man his needed daily quantity of animal proteid,— between six and seven ounces,— and this is a matter of great importance from an economical point of view.

Methoden des Fleischkochens.

Warum es zu kochen. Und nun für's Erste — warum kochen wir es überhaupt? In der Thier-, wie in der Pflanzenwelt gibt es Nahrungsmittel, die für uns zum Verdauen fertig sind, wie die Milch. Auch rohe Eier sind vollkommen verdaulich und werden oft Kranken gegeben. Wir hören auch von „Kuren mit rohem Fleisch", und man hat gefunden, daß zartes, saftiges Fleisch roh, wenn es fein zerhackt ist, so daß die Bindegewebe zerrissen sind, sich recht wohl verdauen läßt.

Aber den Meisten von uns schmeckt rohes Fleisch nicht, während es der köstliche Geschmack und Geruch einer gerösteten Schnitte dem Gaumen sehr angenehm macht, und, wie wir glauben müssen, auch dem Magen. Wir „bringen den Geschmack heraus", wie wir sagen, indem wir es kochen; was thun wir aber sonst noch? Untersuchen wir **Zusammensetzung** einmal ein Stück Fleisch mit Bezug auf **des Fleisches.** die Wirkung, welche die Wärme auf es ausübt. Der rothe Theil besteht erstlich aus sehr winzigen wurstartigen Säckchen oder Muskelfasern, wie sie genannt werden, und in diesen ist der kostbare Proteinstoff enthalten, Geschmacks-Reizmittel und Salze alle mit Wasser zusammen zu einer Art von Gallerte gemischt; zweitens sind diese Muskelfasern durch Strähne von Bindegeweben zusammengehalten, wie die weißsehnige Masse genannt wird, in welche das Fett und die Blutgefäße eingelassen sind; auch diese sind von Nährwerth, jedoch von geringerem als die Fasern. Drittens, in den Säften aufgelöst, welche zwischen den Fasern und den Strähnen schwimmen, ist ebenfalls ein Proteinkörper, der lösliches Eiweiß genannt wird. Die kleinen Protein-

METHODS OF COOKING MEAT.

Why cook. And first—why do we cook it at all? In the animal as well as in the vegetable world some foods are all ready for our digestion, as milk. Raw eggs too, are perfectly digestible and are often given to invalids. We hear, of "Raw meat cures," and it has been found that tender and juicy raw meat, if chopped fine to break the connective tissue, is well digested.

But raw meat does not taste good to most of us, while the delicious flavor and odor of a broiled steak make it very acceptable to the palate, and we must believe to the stomach also. We "bring out the flavor," as we say, by cooking; what else do we do? Let us examine for a moment a piece of meat with **Structure of meat.** reference to the effect heat has upon it. The red part is made up of, first, very tiny sausage-like bags, or muscle fibres as they are called, and in these is contained the precious proteid matter, flavors and salts all mixed together with water into a sort of jelly; second, these muscle fibres are bound together by strands of connective tissue, as that white stringy mass is called, in which the fat and blood vessels are lodged; this is also of food value, but inferior to the fibres. Third, dissolved in the juices floating between the fibres and strands,

säckchen sind, wenn wir an sie gelangen können, in unseren Mägen so leicht verdaulich, wie das Weiße vom Ei, obschon, wiederum wie beim Ei, ihr Geschmack durch leichtes Kochen gehoben wird. Wie wir jedoch gesehen haben, sind sie in den Bindegeweben eingesperrt, so zu sagen etwa wie die Stärkmehlkörnchen der Kartoffel im Zellstoff.

Aufweichung der Bindegewebe Dieses Bindegewebe können wir durch Erhitzung aufweichen, wodurch wir es in eine Art von Gelatin verwandeln, aber unglücklicher Weise erfordert dies, wenn das Fleisch nicht sehr zart ist, eine längere Anwendung von Wärme, als zum Kochen des delikaten Eiweißstoffes nothwendig, der voll von Geschmacks-Reizmitteln ist, die gar zu leicht verloren gehen. Die Aufweichung der Bindegewebe, ohne daß der Eiweißstoff zu stark kocht, ist eine der Aufgaben des Fleischkochens.

Die nächste Frage ist, wie unsere Kochmethoden diesen Anforderungen entsprechen.

Kochen des Fleisches in Wasser.

Erste Methode. Lege ein Stück mageres Fleisch in kaltes Wasser, erhitze es langsam und beobachte die Wirkung. Das Wasser röthet sich leicht, wird dann trüb und bei zunehmender Erwärmung von gelblicher Farbe; zuletzt klärt es sich, indem es einen Schaum an die Oberfläche steigen läßt. Untersuchen wir diesen Schaum, so finden wir, daß das Wasser viel von dem löslichen Eiweiß und eine Menge von den Salzen des Fleisches und andere, Extraktivstoffe genannte Substanzen in sich aufgesogen hat; und jetzt beginnt der Geruch des kochenden Fleisches die Küche zu erfüllen. Je länger und langsamer der Erwärmungsprozeß vor sich geht, um so mehr von diesen Dingen ziehen wir heraus und genau im selben Verhältnisse wird das Fleisch schlechter sein, wenn es herausgenommen wird.

there is also a proteid called soluble albumen. The little bags of proteid, when we can get at them, are as digestible in our stomachs as is the white of egg, though, like the egg again, their flavor is improved by slight cooking. But, as we have seen, they are imprisoned in the connective tissue, somewhat, we may say, as are the starch grains of the potato in the cellulose.

<small>Softening connective tissue.</small> This connective tissue we can soften by heat, thereby turning it into a sort of gelatine, but unfortunately, unless the meat is very tender, this requires a longer application of heat than is needed to cook the delicate albumen all full of flavors too easily lost. To soften the connective tissue without overcooking the albumen, is one of the problems of meat cookery.

The next question is, how do our methods of cooking meet these requirements?

COOKING MEAT IN WATER.

<small>1st. Method.</small> Put a piece of lean meat into cold water, heat it very slowly and watch the effect. The water becomes slightly red, then cloudy, and as the heat increases, yellowish in color, and finally it clears, sending a scum to the surface. If we examine this scum, we find that the water has soaked out much soluble albumen and a large proportion of the salts of the meat as well as other substantives called extractives; and now the odor of the boiling meat begins to fill the kitchen. The longer and slower the warming process, the more of all these things we shall extract, and the meat when taken out will be in just that proportion poor.

Suppenkochen. Dies ist bei dem unter Suppenkochen verstandenen Vorgang sehr einfach, wenn wir nichts mehr um das Stück Fleisch geben, sondern so viel, wie möglich, alle Nahrungsbestandtheile und Geschmacksreizmittel aus ihm herauskochen. Nach einigen Stunden des Kochens finden wir es zusammengeschrumpft, grau und geschmacklos. Ein Hund, der damit allein gefüttert würde, könnte nur einige Tage leben. Allein, wie bereits bemerkt, dürfen wir nicht den Schluß ziehen, daß es keine Nahrung mehr enthalte; der Magen weist sie blos jetzt zurück, nachdem sie von allen geschmackreizenden Stoffen getrennt ist.

Zweite Methode. Man lege nun ein Stück Fleisch in siedendes Wasser und setze das Sieden fort. Die Außenseite des Fleisches wird dann plötzlich weiß und es steigt etwas Schaum aus dem Wasser empor, freilich sehr wenig im Vergleich mit dem, was wir bei der ersteren Methode gesehen haben. Wir haben das in all den kleinen Zellen auf der Außenseite enthaltene Eiweiß gerinnen machen, und das lösliche Eiweiß, die geschmackreizenden Stoffe und die Salze kommen nun nicht mehr heraus; diese Verschließung ist jedoch nicht ganz vollkommen, und es entweicht noch genug davon in das Wasser, um eine schwache Suppe abzugeben; es ist jedoch eine gute Methode, ein großes Stück zu kochen, wenn sie in dieser Beziehung richtig durchgeführt wird. Wenn wir jedoch mit unserem Fleischkochen weiter fortfahren, d. h. die Temperatur auf 212° halten, so kochen wir das Eiweiß in den äußeren Lagen zu stark, ehe das in der Mitte geronnen ist. Unter zu starkem Kochen verstehen wir, daß es hornig und geschmacklos wird, wie es beim Weißen eines Eis geschieht, wenn wir es in der altmodischen Weise kochen, indem wir es in siedendes Wasser werfen und in diesem Hitzegrad erhalten. Nachdem wir die Außenseite des Fleisches verhärtet haben, so daß die Säfte drinnen gehalten werden, müssen wir die Tempera-

Soup making. This is the process known as soup making,— very simple, if we care nothing for the piece of meat but to soak out of it all the food and flavors possible. After some hours of cooking we find it shrunken, gray and tasteless. A dog if fed on that alone could not live many days. However, as we have before said, we are not to conclude, that it contains no more nutriment, but the stomach rejects it now that it is separated from all the flavoring matters.

2nd Method. Now put a piece of meat into boiling water and continue the boiling. The surface of the meat suddenly whitens and a little scum rises on the water, though very little compared with what we saw in the former method. We have coagulated the albumen contained in all the little cells in the surface of the meat, and the soluble albumen, flavoring matters and salts cannot get out; the sealing up is not quite perfect, enough escaping into the water to make it a weak soup, but it is a good method of cooking a large piece if properly completed from this point. But if we *go on* boiling our meat, that is, keeping the temperature at 212°, we shall overcook the albumen in the outer layers before that in the center is coagulated. By overcooking, we mean making it horny and flavorless, as we do the white of an egg if we cook it in the old-fashioned way, by dropping into boiling water and keeping it at that heat. Having seared the outside of the meat to keep the juices in, we must lower the temperature. The albumen coagulates at between 160° and 170°, but the water in the kettle may be a little above this, as

tur sinken lassen. Das Eiweiß gerinnt bei 160—170°, allein das Wasser im Kessel kann etwas darüber stehen, weil es beständig Wärme an das Innere des Fleisches abgeben muß. Die allgemeine Regel ist, daß es blos „Blasen werfen" oder „strudeln" soll, und wenn die Köchin nichts Besseres thun kann, muß sie sich nach diesen Anzeichen richten. Daß die richtige Temperatur zum Fleischkochen unter dem Siedpunkt ist, weiß manche intelligente Haushalterin, wie aber soll sie wissen, wenn das Wasser auf 170° steht? Hier kommen wir zu dem schwächsten Punkt in der Haushaltküche; verschiedene Hitzegrade äußern auch verschiedene Wirkungen auf die Speisen, die wir kochen, allein die Haushälterin ist nur einer Temperatur sicher, nämlich der des kochenden Wassers.

Betreffs Anwendung des Thermometers und der Wärm-Apparate s. S. 43 und 44.

Um jedoch wieder zur Sache zu gelangen; gibt es denn keine Weise des Kochens, welche im Fleische alle diese Geschmacks-Reizmittel, Salze und Eiweißstoffe hält, gerade so wie die Natur sie gemischt hat? Ja wohl, es gibt drei Methoden — das Schmoren in Fett, das Backen im Ofen und das Rösten auf Kohlen.

Schmoren in Fett. Wir wollen die erstere untersuchen. Wenn wir ein dünnes Stück Fleisch, wie ein mit Ei und Brod überzogenes Cotelette in siedendes Fett tauchen, gerinnt das Fett an der Außenseite, oder richtiger an dem Ei, das es umgibt, wie beim Kochen, allein diesmal bewahrt die äußere Rinde die Säfte noch besser, weil sich das Fett nicht mit ihnen vermengt, wie mit dem Wasser. Jedermann weiß, wie eine auf diese Weise gekochte Auster ihre Säfte behält.

Backen des Fleisches. Wenn wir ein Stück Fleisch im Ofen backen, so gehen wir in derselben Weise vor; wir verhärten die Außenseite in Fett, indem wir den Braten in einer kleinen Quantität in einem

it must constantly transfer heat to the interior of the meat. The general rule is that it should "bubble" or "simmer" only, and if the cook can do no better she must follow these indications. That the true temperature for cooking meat is below the boiling point, many an intelligent housekeeper knows, but how is she to know when the water is at 170°? Here we come upon the weakest point in household cookery; various degrees of heat have different effects on the foods we cook, but of only one temperature is the housekeeper certain — that of boiling water.

For the use of the thermometer and the heat saver see pages 43 and 44.

But to return; is there no way of cooking that will keep in the meat all these flavors and salts and albumens, just as nature mixed them? Yes, there are three ways,— frying in fat, baking in an oven, and broiling over coals.

Frying in fat. We will examine the first. If we plunge a thin piece of meat, as a cutlet coated with egg and breadcrumbs, into boiling fat, the albumen in the surface or rather in that of the egg surrounding it is coagulated as in boiling, but this time the outer rind preserves the juices still better because the fat will not mix with them as will water. Everyone knows how an oyster cooked in this way retains its juices.

Baking meat. When we bake a piece of meat in the oven, we start in the same way; we sear the outside in fat, turning the roast about in a small quantity of fat made hot in a kettle; we then transfer it, still in the kettle or pan, to a hot oven

Kessel heiß gemachten Fettes umherdrehen; dann bringen wir es, noch in dem Kessel oder in der Pfanne, in einen heißen Backofen, wo der Kochprozeß vervollständigt wird; in kurzen Zwischenräumen befeuchten wir jedoch die Außenseite mit dem Fett in der Pfanne. Würden wir den Braten nicht begießen, so würden wir eine dickere Lage von grauem, geschmacklosem Fleische unterhalb der äußeren, braunen Kruste finden, und thatsächlich würde das ganze Stück lange vertrocknen bis die Mitte unseres Bratens das Studium des Gerinnens erreicht hat; wir begießen, um die Säfte drinnen zu behalten, welche, wie wir wissen, sich mit dem Fett nicht vermischen, und auch damit blos ein milder Wärmegrad, der den Gerinnpunkt der Proteinkörper nicht überschreitet, an das Innere übertragen wird. In den Zwischenräumen des Begießens bringt Wasser aus dem Fleische hervor und verdampft, und der hohe Wärmegrad des Backofens wird bei dieser Verdampfung in der Erhitzung des Begießfettes und vielleicht (wenn ein so hoher Wärmegrad erreicht wird) bei seiner Zersetzung und der Umänderung kleiner Quantitäten von Extraktivstoffen verausgabt, wodurch das Fleisch „schmackhaft" wird, und so kommt es, daß nur ein milder Wärmegrad in die Mitte des Stückes eindringt. Man sollte kaum glauben, daß die innere Seite eines Bratens mit ihrer hellröthlichen Farbe unter dem Thermometer blos 160° ausweist, und doch kann dies Jedem mit einem langen Chemiker-Thermometer bewiesen werden.

Obschon etwas Wasser aus unserem Fleische verdampft ist, sind die Extraktivstoffe und Salze in größerem Maßstabe zurückgehalten worden, als beim Sieden, wie wir aus einer später gegebenen Tabelle ersehen werden.

Rösten. Beim Rösten kommt genau dasselbe Prinzip in Anwendung, wie beim Backen, indem dabei das Garmachen vermittelst erhitzter Luft bewerkstelligt wird. Die trockene Kohlenhitze wirkt auf die äußere Schichte des Fleisches ein, wie die heiße Luft im Backofen.

where the process of cooking is completed, but at short intervals we moisten the surface with the fat in the pan. If we did not baste the roast, we would find a thick layer of grey, tasteless meat inside the outer brown crust, and indeed the whole piece would dry long before the center of our roast had reached the coagulating point; we baste, in order to keep in the juices which, as we know, will not mix with the fat, and also that only a mild degree of heat, not exceeding the coagulating point of proteids, may be transmitted to the interior. In the intervals of our basting, some water is driven out of the meat and evaporated into steam, and the high heat of the oven expends itself in evaporating this, in heating the basting fat, and perhaps (if it reach so high a temperature) in decomposing part of it, and in changing the chemical character of small quantities of extractives, thus making the meat "tasty," and so it happens that only a mild degree of heat is passed into the center of the piece. We would hardly believe that the inside of a roast, with its light pink color, registers only 160° by the thermometer, yet this can be proved by anyone with a long chemist's thermometer.

Although some of the water of our meat has evaporated, the extractives and salts are retained to a larger extent than in boiling, as we shall see by the table given later.

Broiling. In broiling, the principle applied is exactly the same as in baking, the cooking being done by the medium of heated air. The dry heat of the coals affects the outer layer of

Bei diesen beiden Methoden, versuchen wir, gerade wie beim Kochen, die Temperatur unseres Kochmediums gerade hoch genug zu erhalten, um die Hitze fortwährend in das Innere des Fleisches eindringen zu machen.

Wir haben nun gelernt, wie das Eiweiß hinreichend und nicht zu stark gekocht werden muß, und wie man die geschmackreizenden Stoffe im Fleisch erhält; wie aber verhält es sich mit dem Bindegewebe und was ist mit ihm bei unseren verschiedenen Kochweisen geschehen?

Zartes Fleisch. Wenn unser Fleisch von den zärteren Theilen eines Thieres vom richtigen Alter abgeschnitten ist, das wohl gefüttert und gemästet war, und wenn es nach dem Schlachten lange genug aufbewahrt wurde, so weichen die Bindegewebe während der zum Kochen des Eiweißes nach der beschriebenen Methode nothwendigen Zeitdauer so auf, daß sie eßbar werden. Fleisch der Art und so gekocht wird immer zart und geschmackreich sein.

Zähes Fleisch. Wenn das Fleisch jedoch von den zäheren Theilen abgeschnitten ist, von einem alten, oder schlechtgefütterten Thiere stammt, oder zu rasch nach dem Schlachten gekocht wird, so weicht das Bindegewebe in dieser Zeit nicht auf; wir müssen dann mit der Anwendung der Erhitzung fortfahren, bis dieses Gewebe weich wird.

Vergleich der Methoden: 1) Betreffs der Qualität des Fleisches. Was für eine Kochmethode wir anzuwenden haben, hängt daher von der Qualität des Fleisches ab, welches wir haben. Schnittabfälle und zähe Theile verwenden wir zu Suppen, wobei wir geschmackloses Fleisch am nächsten Tage zu zerhacken und durch Zuthat anderer Gewürze schmackhaft zu machen beabsichtigen. Etwas bessere Stücke, die jedoch noch langes Kochen erfordern, um das Bindegewebe weich zu machen, können zu gedämpftem Fleisch oder Ragout verarbeitet oder wenn

the meat, as does the hot air of the oven. In both these methods, just as in boiling, we try to hold the temperature of our cooking medium just high enough to keep the heat traveling toward the interior of the meat.

We have now learned to cook the albumen enough and not too much and to keep the flavors of our meat; what about the connective tissue, and how has that fared with our different modes of cooking?

Tender meat. If our meat is cut from the tenderer parts of an animal of the right age, well fed and fattened, and if it has been kept long enough after killing, the connective tissue will soften into eatable condition in the length of time required to cook the albumen by the methods described. Such meat, so cooked, will always be tender and full of flavor.

Tough meat. But if the meat is cut from the tougher parts, or from an old or ill-fattened animal, or cooked too soon after killing, the connective tissue will not soften in that time; we must continue the application of heat till this tissue softens.

Methods compared: 1st, as to quality of meat. Therefore, what method of cooking we shall use, depends on the quality of the meat we have. Trimmings and tough portions we will make into soup, expecting to chop the tasteless meat next day and add other flavors to make it palatable. Somewhat better pieces, but still requiring long cooking to soften the connective tissue, may be made into a stew or ragout; or if the piece is large and compact, boiled in water; but meat

das Stück groß und kompakt ist, in Wasser gesotten werden; aber Fleisch das zart und saftig ist (betreffs Verbesserung von zähem Fleische s. S. 45) sollte gekocht, gebacken oder geröstet werden, wobei man am öftesten die letztere Methode zu wählen hat, weil sie die Säfte und den feinen Geschmack, der der äußeren Schichte mitgetheilt wird, besser zurückhält.

2) Sparsamkeit. Man sagt uns, das Backen oder Rösten sei eine sehr verschwenderische Weise des Fleischkochens; wenn wir wirklich sparsam sein wollen, müssen wir das Fleisch stets sieden oder dämpfen, wobei wir unser Fleisch oder seine Säfte benützen sollten, um unseren Gemüsen Wohlgeschmack zu verleihen. Damit können wir nicht übereinstimmen, denn es würde uns zu einer Einförmigkeit verurtheilen, die selbst dem Armen unerträglich wäre. Besser ist zuweilen ein kleineres Stück gerösteten oder gebackenen Fleisches mit seinem deliciösen, stimulirenden Geschmack und eine Suppe aus Vegetabilien mit Kräutern gewürzt. Außerdem sind nach der Ansicht der Gelehrten Backen und Rösten keine verschwenderischen Methoden. Ich citire von einer Tabelle Prof. Königs, in welcher die Resultate einer Analyse von rohem Rindfleisch und nach dem Sieden und Braten gegeben ist. Roh enthielt es 86 Proz. Extraktivstoffe (meist stickstoffhaltige Körper; sehr wichtig als Veranlasser des stimulirenden Geruchs und Geschmacks) und 1.23 Proz. Salze.

	Extraktivstoffe Proz.	Salze Proz.
Roh	.86	1.23
Nach dem Sieden	.40	1.15
Nach dem Braten	.72	1.45

Der Vorzug ist, wie man sieht, auf Seite des Bratens, sowohl was Extraktivstoffe, wie Salze betrifft. Der Wasserverlust ist in beiden Fällen fast der gleiche. Was den Fettverlust beim Rösten eines Beefsteaks betrifft, so ist er

that is tender and juicy (and for improving tough meat see page 45) should be boiled, baked or broiled, choosing oftenest the last two methods, because of the more perfect retention of the juices and the fine flavor given to the outer layer.

2d, as to economy. We are told that baking or broiling is a very wasteful way of cooking meat; that if we would be truly economical we would always boil or stew, using our meat or its juices to flavor vegetables. From this we must dissent for it would condemn us to such a monotony as would be unendurable even to the poor. Better sometimes a smaller piece of broiled or baked meat with its delicious and stimulating flavor, and make our soup of vegetables and season it with herbs. Besides, according to the scientists, baking and broiling are *not* wasteful methods. I quote from a table of Prof. König's, wherein are given the results of analysis of beef raw, after boiling and after "*braten.*" Raw, it contained .86% extractives (nitrogenous bodies mostly; very important as giving the stimulating smell and taste) and 1.23% salts.

	Extractives	Salts
Raw	.86%	1.23%
After boiling	.40%	1.15%
After "*braten*"	.72%	1.45%

The advantage is seen to be in favor of "*braten*" both in regard to extractives and salts. The loss of water was nearly the same in both cases. As for the fat lost in broiling a beef steak, that is indeed a loss, but one to be made up in some measure by the smaller quantity of fuel necessary to cook the meat. The

thatsächlich ein Verlust, aber ein solcher, der in gewissem
Maße durch die kleinere Quantität des zum Garmachen
des Fleisches nothwendigen Feuerungsmaterials wieder
ersetzt wird. Aus dem Verlust dieses Fettes braucht man
sich nicht so viel zu machen, bis wir in vielen anderen,
noch wichtigeren Beziehungen Besseres gelernt haben.

Die Philosophie des Fleischkochens nach den verschiede=
nen Methoden haben wir behandelt, und wir werden jetzt
vollständige, weitere Anweisungen über die Ausführung
dieser Methoden geben.

Bereitung von Suppen.

Materialien für die Suppenbereitung. Mageres Fleisch von irgend einer Sorte; Rindfleisch am besten; frisch bes=
ser als langaufbewahrtes; Knochen an Werth am nächsten,
besonders die schwammigen Rippen= und Wirbelknochen.
Säge und zerhacke die Knochen in kleine Stücke, —schneide
das Fleisch klein. Weiches Wasser ist besser als hartes.

Methode des Kochens. Halte Dir, wenn möglich, für diesen Zweck ausschließlich einen
Kessel und wirf in ihn alle Fleisch= und Knochenstücke, die
sich anhäufen. Lege das Fleisch in kaltes Wasser und
lasse es einige Stunden stehen, wenn es möglich ist; er=
wärme es nach und nach und halte es im Strudeln.
Zwei Stunden oder etwas weniger bringen alle geschmack=
reizenden Stoffe aus dem Fleisch heraus, eine viel längere
Zeit aber ist nothwendig, wenn man alle Nahrungs aus
den Knochen herausbekommen will.

Abschäumen. Entferne den Schaum nicht; er enthält das Eiweiß der Suppe und nichts Anstößi=
ges, wenn das Fleisch tüchtig gereinigt worden ist. Eine
Stunde vor dem Anrichten der Suppe gebe die Gewürze
dazu; Zwiebel und gelbe Rüben sind am besten; Sellerie,
Sommer=Saturei und Petersilie sind am nächsten. Ver=
wende andere wie Nelken, Muskatnuß, Lorbeerblätter
usw., nur gelegentlich. Gib Salz und Pfeffer gerade
vor dem Anrichten zu.

loss of this fat need not be made so much of, until we have learned to do better in many other still more important directions.

The philosophy of cooking meat according to the different methods has been treated, and we will now give a few additional directions as to carrying out these methods.

SOUP MAKING.

Materials for Soup making. Lean meat of any sort, beef best; fresh, better than that long kept; bones of next value, especially the spongy rib bones and vertebrae. Saw and chop the bones into little pieces,—cut the meat small. Soft water is better than hard.

Method of making. Keep a kettle, if possible, for this purpose alone, and add to it all bits of meat and bones as they accumulate. Put the meat into cold water, let it stand some hours if possible, heat very gradually and keep *simmering*. Two hours or less brings out all the flavors of the meat, but a much longer time is necessary to get all the nutriment from the bones.

Skimming. Do not remove the scum; it contains the albumen of the soup, and nothing objectionable if the meat was well cleaned.

An hour before the soup is served add flavors; onions and carrots are the best, celery, summer savory, and parsley next. Use others, as cloves, nutmeg, bay leaf, etc., only occasionally. Add salt and pepper just before serving.

When done, strain and skim off all fat (better if

Wenn sie gar ist, seihe und schöpfe alles Fett ab (noch besser ist es sie bis zum nächsten Tag stehen zu lassen, dann das Fett abzuheben und die Suppe einfach wieder aufzuwärmen) und gib noch hinzu, was Du willst.

(Wir ziehen Suppen mit abgeschöpftem Fett vor, die Arbeitsleute in Europa mit ihren abgehärteten Mägen finden eine mit A u g e n bedeckte Suppe besser.)

Diese Regeln gelten für alle Fleischsuppen. Hammelfleisch gibt eine kräftige und nahrhafte Suppe, Kalbfleisch eine sehr delikate. Eine vorzügliche Suppe wird aus einem Kalbskopf bereitet.

D a s S i e d e n.

Fleisch zu sieden. Lege das Fleisch in kochendes Wasser, bringe es rasch wieder zum Sieden und halte es dabei 10 Minuten lang; erniedrige dann die Temperatur (wie S. 35) und halte sie so bis das Fleisch in der Mitte 160—170° Wärme erreicht, oder seine Farbe von bläulich in roth verändert hat, unsere gewöhnliche Probe. Betreffs Verwendung des „Wärmesparapparats" zu diesem Zwecke s. S. 44. Anbraten, à la mode, Kesselbraten sind blos Modificationen dieser Methode.

Gedämpftes Fleisch zu bereiten. Dies ist eine Combination vom Suppenbereiten und Sieden. Verwende untergeordnete Theile, zerschneide in Stücke und koche, wenn möglich, bei 170°, bis sie zart sind. Eine halbe Stunde vor dem Anrichten würze in irgend einer Weise, die Du wünschest. S. Seite 47.

I n F e t t b r a t e n.

Nierenfett zum Fleischbraten zu bereiten. Das zu diesem Zwecke zu verwendende Schweineschmalz sollte man zu Hause ausbraten lassen, allein Rindsfett ist billiger, und wenn es säuberlich zubreitet ist, kann niemand etwas gegen seinen Geschmack einwenden.

left to stand till next day, the fat removed and the soup simply rewarmed), and make such additions as you wish.

[We prefer our soups with the fat removed, but the laboring people of Europe with their hardy stomachs find a soup much better if covered with "eyes."]

These rules apply to all meat soups. Mutton makes a strong and nutritious soup, veal a delicate soup. An excellent soup is made from a calf's head.

BOILING.

To boil meat. Put the meat into boiling water, bring quickly again to a boil and keep so for 10 minutes, then lower the temperature (as see page 35), and so keep it till the meat in the center has reached 160°–170°, or has changed in color from bluish to red, our usual test. For use of the "Cooking Safe" for this purpose, see page 44. Braising, "a la mode", kettle roasts, &c., are but modifications of this method.

To make meat stews. This is a combination of soup making and boiling. Use inferior parts, cut in pieces and cook, at 170° if possible, till tender. Half an hour before serving, season in any way you wish. See page 47.

FRYING IN FAT.

How to prepare Suet in which to fry meat. Lard if used for this purpose should be tried out at home, but beef fat is cheaper and if nicely prepared no one can object to the taste.

Zerschneide frisches Nierenfett in Stücke und übergieße es mit kaltem Wasser; laß es einen Tag lang stehen, indem Du von Zeit zu Zeit das Wasser wechselst. Dies benimmt ihm den eigenthümlichen Talggeschmack. Nun bringe es in einen eisernen Kessel mit einer halben Theetasse Milch zu jedem Pfund Nierenfett und lasse es langsam sieden, bis das Fett klar ist und eine hellbraune Farbe hat und das Prasseln beim Sieden aufhört. Die Stücke kann man mit einem Löffel vom Boden loslösen, allein man darf nicht umrühren; wenn es anbrennt, ist der Geschmack verdorben. Nun lasse man es stehen und etwas abkühlen, dann gieße man es in Tassen ab und lasse es kalt werden; es schmeckt dann so süß wie Butter und kann in vielen Fällen statt derselben verwendet werden. Das noch in ganzen Stücken übrig gebliebene Fett kann man auspressen und für weniger Sorgfalt erfordernde Zwecke verwenden.

Alles reine Fett, sogar Hammelfett, kann beim Kochen gebraucht und sollte ausgebraten und säuberlich aufbewahrt werden.

Oele zum Braten. Es gibt auch eben Oele zu kaufen, welche wir, wenn wir kein Vorurtheil hätten, immer benützen könnten. Reines Baumwollsamenöl ist ein sehr feines Oel von delikatem Geschmack; Rapsöl, das im Ausland viel für diesen Zweck gebraucht wird, ist auch ein reines Pflanzenöl, aber von etwas ranzigem Geschmack. Es wird, wie folgt behandelt: Eine rohe Kartoffel wird zerschnitten und in den Kessel gelegt, wo sie mit dem Oel zusammen erwärmt und gesotten wird, bis sie braun ist, dann nimmt man sie heraus und benützt das Oel wie Schweineschmalz. Die Kartoffel hat den ranzigen Geschmack herausgezogen.

Dünne Fleischstücke, wie Cotelettes und Rippenstücke, werden mit geschlagenem Ei und Brodkrummen überzogen und dann in siedendem Fette 5—10 Minuten lang, je nach der Fleischsorte, gebraten.

Cut the fresh suet in pieces, and cover with cold water; let it stand a day, changing the water once in the time. This takes out the peculiar tallowy taste. Now put it in an iron kettle, with a half teacup of milk to each pound of suet, and let it cook very slowly till the fat is clear, and light brown in color, and till the sound of the cooking has ceased. The pieces may be loosened from the bottom with a spoon, but it is not to be stirred; if it burns the taste is ruined. Now let it stand and partly cool, then pour off into cups to become cold; it smells as sweet as butter and can in many cases be used instead of it. The fat left still in the pieces may be pressed out for less particular uses.

Any clean fat, even mutton, has its uses in cookery, and should be tried out and kept nicely.

Oils for use in frying. There are oils now sold which but for prejudice we would always use. *Pure* cotton seed oil is a fine oil with a delicate flavor; rape seed oil, which is used extensively abroad for this purpose, is also a pure vegetable oil, but somewhat rank in flavor. It is treated thus: a raw potato is cut up and put into the kettle, heating with the oil and cooking till it is brown, it is then taken out and the oil used like lard. The potato has absorbed the rank flavor.

Thin pieces of meat, like cutlets and chops, are coated with beaten egg and bread crumbs and cooked in boiling fat for 5–10 minutes, according to the kind of meat.

To bake meat. Make some beef fat hot in an iron pan or broad kettle. Put the meat into it,

Fleisch zu backen. Mache etwas Rindsfett in einer eisernen Pfanne oder einem breiten Kessel heiß. Lege das Fleisch hinein und drehe es mit einer in den *fetten* Theil gesteckten Gabel rasch um, bis es an allen Seiten eine schöne braune Farbe hat; bringe es dann in einen heißen Backofen (von ungefähr 340° F.), wobei man es über der Pfanne mit einem Fleischhaken oder ein paar Eisenstäben emporhält. Jetzt kommt das **Begießen.** mit Begießen bezeichnete Verfahren; in fünf oder weniger Minuten wirst Du finden, daß der obere Theil des Fleisches trocken geworden ist, und Du mußt mit einem Löffel das heiße Fett von der Pfanne auf den oberen Theil schöpfen. Thue dies alle paar Minuten, *ohne Wasser* in die Pfanne zu geben; in 12—15 Minuten pro Pfund wirst du Dein Fleisch gut gekocht finden. Es ist gar, wenn es in der Mitte seine blaue Farbe verloren hat und schön roth geworden ist. Zum Würzen eines solchen Bratens sollten nur Salz und Pfeffer benützt werden, und sie müssen zugegeben werden, wenn das Fleisch halb gar ist; geschieht es früher, so macht dies die Fasern hart.

Fleisch zu rösten. Wenn jedoch das Brennmaterial theuer ist, oder im Sommer, wenn heißes Feuer lästig wird, kann man vollkommen gekochtes Fleisch auch durch Rösten erhalten; die Unterhaltung des Feuers ist dann die einzige Mühe. Man sagt uns, daß ein Beefsteak zum Rösten ¾ Zoll dick geschnitten sein und über ein heißes Stein- oder Holzkohlenfeuer gebracht werden sollte; dies ist ganz gut, aber wenn es sich schnell gebräunt hat, wie es soll, und gewendet und auch auf der anderen Seite braun geworden ist, bleibt es in der Mitte doch noch roh, und läßt man es länger, so brennt die Außenseite an. Dies ist die Erfahrung, die der Neuling macht, der noch zwei Dinge lernen muß; erstens, daß unmittelbar nach dem ersten Braunwerden das Feuer an Hitze nachlassen oder das Fleisch weiter von ihm entfernt

and with a fork stuck into the *fat* part, turn it rapidly till it is on all sides a fine brown, then put it into a hot oven (about 340° F.), elevating it above the pan on a meat rack, or a few iron rods. Now comes the process called basting; in five minutes or less you will find that the top of the meat has dried, and you must now dip, with a spoon, the hot fat from the pan over the top. Do this every few minutes adding *no water* to the pan; you will find your meat well cooked in from 12–15 minutes to the pound. It is done when it has lost, in the middle, the blue color, and become a fine red. Only salt and pepper should be used to season such a roast, and must be added when the meat is half done; if earlier, it toughens the fibres.

Basting.

But when fuel is expensive, or in summer when a hot fire is a nuisance, the perfectly cooked meat can also be obtained by broiling; the management of the fire is the only trouble. We are told that a beefsteak for broiling should be cut ¾ of an inch thick, and put over a hot fire of coal or charcoal; quite right, but when it has browned quickly, as it should, and been turned and browned on the other side, it yet remains raw in the middle and if left longer, the surface burns. This is the experience of the novice, who has yet to learn two things; first, that immediately after the first browning, the fire must decrease in heat, or the meat be brought further away, so that the steak may cook 10–12 minutes without burning—less time will not cook it nicely in the middle; and second, that like baked meat, the surface must be kept moist with hot

To broil meat.

werden muß, damit das Steak 10—12 Minuten lang braten kann, ohne anzubrennen—in weniger Zeit wird es nicht hübsch in der Mitte gar werden; und zweitens, daß, wie bei gebackenem Fleisch, die Außenseite mit heißem Fett zu beträufeln ist. Ehe Du Dein Steak über das Feuer bringst, bestreiche (wenn es nicht tüchtig mit Fett unterwachsen ist) beide Seiten mit geschmolzenem Nierenfett, und wenn es später trocken ist, streiche ein wenig Butter oder Rindsfett darauf. Halte in einer heißen Platte ein paar Löffelvoll Wasser bereit, in welchem die aus dem Steak ausgeschnittenen Knochen gekocht haben, und gib Salz und Pfeffer zu. Wenn das Steak gar ist, lege es auf die Platte und halte es noch fünf Minuten lang heiß, indem Du es von Zeit zu Zeit umdrehst; auf diese Weise wirst Du ein gutes Steak sowohl, wie eine gute Sauce bekommen.

Verwendung von Holzkohlen. Professionelle Köche verwenden zum Rösten stets Holzkohlen, und die Vorzüge derselben sind sehr groß. Wie auf Seite 21 beschrieben, bedarf es blos einer einfachen Vorrichtung, die sich leicht an jedem Ofen anbringen läßt; eine Handvoll Kohlen genügt um ein Pfund Steak zu rösten, und das Kochen des übrigen Mittagsmahls kann ohne Störung vor sich gehen.

Gebrauch des Thermometers beim Fleischkochen.

Fleisch bei einer Temperatur von 150—160° F. zu kochen, ist mit den gewöhnlichen Küchengeräthen nicht leicht. Wie sollen wir selbst bei einem leicht zu regulirenden Hitzerzeuger, wie eine Gas- oder Kohlenölflamme, wissen, wenn diese Temperatur erreicht ist? Da die Verfasserin keine Thermometer für Küchenzwecke kannte, hat sie sich selbst eines nach dem Muster der in den Laboratorien gebrauchten hergestellt. Eine Thermometerröhre, die 300° Celsius registrirte, wurde einfach in einen Kork gesteckt, so daß das Kölbchen unten heraussah und mit

fat. Before your steak is put over (unless it be very well streaked with fat), cover both sides with melted suet, and afterwards, as it dries, spread on a little butter or beef fat. Have ready in a hot platter a few spoonsful of water in which the bones cut from the steak have been boiling, also salt and pepper. When the steak is done, lay it in the platter and keep it hot for five minutes, turning it once in the time; thus you will have both good steak and good gravy.

Use of charcoal. Professional cooks always use charcoal for broiling, and its advantages are great. As described on page 21 it needs only a simple contrivance, easily adjusted to any stove; a handful will broil a pound of steak, and the cooking of the rest of the dinner can go on without interference.

USE OF THE THERMOMETER IN COOKING MEAT.

To cook meat at a temperature of between 150° and 160° F., is no easy matter with the usual kitchen appliances. Even over an easily regulated heater, as a gas or coal oil flame, how are we to know that temperature when it is reached? The writer, knowing of no thermometer arranged for use in a kitchen, constructed a simple one after the model of those used in laboratories. A thermometer tube registering 300° Celsius was simply fastened into a cork, the bulb projecting below and protected by a short cylinder of wood. This floated on the water and made it easy to cook at any given temperature. This thermometer was also hung in a light wire frame and used for testing the heat of an oven.

einem kurzen Holzcylinder verwahrt war. Dies schwamm auf dem Wasser und machte es leicht, bei irgend einer Temperatur zu kochen. Dieses Thermometer wurde auch an einem leichten Drahtgestell aufgehängt und zur Untersuchung der Hitze in einem Backofen verwendet.

Der Wärmebewahrer.

Man erfährt es als etwas ganz Gewöhnliches, daß die Bewohner nördlicher Länder in ausgedehntem Maße von nicht-wärmeleitenden Stoffen Gebrauch machen, wie z. B. Wolle, um das Entweichen der Wärme aus einem Gefäße, in dem gekocht wird, zu verhindern. Sonderbar ist es, daß wir nicht solche Vorrichtungen mehr verwenden, denn sie sind schon oft beschrieben und illustrirt worden; wahrscheinlich ist der Grund der, daß man sie nicht fertig zum Verkaufe vorfindet, mit einer vollständigen Liste von Gebrauchsanweisungen. Die Verfasserin hat sich einen Kochapparat der Art angefertigt und ihn benützt, und nach beträchtlichen Modificationen und Experimenten ist er für sie zu einem sehr nützlichen Küchengegenstand geworden. Willst Du Fleisch bei richtiger Temperatur kochen, so macht es Dir diese Vorrichtung möglich, und dabei erspart sie Dir viel Feuerungsmaterial.

Anweisung zur Verfertigung eines Wärmebewahrers. Nehme eine etwa 2 Fuß nach jeder Richtung hin messende Packkiste und bedecke den Boden mit einer Lage zusammengepreßter Wolle in der Dicke von 4—6 Zoll; setze mitten in diese eine andere Kiste oder einen Cylinder von Eisenblech und fülle die Zwischenräume zwischen beiden mit einer 4—6 Zoll dicken, dicht zusammengepreßten Wolllage aus. In die innere Abtheilung setze Deinen Kessel mit Fleisch oder Vegetabilien, den Du schon zum Siedepunkt gebracht hast und der einen dichtschließenden Deckel haben muß; über diesen drücke ein dickes Kissen oder eine wollene Decke. Dann lege dichtschließend über das Ganze den Deckel Deiner Kiste. Da die Wärme des Wassers den bereits begonnenen Kochprozeß zu Ende füh-

THE HEAT SAVER.

It is a part of common information that the inhabitants of northern countries make extensive use of non-conducting substances, like wool, for preventing the escape of heat from a vessel in which cooking is going on. It is strange that we do not make more use of such appliances, for they have often been described and illustrated; it is probably because they are not found ready-made, and with a complete list of directions for use. The writer made and used a cooker of this sort, and after considerable modification and experiment it became a very useful thing in the kitchen. If you wish to cook meat at the proper temperature, this contrivance makes it possible to do so, and is also very saving of fuel.

Directions for making Heat Saver. Take a packing box measuring, say, 2 feet each way and cover the bottom with a layer of packed wool 4 to 6 inches thick; set into the middle of this another box or a cylinder of sheet iron and fill the space between the two with a layer of wool, 4 to 6 inches thick and closely packed. Into the inner compartment put your kettle of meat or vegetables already brought to the boiling point and having a tightly fitting cover, and over this press a thick pillow or woolen blanket. Then fasten down tight over all, the lid of your box. As the heat in the water must finish the cooking already begun, its amount must be rightly proportioned to the amount of food to be cooked, *e. g.*, two quarts of water to $1\frac{1}{2}$ lbs. beef rib, were used. The water was brought to the boiling point, the meat placed in it and allowed to boil for five minutes, the pot was

ren muß, muß ihr Betrag dem der zu kochenden Speise angemessen sein, z. B. zu 1½ Pfund Rindsrippen wurden zwei Quart Wasser gebraucht. Das Wasser wurde bis zum Siedepunkt erhitzt, das Fleisch hineingelegt und fünf Minuten lang kochend erhalten; dann wurde der Topf dicht zugedeckt, in die Kiste gesetzt und drei Stunden darin gelassen. Nach Ablauf dieser Zeit war das Fleisch zart.

Fleisch zart zu machen.

Fleisch zart zu machen. Es ist bekannt, daß man das Fleisch eine Zeitlang nach dem Schlachten aufbewahren muß, damit es zart wird. Im Winter hält sich ein großes Stück Rind- oder Hammelfleisch 6 Wochen lang, wenn es an einem trockenen, kühlen Platz aufgehängt ist. Thatsächlich ist dies die Zeit, die in England einer „Hammelsschulter" für Weihnachten zugestanden wird, und sie wird alle paar Tage mit Salz und Essig eingerieben. Im Sommer mußt Du, wenn der Metzger nicht das Fleisch für Dich aufbewahrt, zu anderen Mitteln greifen.

Ein zähes Stück Fleisch kann im Sommer 3—4 Tage in nicht zu starkem Essig liegen und im Winter zweimal so lang, wobei man dem Essig die Gewürze beigibt, die man gern hat. Um ein zähes Stück zart zu machen, gieße ein paar Löffelvoll Essig darauf und lasse es 12—24 Stunden stehen. Diese Methode wird seit langer Zeit schon empfohlen und wird bis zu gewissem Grade auch bei uns angewendet; die ausländische Köchin verwendet saure Milch zu demselben Zweck und sogar mit noch besserem Erfolg, allein diese muß jeden Tag gewechselt und am Ende der Zeit gut vom Fleische abgespült werden.

Wir können nicht eindringlich genug empfehlen, daß die Haushälterin, besonders wenn sie von beschränkten Mitteln ist, sich an diese Methode gewöhnen und sie gelegentlich in Anwendung bringen soll. Sie will sich nicht

then tightly covered, placed in the box and allowed to remain three hours. At the end of that time the meat was tender.

TO MAKE MEAT TENDER.

To make meat tender. It is well known that meat must be kept some time after killing to make it tender. In winter, a large piece of beef or mutton will keep for six weeks if hung in a dry, cool place. Indeed, this is the time allowed in England for the Christmas "shoulder of mutton," and every few days it is rubbed over with salt and vinegar. In summer, unless the butcher will keep the meat for you, you must resort to other means.

A tough piece of meat may be laid in not too strong vinegar for 3 or 4 days in summer and twice as long in winter, adding to the vinegar such spices as you may like. To soften a tough steak pour a few spoonfuls of vinegar on and let stand for twelve or twenty-four hours. This method has been long recommended and is to some extent used among us; the foreign cook employs sour milk for the same purpose and with even greater success, but this must be changed every day and at the end of the time well washed from the meat.

We cannot too strongly urge that the housekeeper, especially if she be straightened in means, should become used to these methods and practice them occasionally. She does not want to confine herself to soups and stews and she cannot buy "porter-house" steak at 20 or 25 cents a pound, but she can buy "round" at half that price, and after a little experiment can make it tender for boiling, roasting or broiling by one of these methods. In winter, she should buy a supply of meat ahead and keep it until it grows tender.

auf Suppen und gedämpfte Fleischspeisen beschränken und kann sich keine „Porter House" Steaks zu 20 bis 25 Cents das Pfund kaufen, aber sie kann sich ein „Round" Steak zur Hälfte dieses Preises kaufen und nach einigen Experimenten durch eine dieser Methoden ebenso zart zum Sieden, Braten oder Rösten machen. Im Winter sollte sie sich zum Voraus einen Vorrath Fleisch kaufen und es aufbewahren, bis es zart geworden ist.

Rezepte zum Fleischkochen.

Nachdem die Methoden des Fleischkochens behandelt und die für jede derselben passenden Theile erwähnt worden sind, bleibt uns nur noch übrig, einige praktische Winke über die Zubereitung und Vervielfältigung der Gerichte zu geben.

Rindfleisch.

Bei gekochtem, gebratenem und geröstetem Rindfleisch haben wir hinreichend verweilt. S. Seite 40—43.

Gedämpftes Fleisch und Ragouts. Keine Art und Weise des Fleischkochens hat so viele Abwechslungen; da der Geschmack des Fleisches zum Würzen von Vegetabilien irgend welcher Art benutzt wird, wie auch bei Teigspeisen, wie Klöse, oder in der Kruste der Fleischpastete. Betreffs der Bereitung von gedämpftem Fleisch s. S. 40.

Mit Kartoffeln. Eine halbe Stunde ehe das Fleisch gar wird, lege geschälte Kartoffeln darauf, alle von derselben Größe, und serviere sie, wenn sie gar geworden sind, mit dem Fleisch und der Sauce.

Fleischpasteten. Wenn das Fleisch zart gekocht ist, lasse die Sauce dick kochen und gieße sie ganz in ein Pasteten- oder Pudding-Gefäß. Bedecke es mit einer gewöhnlichen Pastetenkruste oder einer aus zerstoßenen Kartoffeln, und lasse eine halbe Stunde lang backen.

RECIPES FOR COOKING MEATS.

The methods of cooking meat having been treated and mention made of the parts adapted to each, it remains only to give practical hints as to making and varying dishes.

BEEF.

Boiled, roast and broiled beef have been sufficiently dwelt upon. See pages 40–43.

Stews and Ragouts. No mode of cooking meat has so many variations; the flavor of the meat being used to season vegetables of every sort, also doughs, as in dumplings, or in the crust of meat pie. For making meat stews see page 40.

With potatoes. One-half hour before the meat is done lay on top of it peeled potatoes, all of the same size, and serve when done with the meat and gravy.

Meat pie. When the meat is cooked tender, thicken the gravy and pour all into a pie or pudding dish. Cover with a common pie crust or one of mashed potatoes, and bake ½ hour.

You may also mix sliced raw potatoes with the stew, in layers.

Potato Crust. 1 cup mashed potatoes, 1 egg, 2 tablespoons butter, 1 cup of milk, salt. Beat to-

Man kann auch rohe, zerschnittene Kartoffeln unter das Dämpfefleisch in einzelnen Lagen mengen.

Kartoffelkruste. Eine Tasse zerstoßene Kartoffeln, 1 Ei, 2 Löffelvoll Butter, eine Tasse Milch, Salz. Rühre zusammen, bis alles glatt geworden, und dann menge hinlänglich Mehl hinein, um auswellen zu können. Sollte ½ Zoll dick und so weich sein, wie es die Behandlung zuläßt.

Mit Tomatoes. (Paradiesäpfeln) Gib zu dem Fleisch, wenn es zart geworden ist, 1 Quart Tomatoes auf 2 Pfund Fleisch. Verdicke es mit Mehl und dämpfe 5 Minuten.

Gewürze für gedämpftes Fleisch. Gedämpftes Fleisch wird auf verschiedene Weise gewürzt; Zwiebel, Salz und Pfeffer sind jederzeit am Platze. Ein wenig Citronensaft beim Anrichten gibt ihm einen delikaten Geschmack; oder sogar ein Eßlöffelvoll Essig kann verwendet werden. Irgend welche Kräuter, ein Stück gelbe Rübe, eine Nelke oder ein Bischen Knoblauch kann zur Abwechslung benützt werden. Catsup (Tomatoe-Sauce) ist ebenfalls als Gewürz gut.

Gepökeltes Rindfleisch. (Corned Beef.) Spüle es gut ab, gib hinreichend kaltes Wasser zu und bringe es langsam zum Strudeln. Koche 3—4 Stunden.

Weiße Rüben oder Kohl werden häufig mit gepökeltem Rindfleisch gegessen. Sie sollten jedoch nicht mit dem Fleisch, sondern in einem besonderen Topfe gekocht werden.

Rindsleber. Wenn sie von einem tüchtigen Thiere stammt, ist Rindsleber oft ebenso zart, wie Kalbsleber.

Geröstet. Dies ist die beste Methode. Weiche sie eine Stunde lang in kaltem Wasser ein, trockne sie ab, zertheile sie in Schnitten und tauche sie in zerschmolzenes Rindsfett. Röste sie l a n g s a m (s. S. 42) bis sie vollständig gar ist; dann gib Salz und Butter zu.

gether till smooth, and then work in enough flour so that you can roll it out. It should be $\frac{1}{2}$ in. thick, and as soft as you can handle.

With tomatoes. Add to meat when tender, 1 qt. tomatoes to 2 lbs. meat. Thicken with flour and stew 5 minutes.

Flavors for stews. Stews are variously flavored; onion, salt and pepper, are always in place. A little lemon juice added as it is served gives a delicious flavor, or even a tablespoon of vinegar may be used. Any herbs, a piece of carrot, a clove or bit of garlic, may be used for variety. Catsup is also good as a flavor.

Corned Beef. Wash it well, put into plenty of cold water and bring slowly to the simmering point. Cook 3 to 4 hours.

Turnips or cabbage are often eaten with corn beef. They should not be boiled with the meat but in a separate pot.

Beef Liver. If from a good animal, beef liver is often as tender as calf's liver.

Broiled. This is the best method. Soak an hour in cold water, wipe dry, slice and dip in melted beef fat. Broil *slowly* (see page 42) till thoroughly done; then salt and butter.

Fried. When prepared as above, the slices of liver may be fried in a pan with a little beef fat. This gives an opportunity for more flavors, as onion may be fried with it, a little vinegar added to the juices that fry out, then thickened and used as gravy.

Baked. If liver is not quite tender it can be made into a stew, or it may be chopped

Geschmort. Nachdem sie, wie oben, zubereitet sind, können die Leberschnitten mit etwas Rindsfett in einer Pfanne geschmort werden. Dies gibt Gelegenheit zur Verwendung von mehr Gewürzen, da man Zwiebel damit schmoren, etwas Essig zu dem ausbratenden Safte thun, ihn dann kochen und als Sauce verwenden kann.

Gebacken. Wenn die Leber nicht ganz zart ist, kann man sie dämpfen, oder fein zerhacken, und mit Brodkrume und Ei vermischt $\frac{1}{2}$ Stunde backen lassen.

Rindsherz. Wenn die Feuerung kein Gegenstand für Dich ist, kannst Du ein Rindsherz kochen; Du wirst einen ganzen Tag dazu brauchen. Lege es in kaltes Wasser, bringe es langsam zum Strudeln und halte es dabei. Am nächsten Tag kannst Du es mit gutgewürzter Brodkrume füllen und $\frac{3}{4}$ Stunden backen lassen.

Kaldaunen. Schneide in Streifen, weiche einen halben Tag in Salz und Essig ein, trockne sie ab und schmore sie in heißem Schweineschmalz. Man kann sie auch dämpfen.

Aufkochen von Rindfleisch.

(A.) Gekochtes, gebackenes oder geröstetes Rindfleisch, das zart und geschmackreich ist.

Rindsbraten zum zweiten Male anzurichten.

Rindsbraten zum zweiten Male angerichtet. Mache die Sauce heiß; lege den Braten hinein. Nachdem Du ihn wieder gut zugerichtet, decke fest zu und bringe ihn in den heißen Backofen, 10 Minuten lang, oder weniger, je nach der Größe des Stückes.

Oder schneide in Stücke und lege sie in die heiße Sauce, aber blos lang genug, um sie durch und durch zu erwärmen.

Fleischmus. Da solches Fleisch noch voll guten Ge-
(Hash) schmacks ist, so kann man es zerhacken und mit $\frac{1}{3}$—$\frac{1}{2}$ soviel zerhackten oder zerstampften Kartoffeln,

fine, mixed with bread crumbs and egg and baked ½ hour.

Beef's Heart. If fire is no object, you may boil a beef's heart, it will take all day. Put into cold water and bring slowly to the simmering point and keep it there. Next day it may be stuffed with well seasoned bread crumbs and baked ¾ hour.

Tripe. Cut in strips, soak in salt and vinegar ½ day, wipe dry and fry in hot lard. It may also be stewed.

RECOOKING BEEF.

(A.) Boiled, baked or broiled beef which is tender and full of flavor.

To serve roast beef a second time.

Roast beef reserved. Heat the gravy, put the roast in it. After trimming it into shape again, cover closely and put into a hot oven for ten minutes or less according to size of piece.

Or, cut in slices and lay in hot gravy only long enough to heat them through.

Hash. Being full of flavor such meat may be chopped and mixed with from ⅓ to ½ as much chopped or mashed potatoes, bread crumbs or boiled rice. These mixtures may be warmed as hash, or made into cakes or balls to be fried on a griddle or in boiling fat.

Mix the chopped meat with the potatoes, breadcrumbs or rice as above, add salt and pepper and make quite moist with water or soup. Put a good piece of butter or of beef fat into a spider, and when it is hot, put in the hash. Cover and let it steam,

Brodkrumen oder gekochtem Reis vermengen. Diese Mischungen kann man als Fleischmus (Hash) aufwärmen, oder in Kuchen oder Klöse geformt in der Pfanne oder in kochendem Fett schmoren.

Mische das gehackte Fleisch mit den Kartoffeln, den Brodkrumen oder dem Reis, wie oben, gib Salz und Pfeffer dazu und befeuchte es tüchtig mit Wasser oder Fleischbrühe. Lege ein gutes Stück Butter oder Rindsfett in eine Pfanne, und lege das Fleischmus hinein, wenn es heiß ist. Decke es zu und lasse es dämpfen, dann nimm den Deckel ab und lasse es außen trocken werden, während sich unten eine braune Kruste bildet. Oder rühre um, bis es heiß ist, und tische es sofort auf.

Fleischklöse. Mache nicht ganz so heiß, wie bei dem Fleischmus, forme in kleine Kuchen, bestreue sie mit Mehl und schmore sie, bis sie hübsch braun sind, in etwas Rindsfett, das in die Pfanne geträufelt wird. Oder tauche die Klöse in Ei und Brodkrumen und schmore in kochendem Fett.

(B.) Aufkochen von Suppenfleisch.

Dieses Fleisch, wenn es auch durch langes Kochen zart gemacht worden ist, hat viel von seinem Geschmack an die Suppe abgegeben. Es hat jedoch nicht im gleichen Grade seinen Nährwerth verloren; wenn wir es wieder für den Gaumen sowohl wie für den Magen wohlschmeckend machen können, so werden sie ihm beide ihren Beifall ausdrücken.

Es ist nicht gut, dieses Fleisch mit neutralen Substanzen zu vermengen, wie Kartoffeln und Brod; es bedarf eher der Zuthaten, als einer Entziehung. In jedem Falle hacke erst das Fleisch sehr fein.

Gepreßtes Suppenfleisch. Würze das zerhackte Fleisch gut mit Salz und Pfeffer und einigen anderen Zuthaten, wie Selleriesalz oder Muskatnuß oder einigen wohlriechenden Kräutern. Befeuchte mit Suppe oder Sahne, packe in ein tiefes Zinngefäß und bringe es auf

then remove cover and let it dry out while a brown crust forms on the bottom. *Or*, stir till hot and dish immediately.

Hash balls. Make not quite as moist as for hash, form into little cakes, dust with flour, and fry to a nice brown in a little beef dripping on a griddle. *Or*, egg and bread crumb the balls, and fry in boiling fat.

(B.) RECOOKING SOUP MEAT.

This meat, though made tender by long cooking, has given much of its flavor to the soup. It has not, to the same degree, however, lost its nutritive value; if we can make it *taste* good again, both palate and stomach will approve it.

It will not do to mix this meat with neutral substances like potatoes and bread; it needs addition rather than subtraction.

In any case, first chop the meat very fine.

Pressed soup meat. Season the chopped beef well with salt and pepper, and some other addition, as celery salt or nutmeg, or some of the sweet herbs. Moisten with soup or stock, pack in a square, deep tin and place in the oven for a short time. To be sliced cold, or warmed as a meat hash to be served on toast.

Meat Croquettes. When so good a dish as this can be made out of soup meat, it is worth a little trouble.

Ingredients. 2 cups of the chopped beef, 1 tablespoon butter, 1 tablespoon flour, 1 egg, $\frac{1}{2}$ a lemon or 1 tablespoon vinegar, a few gratings of nutmeg and $\frac{1}{2}$ cup of stock or milk.

eine kurze Zeit in den Backofen. Muß kalt in Schnitten zerlegt oder warm als Fleischmus auf Toast aufgetischt werden.

Fleischküchelchen. Wenn ein so gutes Gericht, wie dieses, aus Suppenfleisch gemacht werden kann, so ist es einiger Mühe wohl werth.

Ingredienzien: 2 Tassen von dem gehackten Fleisch, ein Eßlöffelvoll Butter, ein Eßlöffelvoll Mehl, 1 Ei, eine halbe Citrone oder ein Eßlöffelvoll Essig, etwas geriebene Muskatnuß und eine halbe Tasse Sahne oder Milch.

Lasse das Mehl in der Butter kochen und gib die Sahne oder Milch zu nebst den Gewürzen, sodann das Rindfleisch, und lasse es unter fortwährendem Umrühren kochen bis die Masse von den Seitenwänden des Kessels abklaßt. Lasse sie kalt werden, forme sie in kleine, eirunde Klöse, lasse sie etwas trocknen, rolle sie in zerschlagenem Ei und Brodkrumen und schmore sie in siedendem Fett.

Zur Abwechslung—gib ⅓ so viel zerhacktes eingesalzenes oder frisches Schweinefleisch zu, wie Du Fleisch hast.

Kalbfleisch.

Dieses Fleisch nimmt leicht andere Gewürze an und wird von Köchen zu verfeinerten Gerichten aller Art benützt. Es hat kein Fett und wird daher beim Kochen leicht trocken; eine Zugabe von Schweinefleisch fördert daher jederzeit den Geschmack. Es muß stets tüchtig durchgekocht, nie halbroh sein.

Kalbsbraten. Dieser kann ein aus der Lende, Brust oder Schulter geschnittenes Stück sein, oder auch ein Rippenstück. Brate es, wie Rindfleisch (s. Seite 35) indem Du dazu zweimal soviel Zeit gestattest oder 1½—2 Stunden für jedes Stück unter 4 Pfund.

Geröstete Kalbsschnitten. Cotelettes, Schnitten oder Steaks werden wie Rindfleisch geröstet, jedoch langsamer und zweimal solang, auch müssen sie mit Butter bestrichen und mit Mehl bestreut werden, um zu ver-

Cook the flour in the butter and add the stock or milk and seasoning, then the beef, and cook, stirring all the time till the mass cleaves from the side of the kettle. Let it get cold, then make into little egg shaped balls, let them dry a little, roll in beaten egg and bread crumbs and fry in boiling fat.

To vary—add $\frac{1}{3}$ as much chopped salt or fresh pork as you have meat.

VEAL.

This meat takes other flavors well and is used by cooks for all manner of fancy dishes. It is lacking in fat and for that reason easily dries in cooking; an addition of pork is always an advantage to the taste. It must be always well cooked, never rare.

Roast Veal. This may be a piece cut from loin, breast or shoulder, or a rib piece. Roast like beef (see page 35), allowing twice as long, or $1\frac{1}{2}$–2 hours, for any piece under 4 lbs.

Broiled veal chops. Cutlets, chops and steaks are broiled like beef, but slower and twice as long and must be buttered and floured to prevent drying. Should be served with a tomato or onion sauce.

Veal Stew. Cook like beef stew, see page 46. It may be varied in the same way, and is generally more highly seasoned. Especially good as pot-pie. Salt pork should be added to it.

Liver, Sweetbreads and Heart. Veal liver, sweetbreads and heart are all tender and excellent, but high priced, especially the sweetbreads. Liver and heart are prepared like the same parts in beef (see page 47), but the heart cooks tender in two hours. This latter is an ex-

hindern, daß sie trocken werden. Sollten mit Paradies=
äpfel= oder Zwiebelsauce aufgetischt werden.

Gedämpftes Kalbfleisch. Koche es wie gedämpftes Rind=
fleisch, f. S. 46.
Abwechslung kann auf dieselbe Weise erzielt werden,
und gewöhnlich wird es auch stärker gewürzt. Besonders
gut als Topfpastete. Gesalzenes Schweinefleisch sollte
zugegeben werden.

Leber, Kalbsbröschen und Herz. Kalbsleber, Kalbsbröschen und
Herz sind alle sehr zart, aber theuer,
besonders die Bröschen. Leber und Herz werden gerade so
zubereitet, wie dieselben Theile vom Rind (f. S. 47), das
Herz kocht sich aber in zwei Stunden weich. Dasselbe ist
ein ausgezeichnetes Gericht; weiche es nicht ein — fülle es
mit gut durchwürzter Brodkrume und begieße es gut.

Hammel= und Lammfleisch.

Hammel= und Lammfleisch. Die Beschaffenheit des Hammelfleisches
ist so verschieden, daß das Gericht nach dem
Kochen oft Enttäuschung verursacht. Der Einfluß langer
Aufbewahrung oder langen „Aufhängens" auf dasselbe
ist sogar noch wohlthätiger, als beim Rindfleisch.

Hammelfett. Hammelfett. Manche Köche schnei=
den vom Hammelfleisch jedes Bischen Fett
weg. Dasselbe ist vollkommen zuträglich, bekommt je=
doch zuweilen einen Beigeschmack, wenn es mit Haut oder
Haaren des Thieres in Berührung gekommen ist; daher
stammt das Vorurtheil. Schabe die Außenseite des
Fleisches gut ab, reiße die trockene Haut ab und schneide
die dunklen Enden weg.

Stücke zum Braten. Ganz anders als beim Rindfleisch
sind auch noch andere, als Rippen=
stücke zum Braten gut; die Lende und die Schenkel sind
die ökonomischsten, zunächst kommt die Schulter, dann die
Keule. Brate wie Rindfleisch, f. S. 35.

Wenn das Fleisch nicht von erster Qualität ist, brate es
nicht, sondern koche es. Die Keule wird am häufigsten
für diese Zwecke benützt.

cellent dish, do not soak it—stuff with well seasoned bread crumbs and bake, basting well.

MUTTON AND LAMB.

Mutton and Lamb. The quality of mutton is so varying that when cooked the dish is often a disappointment. The influence of long keeping or "hanging" upon it is even more beneficial than upon beef.

Mutton Fat. *Fat of Mutton.* Some cooks trim away every bit of fat from mutton. It is perfectly wholesome, but sometimes gets a taste from coming in contact with the hide or hair of the animal; hence the prejudice. Scrape the outside of the meat well, pulling off the dried skin and cutting away the dark ends.

Pieces to roast. Unlike beef, other pieces besides the rib are good for roasting; the loin and haunch are most economical, the shoulder next, the leg next. Roast like beef, see page 35.

Unless the meat is first class, do not roast, but boil it. The leg is oftenest used for this purpose.

To boil mutton. Simmer about 12 minutes to the pound; that is the rule, but very frequently the meat when it comes on the table, will be tough, owing entirely to the difference in the quality of the meat. Such meat must be boiled twice as long, or is better cooked in a stew.

Mutton chops. The chop is oftenest broiled and is a famous dish. Cut ¾ in. thick, and broil rare like beef.

Chops and cutlets are excellent fried in fat. See page 40.

Hammelfleisch zu kochen. Schmore etwa 12 Minuten für jedes Pfund; das ist die Regel, sehr häufig aber wird das Fleisch, wenn es auf den Tisch kommt, zähe sein, blos weil eben das Fleisch in seiner Qualität verschieden ist. Solches Fleisch muß zweimal gekocht werden, oder ist besser, wenn es gedämpft wird.

Hammelschnitten. Die Schnitte wird am häufigsten geröstet und ist ein famoses Gericht. Schneide sie ¾ Zoll dick und röste sie halbroh, wie Rindfleisch.

Schnitten und Cottelettes werden ausgezeichnet, wenn sie in Fett geschmort werden. S. S. 40.

Gedämpftes Hammelfleisch. Dies ist das ökonomischste und vielleicht auch zufriedenstellendste von allen Hammelfleischgerichten. Die untergeordneteren Theile, wie der Hals, sind für diesen Zweck ebenso gut. Bereite sie gerade so, wie gedämpftes Rindfleisch.

Gutes Dämpffleisch kann aus Schafsnieren bereitet werden.

Schafszungen. Diese mögen angeführt werden, weil man sie zuweilen wegwirft, oder sehr billig verkauft. Reinige sie gut und schmore sie 1½ Stunden mit etwas Schweinefleisch und Zwiebeln. Gib zu der Sauce einen Eßlöffel voll Essig.

Alle diese Rezepte für Hammelfleisch gelten auch für das Kochen von Lammfleisch; man bedenke jedoch, daß Lammfleisch, wie Kalbfleisch, gründlich gekocht werden muß.

Schweinefleisch.

Schweinefleisch braucht nicht aufbewahrt zu werden, damit es zart wird; dadurch empfiehlt es sich sehr für die Haushalterin. Es kocht sich auch leicht, und wir können einige der Vorsichtsmaßregeln, die wir beim Rindfleisch gebrauchen, bei ihm beiseite setzen. Der magere Theil von frischem Schweinefleisch wird jedoch beim Kochen leicht trocken.

Mutton stew. This is the most economical and perhaps the most satisfactory of all mutton dishes. The inferior parts, as the neck, are as good as any for this purpose. Proceed exactly as with beef stew.

A good stew is made from sheep's kidneys.

Sheep tongues. These may be mentioned because sometimes thrown away or sold very cheap. Clean well, and simmer $1\frac{1}{2}$ hours, with a little pork and onion. Add to the gravy 1 tablespoon of vinegar.

All these recipes for mutton apply to the cooking of lamb; remembering however, that lamb, like veal, must be thoroughly cooked.

PORK.

Pork does not need to be kept in order to be tender, that is one of its great recommendations to the housekeeper. It is also easily cooked and we may lay aside some of the precautions we use regarding beef. The lean of fresh pork however, is apt to dry in cooking.

Roasting pieces. The leg, the loin and the chine are good roasting pieces as well as the rib. Pork is so rich in flavor that it seasons finely a bread crumb dressing, to which add a little sage and vinegar or chopped pickles. Bake separately, and lay around it when served. Or better, though more trouble, make holes in the roast and force the stuffing in.

Put directly into a hot oven in a pan containing some hot fat, and baste very frequently till done. Allow at least 20 minutes to the pound.

Stücke zum Braten. Die Keule, die Lende und das Kreuz sind ebensowohl gute Stücke zum Braten, wie die Rippen. Das Schweinefleisch ist von so gutem Geschmack, daß es eine Umhüllung von Brodkrume fein durchwürzt, wozu man noch etwas Salbei und Essig oder zerhackte, eingemachte Gurken geben kann. Backe sie abgesondert und lege sie um dasselbe beim Anrichten. Oder besser, obschon etwas mühsamer, mache Löcher in das Fleisch und presse das Füllsel in dieselben hinein.

Bringe es direkt in einen heißen Backofen in einer Pfanne mit heißem Fett und begieße es fleißig, bis es gar ist. Räume wenigstens 20 Minuten per Pfund ein.

Steaks und Schnitten. Steaks und Schnitten werden geröstet, allein die Außenseite muß gut mit Butter oder Rindsfett befeuchtet sein, sonst werden sie trocken und geschmacklos.

Gedämpftes Schweinefleisch. Frisches Schweinefleisch wird selten gesotten und ist auch zum Dämpfen zu fett; jedoch das Magere kann wie gedämpftes Rindfleisch ausgewählt und gekocht werden. Es gibt auch eine ausgezeichnete Topf- oder Fleischpastete. S. S. 46.

Schweineleber. Schweineleber ist, gut gekocht, wie Rindsleber, und ist dabei billiger. S. S. 47.

Schweinefleisch-Wurst. Das Kochen dieser ist sehr einfach. Schmore sie in der Schmorpfanne auf dem Ofen braun, oder besser, setze die Pfanne in einen heißen Backofen, dann wirst Du das Umherspritzen des Fettes vermeiden.

Schinken, eingesalzenes Schweinefleisch und Speck.

Schinken kann man auf jede Weise wie frisches Schweinefleisch kochen. Man kann ihn in ½ Zoll dicke Schnitten schneiden, oder in noch dünnere und sie leicht in

Steaks and chops. Steaks and chops are broiled, but the surface must be kept well moistened with butter or beef fat, or they will be dry and tasteless.

Stew of pork. Fresh pork is seldom boiled and it is too fat for a stew, though the lean may be selected and cooked like beef stew. It makes also an excellent potpie, or meat pie. See page 46.

Pig's Liver. Pig's liver is good cooked like beef's liver, and is cheaper. See page 47.

Pork Sausage. The cooking of this is very simple. Fry brown in a frying pan on the stove, or better, set the pan in a hot oven, you will then avoid the sputtering of the fat.

HAM, SALT PORK AND BACON.

Ham may be cooked in any way in which fresh pork is cooked. It may be cut in ½ in. slices, or thinner, and broiled or fried lightly in a pan. If long cooked it becomes tough and dry. If too salt for this, it may be soaked a half hour in warm water.

A large piece of ham is best boiled. If very salt, soak it in cold water for 24 hours, then put into cold water, bring slowly to a boil, and simmer half a day if the ham is of good size. A ham may also be baked.

Dishes from cold ham. So highly flavored a meat can be used in numberless ways, especially combined with vegetables and bread.

Sandwiches. Chop ¼ lb. fine, season with mustard, pepper and 1 tablespoon vinegar. Spread between slices of buttered bread.

einer Pfanne rösten oder schmoren. Wenn er zu lang kocht, wird er zähe und trocken. Ist er zu diesem Zwecke zu salzig, so kann man ihn eine halbe Stunde in warmem Wasser einweichen.

Ein großes Stück Schinken wird am besten gekocht. Ist er sehr salzig, so weiche ihn 24 Stunden lang in Wasser ein, setze ihn dann in kaltes Wasser, lasse dieses langsam sieden und koche gelinde einen halben Tag lang, wenn der Schinken von tüchtiger Größe ist. Ein Schinken kann auch gebacken werden.

Gerichte von kaltem Schinken. Ein so wohlschmeckendes Fleisch kann man auf zahllose Weisen verwenden, besonders in der Verbindung mit Vegetabilien und Brod.

Belegte Brode. Zerhacke ein halbes Pfund fein, würze es mit Senf, Pfeffer und einem Eßlöffelvoll Essig. Streiche es zwischen zwei Butterbrodschnitten.

Schinkenkuchen. Nimm eine Tasse feingehackten, gekochten Schinken, 2 Tassen voll Brodkrumen, 2 Eier, Pfeffer und Salz und Milch genug, um tüchtig zu durchfeuchten.

Anwendung. 1) Schmore erst in einer breiten Backpfanne kleine Löffel voll und drehe sie um, wie Pfannkuchen.

2) Verwende statt Brodkrumen zerstoßene Kartoffeln und schmore, wie oben.

Croquettes. 3) Nimm eine von den beiden obigen Mischungen, verwende jedoch wenig oder gar keine Milch, forme sie in kleine Klöse und schmore sie, nachdem Du sie in Eiern und Brodkrumen gerollt hast, in siedendem Fett.

Mit Ei. 4) Mit Ei. Bringe eine dieser Mischungen in ein Backgefäß; glätte die Oberfläche und mache mit dem Schöpftheil eines Löffels kleine Höhlungen hinein. Setze sie in den Ofen, bis sie heiß geworden

Ham cakes. Take 1 cup finely chopped boiled ham, 2 cups of breadcrumbs, 2 eggs, pepper and salt, and enough milk to make quite moist.

To use. 1st. Fry on a griddle in small spoonfuls, and turn as pancakes.

2d. Use mashed potatoes instead of breadcrumbs, and fry as above.

Croquettes. 3d. Take either of the above mixtures, using, however, little or no milk, make into little balls and after rolling in egg and breadcrumbs, fry in boiling fat.

With eggs. 4th. With eggs. Put either of these mixtures into a baking dish; smooth the surface and make little hollows in it with the bowl of a spoon. Put in the oven till hot, then break an egg into each depression, and return to the oven till the eggs are set.

Broiled Salt Pork and Bacon After slicing thin, freshen salt pork by laying in cold water over night or $\frac{1}{2}$ hour in warm water. Broil till transparent and a delicate brown in color. Broil bacon without freshening.

Fried. Less delicate than broiled, but much more economical, because saving the fat. Fry only till transparent. Salt pork must be first freshened. To make milk gravy of the fat, see "meat and vegetable sauces," page 73.

Both salt pork and bacon are boiled with vegetables.

Bacon or Pork and Cabbage. This is a favorite mixture, and if the cabbage is only boiled half an hour and not in the same pot with the pork, it is not

ist, zerkleppere dann in jede dieser Vertiefungen ein Ei und bring' es wieder in den Ofen, bis die Eier sich angesetzt haben.

Geröstetes, gesalzenes Schweinefleisch und Speck. Nachdem Du es in dünne Schnitten zertheilt hast, frische das gesalzene Schweinefleisch auf, indem Du es über Nacht in kaltes, oder eine halbe Stunde in warmes Wasser legst. Röste, bis sie durchscheinend werden und eine schöne, braune Farbe angenommen haben. Speck röste ohne Auffrischung.

Geschmort. Weniger delikat als geröstet, aber viel ökonomischer, weil man das Fett spart. Schmore blos bis es durchscheinend geworden. Gesalzenes Schweinefleisch muß erst aufgefrischt werden. Um Milchsauce mit dem Fette zu machen, s. Fleisch- und Vegetabilien-Saucen, S. 73.

Eingesalzenes Schweinefleisch sowohl, wie Speck werden mit Vegetabilien gekocht.

Speck oder Schweinefleisch mit Kohl. Dies ist eine beliebte Mischung, und wenn der Kohl nur eine halbe Stunde und nicht in demselben Topfe mit dem Schweinefleisch gekocht wird, ist es kein unverdauliches Gericht. Bringe das Schweinefleisch in kaltes Wasser und lasse es langsam kochen und $\frac{1}{2}$—2 Stunden leicht sieden, je nach der Größe des Stückes.

Schweinefleisch und Erbsen. Koche ein Quart dürre Erbsen gemäß den Anweisungen für Erbsensuppe Seite 117. Koche Schweinefleisch während der letzten halben Stunde mit den Erbsen oder backe es nachdem es halb gar gekocht, wie Schweinefleisch und Bohnen.

Schweinefleisch und Bohnen. Koche ein Quart Bohnen nach Anweisung für Suppe Seite 117. Brühe ein Pfund gesalzene Speckseite ab, theile die Haut in Quadrate, tauche sie halb in die Bohnen ein und lasse 2 Stunden backen, bis sie hübsch braun geworden ist.

Schweinefleisch und Kartoffeln. Zerschneide ein Dutzend Kartoffeln dünn, ebenso $\frac{1}{4}$ Pfund fettes, gesalze-

an indigestible dish. Put the pork into cold water, bring slowly to a boil and simmer from ½ to 2 hours, according to size of piece.

Pork and Peas. Cook 1 qt. dried peas according to directions for pea soup, page 117. Boil pork with the peas during the last hour, or after parboiling, bake like pork and beans.

Pork and Beans. Cook 1 qt. beans according to soup recipe, page 117. Parboil 1 lb. salt side pork, score the skin in squares, half bury in the beans and bake 2 hours, or till a nice brown.

Pork and Potatoes. Slice a dozen potatoes thin, also ¼ lb. fat salt pork, put into a pudding dish in alternate layers, seasoning with salt and pepper (only a little of the former). Bake, covered, ½ hour, uncover and brown.

Pork and Apples. Fruits seasoned with meat juices and fats, instead of with sugar, are not enough known among us.

Slice sour apples round in slices ⅓ in. thick without peeling, and fry with strips of pork or bacon. Serve together.

FRESH FISH.

The varieties of fresh fish are numberless, and to cook and serve them in perfection requires careful study from the cook. The subject must here be treated very briefly.

Fresh fish may be cooked in any of the ways applicable to meat; the length of time being much shorter, and care being required on account of the delicacy of the fibre. This makes broiling somewhat difficult.

nes Schweinefleisch, lege sie in abwechselnden Lagen in ein Puddinggefäß, würze mit Salz und Pfeffer (von ersterem nur wenig). Backe zugedeckt ½ Stunde, decke dann auf und bräune es.

Schweinefleisch mit Aepfeln. Obst mit Fleischsaft und Fett, statt mit Zucker durchwürzt, ist bei uns noch nicht genug bekannt.

Zerschneide saure Aepfel rund in Scheiben von ¼ Zoll Dicke, ohne sie zu schälen und schmore sie mit Streifen Schweinefleisch oder Speck. Servire Beides zusammen.

Frische Fische.

Die Sorten frischer Fische sind zahllos, und um sie zu kochen und in vollkommener Zubereitung aufzutischen, bedarf es auf Seite des Kochs eines sorgfältigen Studiums. Hier muß der Gegenstand sehr kurz abgemacht werden.

Frische Fische kann man auf irgend eine auf Fleisch anwendbare Weise kochen; die Zeitdauer ist jedoch viel kürzer, und es bedarf wegen der Zartheit der Fasern einiger Sorgfalt. Dies macht das Rösten etwas schwierig. Kleine Fische sind vielleicht am besten, wenn man sie in Eier und Brodkrumen taucht und in heißem Fette schmort.

Fisch-Chowder. Dieses Gericht verdient besondere Erwähnung wegen seiner Billigkeit und seines Wohlgeschmacks. Es kann mit irgend einem frischen Fische bereitet werden.

Fülle ein Pudding-Gefäß mit dem in Stücke zerschnittenen Fisch, würze jede Lage mit Salz und Pfeffer und ein wenig Nierenfett oder fettem Schweinefleisch; mache darüber eine Kartoffelkruste wie für eine Fleischpastete (s. S. 46) oder eine Sodazwieback-Kruste, und lasse es backen. Brodkrumen oder zerschnittene Kartoffeln können mit dem Fisch vermengt, und außerdem kann auch noch mehr Gewürz verwendet werden.

Fisch-Suppen. Frische Fische können auch zu Suppen verwendet werden, und die billigeren Sorten sollte man mehr für diesen Zweck verwenden.

Small fish are perhaps best egged and bread crumbed and fried in hot fat.

Fish Chowder. This dish deserves especial mention because of its cheapness and good flavor. It may be made of any fresh fish.

Fill a pudding dish with the fish cut in pieces, seasoning each layer with salt and pepper, and bits of suet or fat pork; put over it a potato crust as for meat pie (see page 46), or a soda biscuit crust, and bake. Bread crumbs or sliced potatoes may be mixed with the fish, and more seasoning used.

Fish Soups. Fresh fish can also be made into soups, and the cheaper kinds should be more used for this purpose.

Codfish Soup. Cook 1 tablespoon of flour in 1 tablespoon of butter. Add $1\frac{1}{2}$ qts. milk, or milk and water, and when it boils stir in 1 teacup of cold boiled codfish that has been freed from skin and bones and then chopped fine or rubbed through a sieve. Add salt and pepper to taste.

Bullhead or Catfish Soup. An excellent soup can be made of this cheap fish.

Clean and cut up 2 or 3 lbs. and boil an hour in 2 qts. water with an onion and a piece of celery or any herbs (it must be well seasoned). Then add 1 cup of milk and a piece of butter or beef fat, or a piece of salt pork cut in bits may be boiled with the fish.

SALT FISH.

Salt Cod. This is one of the cheap foods that seems to be thoroughly appreciated among us, and good ways of cooking it are generally understood.

Stockfisch-Suppe. Koche einen Eßlöffel voll Mehl in einem Eßlöffel voll Butter. Gib 1½ Quart Milch oder Milch und Wasser zu und rühre, wenn es kocht, eine Theetasse voll kalten, gekochten Stockfisch ein, der von Haut und Gräten befreit und dann fein zerhackt oder durch ein Sieb getrieben worden ist. Gib nach Geschmack Salz und Pfeffer zu.

Kaulbarsch (Bullhead) oder Catfish-Suppe. Eine ausgezeichnete Suppe kann mit diesem billigen Fische bereitet werden.

Reinige und schneide 2—3 Pfund auf und koche eine Stunde lang in 2 Quart Wasser mit einer Zwiebel und einem Stück Sellerie oder irgend welchen Kräutern (muß tüchtig gewürzt sein). Gib dann eine Tasse Milch und ein Stück Butter oder Rindsfett zu, oder kann auch ein Stück gesalzenes Schweinefleisch, in kleine Stückchen zerschnitten, mit dem Fisch gekocht werden.

Salzfische.

Eingesalzener Stockfisch. Dies ist eine der billigsten Speisen, die bei uns vollkommen anerkannt wird, und gute Art und Weisen, ihn zu kochen, werden allgemein verstanden.

Er muß aufgefrischt werden, indem man ihn über Nacht in Wasser legt; bringe ihn in kaltes Wasser und lasse ihn allmählich sieden; setze den Kessel weg, wo er sich eine halbe Stunde lang warm hält, nimm' die Stückchen heraus und richte sie mit Milch-Sauce an.

Fischklöse. Dieses beliebte Gericht wird bereitet, indem man zu dem wie oben gekochten und fein zerschnittenen Stockfisch eine gleichgroße Quantität zerquetschter Kartoffeln zugibt. Forme Bälle daraus und schmore sie in einer Pfanne oder in kochendem Fett.

Irgend ein anderer Fisch kann auf dieselbe Weise verwendet werden.

Geflügel.

Das Fleisch des Geflügels kann nicht zu den billigen

It must be freshened by laying it in water over night; put into cold water and bring gradually to a boil; set the kettle back where it will keep hot for half an hour, separate the flakes and serve with a milk sauce.

Fish Balls. This favorite dish is prepared by adding to codfish, boiled as above and finely shredded, a like quantity of mashed potato. Make into balls and fry on a griddle or in boiling fat.

Any other fish can be used in the same way.

FOWLS.

The flesh of fowls cannot rank among cheap foods, but in any economical family the Sunday dinner may often be a fricassee made of a fowl no longer young. Unless very ancient, the flavor of such a fowl will be richer than that of a chicken; we have but to cook it till it is tender.

Old Fowl Fricasseed Cut into joints, put into cold water and bring slowly to a simmering heat; on no account let it boil,—keep it as nearly as possible at 170° for 3 or 4 hours, or till it is very tender. At the end of 2 hours, add a sliced onion and salt and thicken the gravy.

Chicken Soup. None but the wealthy should use chickens for soup, but from the bones left of baked or fricasseed chicken a good and economical soup can be made. Boil an hour or two, take out the bones, thicken a little and serve with bread dice fried in butter.

Giblet Soup. An excellent soup can be made of the *giblets*, that is, heart, liver and neck of chicken, and other fowls, which in city markets are

Speisen gerechnet werden, allein in irgend einer sparsamen Familie kann oft die Sonntags-Mittagsmahlzeit ein Fricassee sein, das aus einem nicht mehr jungen Stück Geflügel hergestellt wird. Wenn er nicht sehr alt ist, wird der Geschmack eines solchen Vogels ein reicherer sein, als der von einem jungen Hühnchen; wir brauchen ihn blos zu kochen, bis er zart ist.

Fricassee von altem Geflügel. Zerschneide in Stücke, setze sie in kaltes Wasser und erwärme sie langsam zu gelindem Kochen; unter keinen Umständen lasse sie sieden, — halte sie so nahe, wie möglich 3—4 Stunden lang, oder bis sie weich sind, auf 170°. Nach Verlauf von zwei Stunden gib eine zerschnittene Zwiebel und Salz zu und verdicke die Sauce.

Hühnersuppe. Nur reiche Leute sollten Hühner zu Suppen benutzen; allein aus den von gebackenen oder fricassirten Hühnern übrig gebliebenen Knochen kann eine gute und ökonomische Suppe gemacht werden. Koche eine bis zwei Stunden, nimm die Knochen heraus, verdicke ein wenig und richte mit in Butter gerösteten Brodwürfeln an.

Geflügelkleinsuppe. Eine ausgezeichnete Suppe läßt sich aus dem Geflügelklein machen, d. h. Herz, Leber und Hals eines Huhns oder anderen Geflügels, welche in den Städten besonders und sehr billig verkauft werden. Zerschneide in kleine Stückchen und koche zwei Stunden mit Zwiebeln und Kräutern, gib dann etwas Butter zu und während des Verdickens Salz und Pfeffer.

Eier.

Die Bedeutung von Eiern läßt sich von verschiedenen Gesichtspunkten abmessen; ihr Nährwerth ist groß, ihre Verdaulichkeit, wenn sie frisch sind, fast vollkommen, und man kann sie auf so viel verschiedene Arten und Weisen kochen, und sie sind nothwendige Bestandtheile so vieler Gerichte, daß der Koch sie schwer entbehren kann. In al-

sold separately and very cheap. Cut in small pieces and boil 2 hours with onion and herbs, then add a little butter and thickening, salt and pepper.

EGGS.

The importance of eggs is to be estimated from various points of view; their food value is great, their digestibility when fresh is almost perfect, and they can be cooked in so many ways and are a necessary ingredient of so many dishes, that the cook could ill spare them. Indeed, in all countries, their consumption seems to be limited only by their price.

Freshness. After the first twenty-four hours an egg steadily deteriorates. Physicians say, "never give to an invalid an egg that is more than two or three days old."

There are methods in use for preserving eggs fresh, on the principle of excluding air by sealing up the pores of the shell, but none of them are without risk and they cannot be recommended to one who must economize closely. It is better to go without eggs as nearly as possible in winter.

Raw Eggs. Eggs are as digestible raw as cooked, and one easily comes to like the taste of a fresh raw egg beaten to a foam and mixed with a little milk or water and sugar flavored with a little nutmeg or jelly.

Soft Boiled Eggs. To soft boil an egg its temperature should not be raised above 170°. The white will then be a jelly-like, digestible substance, but if exposed to a higher temperature, the white becomes horny while the yolk remains uncooked or

len Ländern scheint ihr Consum thatsächlich blos durch ihren Preis beschränkt zu werden.

Frische. Nach den ersten vierundzwanzig Stunden verschlechtert sich ein Ei stetig. Die Aerzte sagen: „Gib einem Kranken nie ein Ei, das mehr als 2—3 Tage alt ist."

Es gibt verschiedene Methoden, um Eier frisch zu halten, nach dem Prinzip der Luftausschließung, indem man die Poren der Schale verstopft, keine aber ist von Risiko frei, und man kann sie niemand empfehlen, der strenge Sparsamkeit zu üben hat. Im Winter ist es besser, wenn man so viel, wie möglich, ohne Eier fertig wird.

Rohe Eier. Eier sind roh ebenso verdaulich, wie gekocht, und man kann leicht den Geschmack eines frischen, rohen Eis, das zu Schaum geschlagen und mit etwas Milch oder Wasser und Zucker vermischt und mit ein wenig Muskatnuß oder Frucht-Gelee gewürzt ist, lieb gewinnen lernen.

Weichgekochte Eier. Um ein Ei weich zu kochen, sollte seine Temperatur nicht über 170° gebracht werden. Das Weiße wird dann eine gallertartige Substanz, aber einer höheren Temperatur ausgesetzt, wird das Weiße hornig, während der Dotter ungekocht bleibt oder klebrig wird. Es gibt zwei Methoden, um ein Ei richtig zu kochen, die man je nach Belieben verwenden kann.

1) Gib ein Quart kochendes Wasser zu vier Eiern zu. Benütze einen Blechkessel oder Hafen (die erhitzt werden müssen, ehe man das Wasser hineingießt) und umwickle sie ringsum mit Flanelltuch. Die Eier werden in 6 Minuten fertig sein, leiden aber auch in zehn Minuten keinen Schaden.

2) Setze die Eier in kaltes Wasser und bringe es langsam zum Kochen. Wenn das Wasser zu kochen beginnt, sind sie fertig.

becomes pasty. There are two methods of boiling an egg properly, which may be adopted according to convenience.

1st. Allow 1 qt. of boiling water to 4 eggs. Use a pail or jar (heated before the water is put in) and wrap around with a flannel cloth. The eggs will be done in 6 minutes, but are not harmed by ten.

2d. Put the eggs into cold water and bring slowly to a boil. They are done when the water begins to boil.

Hard Boiled Eggs. To boil an egg hard, it is no more necessary to expose it to a high degree of heat than in the case of the soft boiled; the heat must simply be much longer continued, 20 minutes to a half hour. The egg will then be solid but not horny as when cooked in boiling water.

A great many attractive dishes can be made of cold boiled eggs.

Scrambled, poached, omelet, and baked eggs. These are but different modes of cooking eggs soft or solid. The taste will be more delicate and they will be more digestible if in these cases also only the low degree of heat above mentioned be applied—more time being given them than is usually allowed.

EGG DISHES.

These dishes under many names and in many forms are of next importance after meats, composed, as they generally are, of eggs and vegetables or some preparation of the grains, while numberless additions and flavors are used to give variety and make the dish tempting to the eye and palate. Eggs so prepared have their full nutritive value; not so in rich puddings and cakes,

Hartgesottene Eier. Um ein Ei hart zu kochen, braucht man es nicht mehr einem hohen Wärmegrade auszusetzen, wie beim Weichkochen; die Hitze muß blos länger andauern, 20 Minuten bis eine halbe Stunde. Das Ei wird dann fest sein, aber nicht hornig, wie wenn es in siedendem Wasser gekocht wäre.

Sehr viele anziehende Gerichte können aus kalten, gekochten Eiern gemacht werden.

Rühr-, eingeschlagene Eier, Omeletten und Spiegeleier. Dies sind blos verschiedene Weisen des Hart- und Weichkochens von Eiern. Der Geschmack wird dabei delikater und sie werden auch leichter verdaulich, wenn in diesen Fällen auch nur der niedrige Grad der oben erwähnten Erwärmung angewendet wird — da ihnen dabei mehr Zeit gegeben wird, als man gewöhnlich einräumt.

Eiergerichte.

Diese Gerichte sind unter verschiedenen Namen und in verschiedenen Gestalten an Bedeutung den Fleischspeisen am nächsten, da sie, wie im Allgemeinen, aus Eiern und Vegetabilien oder einigen Getreidepräparaten bestehen, während zahllose Zuthaten und Gewürze benützt werden, um ihnen Abwechslung zu geben und die Gerichte für Auge und Gaumen reizend zu gestalten. Die so zu bereitenden Eier haben ihren vollen Nährwerth; nicht aber in reichen Puddings und Kuchen, wo sie mit mehr Zucker und Fett vermengt sind, als das Körpersystem in irgend einer Quantität aufzunehmen vermag.

Folgendes sind einige Rezepte, die nicht unter anderen Ueberschriften eingeschlossen waren. Viele andere wird man unter Kochen von Körnerfrüchten finden

Brod-Omelette. 1 Tasse hartes, theilweise in heißem Wasser und Milch oder auch in kaltem Wasser aufgeweichtes Brod (in welchem Falle man es in einem Tuche auspressen und zerkrümeln muß); gib die Hälfte von einer zerhackten Zwiebel zu, einen Eßlöffel

where they are mixed with more sugar and fat than the system can take up in any quantity.

The following are a few recipes that have not been included under other heads. Many others will be found under the Cooking of the Grains.

Bread omelet. 1 cup of hard bread partly softened in hot water and milk, or in cold water (in which case press in a cloth and crumble), add $\frac{1}{2}$ of a chopped onion, 1 tablespoon chopped parsley, 1 egg, salt and pepper. Heat in the frying pan or square baking pan, some bits of suet or beef fat, and pour in the omelet. Cover and bake five minutes, then uncover and brown. Or it may be cooked slowly on top of the stove. Cut in pieces and serve around the meat or with a gravy.

Egged bread. Bread, fresh or stale, is cut in long strips, or in squares or rounds with a cake cutter. Let them soak till soft but not broken, in 1 pt. of salted milk into which two eggs have been beaten. Bake a nice brown or fry on a griddle in half suet and half butter. (May be made with one egg.)

Potato omelet. Fry a small onion, sliced, in a teaspoonful of butter or fat; fill the pan with 2 cups of cold sliced potatoes, salt and pepper them, and pour over them 2 beaten eggs. Bake slowly till it is just solid and turn out carefully on a platter. *Or*, 1 cup potatoes and 1 cup bread crumbs may be used.

Rice omelet. 1 cup cold boiled rice, 2 teaspoons milk, 1 egg, $\frac{1}{2}$ teaspoon salt. Mix and pour into a pan in which a tablespoon of butter has

zerhackter Petersilie, ein Ei, Salz und Pfeffer. Erhitze in der Schmorpfanne oder in der viereckigen Backpfanne ein Bischen Nieren- oder Rindsfett und schütte die Omelette hinein. Decke zu und lasse fünf Minuten backen, decke dann auf und lasse sie bräunen. Oder kann man sie auch langsam oben auf dem Ofen kochen. Schneide in Stücke und richte sie rings um das Fleisch oder mit einer Sauce an.

Eierbrod. Brod, frisches oder altgebackenes, wird in Streifen geschnitten, oder auch in Quadrate oder Scheiben mit dem Kuchenschneider. Lasse sie, bis sie weich werden, ohne zu zerbrechen, in einem Pint gesalzener Milch einweichen, in welche zwei Eier geschlagen worden sind. Backe sie hübsch braun oder schmore sie in der Schmorpfanne in einer zur Hälfte aus Nierenfett, zur Hälfte aus Butter bestehenden Mischung. (Kann mit einem einzigen Ei gemacht werden.)

Kartoffel-Omelette. Brate eine kleine zerschnittene Zwiebel in einem Theelöffelvoll Butter oder Fett. Fülle die Pfanne mit 2 Tassenvoll kalter zerschnittener Kartoffeln auf, salze und pfeffere sie und gieße zwei zerschlagene Eier darüber. Backe langsam, bis es eben fest wird, und drehe es sorgfältig auf eine Platte um. Oder kann man auch eine Tasse Kartoffeln und eine Tasse Brodkrume verwenden.

Reis-Omelette. Eine Tasse kalten, gekochten Reis, 2 Theelöffel Milch, ein Ei, einen halben Theelöffelvoll Salz. Mische und gieße in eine Pfanne, in welcher ein Eßlöffelvoll Butter zerlassen worden ist. Schmore und schlage sie um, wenn sie fertig ist. Oder kann man es auch wie die Kartoffelomelette backen.

Mehl-Omelette. Ein Ei, 1 Tasse Milch, 2 Eßlöffel Mehl, ein Prieschen Salz, gib zuletzt das zerschlagene Weiße von dem Ei zu.

Dies ist der „Yorkshire Pudding", der in der Pfanne gekocht wird, über welcher Rindfleisch bratet; er wird in

been heated. Fry and double over when done. *Or*, it may be baked like potato omelet.

Flour omelet. 1 egg, 1 cup milk, 2 tablespoons flour, pinch of salt, add the beaten white of the egg last.

This is the "Yorkshire Pudding" which is cooked in the pan over which beef is roasting; it is cut in squares and served around the meat. It may also be baked in a buttered pan without meat.

Tomato omelet. 3 eggs, 1 cup flour (scant), 1 tablespoon fine herbs, salt and cayenne pepper, 1 tablespoon sugar, juice of 2 large tomatoes and 1 cup warm milk. Bake under roasting meat, or alone in a buttered pan.

CHEESE DISHES.

Almost any cheese will give a good result in these dishes. Crumbly cream cheese is richer in taste and has also been shown to be more quickly digested. Skim cheeses are as nutritious except in fat, and in some dishes, as in "Fondamin" give a better result. Grate old cheeses, chop new and soft ones.

Grated cheese. Grate old cheese and serve with bread and butter. It is also a good addition to mashed potato, to flour porridges, to oatmeal and and wheat flour porridges, to rice, sago, tapioca and indeed to any starchy foods; it should be stirred in while these are quite hot. Its use with macaroni is given elsewhere.

Cooked cheese with bread. The basis of these dishes is toasted bread (white or graham) arranged on a platter, and enough salted water poured on to soften it.

viereckige Stücke zerschnitten und dann rings um das Fleisch angerichtet. Kann auch ohne Fleisch in einer mit Butter bestrichenen Pfanne gebacken werden.

Paradiesäpfel- (Tomato-) Omelette. 3 Eier, eine Tasse Mehl (nicht gehäuft), einen Eßlöffelvoll feine Kräuter, Salz und Cayenne-Pfeffer, einen Eßlöffelvoll Zucker, den Saft von 2 großen Paradiesäpfeln und eine Tasse warmer Milch. Backe unter bratendem Fleisch oder allein in einer mit Butter bestrichenen Pfanne.

Käsegerichte.

Bei diesen Gerichten gibt fast jeder Käse gute Resultate. Zerkrümelnder Rahmkäse ist reicher an Geschmack und hat sich auch als leichter zu verdauen erwiesen. Rahmlose Käse sind, den Fettgehalt ausgenommen, nicht weniger nahrhaft, und bei einigen Gerichten, wie beim „Fondamin" ergeben sie bessere Resultate. Zerreibe alten Käse, zerhacke frischen und weichen.

Zerriebener Käse. Zerreibe alten Käse und tische ihn mit Butterbrod auf. Er ist auch eine gute Zugabe zu Quetschkartoffeln, Mehlbreien, Hafergrütze und Weizenmehlbreien, zu Reis, Sago, Tapioca und überhaupt allen stärkmehlhaltigen Speisen; er sollte eingerührt werden, während diese noch ganz heiß sind. Seine Verwendung mit Macaronis ist an anderer Stelle angegeben.

Käse mit Brod gekocht. Die Grundlage dieser Gerichte ist geröstetes Brod (weißes oder Graham) auf einer Platte ausgebreitet, mit genug Salzwasser darüber gegossen, um es zu erweichen.

1) Zerreibe genug alten Käse, um das, wie oben zubereitete, geröstete Brod damit zu bedecken. Bring' ihn in den Ofen zum Zerschmelzen und lege die Schnitten wie belegte Brödchen aufeinander. Dies ist die einfachste Form von "Welsh Rarebit".

1. Grate enough old cheese to cover the toast prepared as above. Set in the oven to melt, and put the slices together as sandwiches. This is the simplest form of " Welsh Rarebit.'

2. ½ lb. cheese, 1 tablespoon butter and 1 cup milk. Stir till smooth over a gentle fire or in a water bath and spread over the toast.

3. ¼ lb. cheese, 1 tablespoon butter, 2 egg yolks, ½ teaspoon mustard, a pinch of cayenne pepper. Stir to smooth paste, spread on the toast and set in a hot oven for 4 minutes.

4. To each person allow 1 egg, 1 tablespoon grated cheese, ½ teaspoon butter or 1 tablespoon milk, a little salt and pepper (cayenne best). Cook like custard in a pail set in a kettle of hot water, stirring till smooth, it may then be used on toast or poured out on a platter. It may also be steamed 5 minutes in little cups, or baked very slowly for 10 minutes.

5. Slices of bread lightly buttered, 3 eggs, 1½ cups milk, 1 teaspoon salt, 1 cup grated cheese. Soak the bread in the milk and egg till soft but not broken. Lay the pieces in a pan, cover with the cheese and bake or steam.

Fondamin or Fondue. This is a famous foreign dish, and although it may seem to have a good many ingredients, it is really not much trouble to make.

¼ lb. of grated cheese (skim better than cream) add to 1 gill of milk, in which is as much bicarbonate of potash as will lie on a three cent piece, ¼ teaspoon mustard, ½ saltspoon white pepper, a few grains of cayenne, 1 oz. butter, a grating of nutmeg and 2 table-

2) ½ Pfd. Käse, einen Eßlöffel Butter und eine Tasse Milch. Rühre über einem gelinden Feuer oder in einem Wasserbad um, bis es glatt wird, und streiche es auf das geröstete Brod

3) ¼ Pfd. Käse, einen Eßlöffel Butter, 2 Eidotter, ¼ Theelöffel Senf, eine Priese Cayenne=Pfeffer. Verrühre zu einem glatten Teig, streiche auf das geröstete Brod und setze es vier Minuten in einen heißen Backofen.

4) Gib für jede Person ein Ei, einen Eßlöffel zerriebenen Käse, ¼ Theelöffel Butter oder einen Eßlöffelvoll Milch, ein wenig Salz und Pfeffer (am besten Cayenne=Pfeffer) zu. Koche wie Rahmkuchen in einem Blechkessel, der in einen Kessel mit heißem Wasser gesetzt wird, rühre um, bis es glatt ist, worauf man es auf geröstetem Brode verwenden oder auf eine Platte ausschütten kann. Man kann es auch 5 Minuten lang in kleinen Tassen dämpfen, oder recht langsam 10 Minuten lang backen lassen.

5) Leicht mit Butter bestrichene Brodschnitten, 3 Eier, 1½ Tassen Milch, einen Theelöffelvoll Salz, eine Tasse zerriebenen Käse. Weiche das Brod in Milch und Ei ein, bis es weich wird, ohne zu zerbrechen. Lege die Stücke in eine Pfanne, streiche den Käse darüber und backe oder dämpfe.

Fondamin oder Fondue. Dies ist ein famoses, ausländisches Gericht, und obschon es, wie man sehen wird, sicher viele Bestandtheile hat, macht seine Bereitung nicht so sehr viel Mühe.

¼ Pfund zerriebenen Käse (rahmloser ist besser als Rahmkäse) gib zu einem Gill Milch, in welchem sich so viel doppelkohlensaure Pottasche befindet, als auf ein Dreicentstück geht, ¼ Theelöffel voll Senf, ¼ Salzlöffel= weißen Pfeffer, ein paar Körnchen Cayennepfeffer, eine Unze Butter, etwas zerriebene Muskatnuß und 2 Eßlöffel voll gebranntes Mehl. Erwärme vorsichtig, bis der Käse zergeht. Gib drei geschlagene Eier zu und rühre um, bis es glatt wird. Die Mischung sollte für jede Person beson=

spoons baked flour. Heat carefully till the cheese is dissolved. Add 3 beaten eggs and stir till smooth. This mixture should be baked separately for each person in patty pans or paper cases and eaten immediately. All cheese dishes should be served very hot.

MILK.

Milk is sometimes called the one perfect food, containing all the constituents in their right proportions. This is true only for the requirements of a baby, but it remains for any age a valuable food when rightly supplemented.

Milk contains on the average 3.31% proteids, 3.66% fat, 4.9% carbohydrates, 87.41% water, and .70% salts.

The housewife, if she wishes to use milk with economy, will not in cooking use it *as such*, but with due regard to the different values of the cream and the skim parts. In cities skim milk is sold for about one-half the price of full milk, and is well worth it if pure, but it is too often mixed with water.

Boiling Milk. As soon as milk comes into the house it should be boiled, as it is a notorious carrier of disease germs which only in this way can be killed. Use an earthenware pitcher and let the milk remain standing in the same after cooking. The next day remove the cream for the morning's coffee, and use the skim part during the day for cooking, with or without the addition of a little butter.

Keeping Milk. To keep milk sweet in warm weather is a serious question to the housekeeper who has no cellar or refrigerator. It is of first importance that the vessels used to contain it should be

bers in Tortenpfannen oder in Papiergefäßen gebacken und sogleich verzehrt werden. Alle Käsegerichte müssen sehr heiß aufgetischt werden.

Milch.

Die Milch wird da und dort das einzige vollkommene Nahrungsmittel genannt, da sie alle Bestandtheile in ihren richtigen Proportionen enthält. Dies gilt jedoch blos für die Bedürfnisse eines Säuglings, immerhin aber bleibt sie, wenn sie richtig ergänzt wird, für jedes Alter ein werthvolles Nahrungsmittel.

Die Milch enthält im Durchschnitt 3.31 Proz. Proteinkörper, 3.66 Proz. Fett, 4.9 Proz. Kohlenhydrate, 87.41 Proz. Wasser und 70 Proz. Salze.

Wenn die Hausfrau Milch sparsam gebrauchen will, wird sie dieselbe beim Kochen nicht als solche verwenden, sondern mit gebührender Berücksichtigung des verschiedenen Werthes der Rahm- und rahmlosen Theile. In den Städten wird abgerahmte Milch für etwa die Hälfte des Preises vollständiger Milch verkauft, und sie ist denselben wohl werth, wenn sie rein ist, allein zu häufig ist sie mit Wasser vermengt.

Milch sieden. Sobald die Milch in das Haus kommt, sollte sie gekocht werden, da sie anerkanntermaßen Krankheitskeime in sich trägt, die nur auf diese Weise getödtet werden können. Gebrauche einen irdenen Topf und lasse die Milch nach dem Kochen darin stehen. Am nächsten Tage nimm den Rahm für den Morgenkaffee ab und benütze die abgerahmte Milch den Tag über beim Kochen mit oder ohne Zugabe von etwas Butter.

Milch aufzubewahren. Milch in warmem Wetter süß zu halten, ist eine ernste Aufgabe für die Haushalterin, die keinen Keller oder Eisapparat (Refrigerator) hat. Von erster Bedeutung ist es, daß die Gefäße, die zu ihrer Aufbewahrung benutzt werden, peinlich rein gehalten werden. Durch das Sieden, wie oben angegeben, und späteres, rasches Abkühlen hält sie sich 24

scrupulously clean. Boiling, as above mentioned, and cooling it rapidly afterwards, will keep it sweet for 24 hours, unless the weather is very warm, and the time may be further extended by keeping the milk pitcher set in a dish of cold water. A quarter of a teaspoonful of baking soda to a quart of milk, added while it is still sweet, may be used in case of necessity but this is not to be commended for common use.

Canning Milk. A method that the writer has employed is this: simply canning the milk as one would can fruit. Fill glass jars and screw down the lids, then place them in a steamer over cold water; heat the water gradually and steam the jars for an hour, then tighten the tops. I have never kept milk so treated for more than a week, but see no reason why it should not keep much longer.

Sour Milk. However, if you find yourself with sour milk on your hands, do not throw it away, it has many uses. Buttermilk is also very valuable to the housewife; it can be kept a long time in good condition for mixing doughs by covering with water, which must, however, be often changed for fresh.

USES FOR SOUR MILK AND BUTTERMILK.

Bonny Clabber. Put skim milk into a glass dish or into tea cups and set away until it becomes solid. Then eat with sugar and powdered cinnamon sprinkled over it.

Cottage Cheese. Set thick sour milk where it will heat gradually till the curd separates, then pour into a bag and let it drip till dry. Salt well, and add a little cream or milk and melted butter.

Stunden lang süß, wenn nicht das Wetter sehr warm ist, und man kann diese Zeit noch weiter verlängern, indem man den Milchtopf in einem Gefäß mit kaltem Wasser hält. Ein Viertels-Theelöffel voll Back-Soda zu einem Quart Milch gegeben, während sie noch süß ist, kann im Nothfall benutzt werden, für gewöhnlichen Gebrauch aber ist sie nicht zu empfehlen.

Conserviren der Milch. Eine von der Verfasserin angewandte Methode ist diese: man konservirt einfach die Milch gerade so wie Früchte. Fülle Einmachgläser und schraube die Deckel fest; setze sie dann in einem Dampfkocher über kaltes Wasser; erhitze das Wasser allmählich und setze die Gläser eine Stunde lang dem Dampf aus, dann schraube die Deckel fest. Ich habe nie so behandelte Milch länger als eine Woche gehalten, sehe aber keinen Grund ein, warum sie sich nicht noch viel länger halten sollte.

Saure Milch. Wenn Du Dich jedoch im Besitze saurer Milch befindest, so wirf sie nicht weg; sie läßt sich auf vielerlei Weise verwenden. Auch Buttermilch ist für die Hausfrau sehr werthvoll; sie läßt sich lange Zeit in gutem Zustande zur Beimischung in Teige erhalten, indem man sie mit Wasser überdeckt, das jedoch oft gegen frisches ausgetauscht werden muß.

Verwendungen von Sauer- und Buttermilch.

Dickmilch. Bonny Clabber. Gieße abgerahmte Milch in ein Glasgefäß oder in eine Theetasse und setze sie beiseite bis sie gestanden ist. Dann iß sie mit Zucker und pulverisirtem Zimmet, die man darüber streut.

Schmierkäse. Bring' saure Milch an einen Platz, wo sie sich allmählich erwärmt, bis der Quark sich absondert, schütte sie dann in einen Sack und laß abtropfen bis er trocken geworden. Salze ihn dann tüchtig

Buttermilk. 1st. As a drink. For this it should be very fresh.

2d. Buttermilk soup. (See page 123.)

Uses for both. Both buttermilk and sour milk can be used

1st. In making soda biscuit dough (see page 102.)

2d. In pancakes of all kinds (see page 103.)

3d. In corn bread (see page 103.)

4th. In some kinds of cake, as in gingerbread, cookies and doughnuts, where they are by many cooks preferred to sweet milk; and in almost any kind of cake sour milk may be substituted for sweet, remembering always to use only half the quantity of cream of tartar called for in the recipe.

und gibt etwas Rahm oder Milch mit zerlassener Butter zu.

Buttermilch. 1) Als Getränke. Zu diesem Zwecke sollte sie sehr frisch sein.

2) Buttermilch=Suppe. S. Seite 123.

Gebrauch Beider. Buttermilch sowohl, wie Sauermilch kann verwendet werden

1) Zur Bereitung von Soda=Biscuitteig (s. Seite 102.)

2) Zu Pfannkuchen aller Art (s. S. 103.)

3) Zu Maisbrod (s. S. 103.)

3) Zu einigen Kuchensorten, wie zu Ingwerkuchen, Plätzchen und Schmalzkuchen, bei welchen ihnen viele Köche vor süßer Milch den Vorzug geben; und in fast jeder Sorte von Kuchen kann saure statt süßer Milch verwendet werden, wenn man stets im Auge behält, daß man dann stets blos halb so viel Weinstein benutzen darf, als in den Rezepten angegeben.

Fette und Oele.

Die dritte Nahrungsgrundlage, Fette, steht zwischen den zwei großen Ernährungsmitteln, den Proteinkörpern auf der einen und den Kohlenhydraten auf der anderen Seite, und wir finden, daß wir uns über ihren Gebrauch mit beträchtlicher Breite ergehen können. Wenn wir unsere Nahrung in mehr verdichteter Form zu bekommen wünschen, können wir von Fetten in Verbindung mit Proteinkörpern reichlich Gebrauch machen und die Quantität der Kohlenhydrate vermindern. In den Armee=Diätregeln wird bei Märschen die Fettquantität bedeutend vergrößert, und bei großer Anstrengung wird dreimal soviel davon gestattet als im Garnisonsleben. Die täglichen Rationen z. B., welche den deutschen Soldaten in Frankreich während des Monats August 1870 zugemessen wurden, enthielten

FATS AND OILS.

The third food principle, Fats, stands between the two great nutrients, Proteids on the one hand and Carbohydrates on the other, and we find that we can indulge in considerable latitude as to its use. When we wish to get our food in a more condensed form, we can use fats freely in connection with proteids and lessen the amount of carbohydrates. In army dietaries the amount of fat is largely increased for marching, and for great exertion the quantity becomes three times that allowed in garrison life. For instance, the daily rations served out to the German soldiers in France during the month of August, 1870, contained

	Proteids	Fats	Carbohydrates
Army Dietary.	157 gms.	285 gms.	331 gms.

It was represented by 1 lb. 10 oz. of bread, about $1\frac{1}{4}$ lbs. of meat, and over $\frac{1}{2}$ lb. of bacon besides an allowance of coffee, tobacco and wine or beer. Prof. Ranke has called this an admirable diet for fighting men. In garrison life these soldiers would have received only 56 grams of fat, and 120 grams of proteids while the carbohydrates would have been increased to 500 grams or more.

On the other hand, fat when coupled with enough carbohydrate food can replace some of the proteid, and often does so in the food of hardy and econom-

	Proteinkörper.	Fette.	Kohlenhydrate.
Armee-Diätregel.	157 Grm.	285 Grm.	331 Grm.

Dies war repräsentirt in 1 Pfund, 10 Unzen Brod, etwa 1½ Pfund Fleisch und über ½ Pfund Speck neben einer Ration Kaffee, Tabak und Wein oder Bier. Prof. Ranke hat dies als eine ausgezeichnete Diät für Krieger bezeichnet. Im Garnisonsleben würden diese Soldaten nur 56 Gramm Fett und 120 Gramm Proteinkörper bekommen haben, während die Kohlenhydrate auf 500 Gramm oder darüber vermehrt worden wären.

Auf der anderen Seite kann Fett, wenn es mit genug Kohlenhydrat-Nahrung verbunden ist, etwas vom Protein ersetzen, und es thut dies häufig in den Nahrungsmitteln abgehärteter und sparsamer Leute.

Diät des bairischen Holzhauers. Der bairische Holzhacker ist durch seine ausgezeichnete Verdauung in den Stand gesetzt, seine Diät in folgender Weise einzurichten: er nimmt etwas Protein aus dem Thierreich, um aber aus Pflanzenerzeugnissen genug davon zu bekommen, muß er, wie wir wissen, eine immense Masse des damit verbundenen Stärkmehls zu sich nehmen, und hierzu fügt er eine große Quantität Fett. Von Liebig sagt, ein solcher Mann nehme im Durchschnitt zu sich

Proteinkörper.	Fette.	Kohlenhydrate.
112 Grm.	309 Grm.	691 Grm.

Wir sehen daraus, daß wir eine verschiebbare Skala für Fette haben können; daß wir, obschon wir nicht unter 2 Unzen per Tag herabgehen sollten, wenn wir einen oder beide der anderen großen Nahrungsbestandtheile vermindern, bis zu 8 oder 9 Unzen hinauf gehen können.

Die Bedeutung des Fettes nicht erkannt. Leute von den wohlhabenden Klassen erkennen selten, wenn sie den Gegenstand nicht speziell zum Studium gemacht haben, die Bedeutung des Fettes in unserem Haushalt-

Diet of Bavarian Woodchopper. ical people. The Bavarian woodchopper is enabled by his splendid digestion to arrange his diet in the following way: he takes little proteid from the animal kingdom, but in order to get enough of it from vegetable products, he must, as we know, take in an immense quantity of the starch associated with it, and to this he adds a great quantity of fat. Von Liebig says that such a man takes on the average

Proteids	Fats	Carbohydrates
112 gms.	309 gms.	691 gms.

We see therefore that we can have a sliding scale for fat; that while we should not go below 2 oz. a day, we may, in case we lower one or both of the other two great constituents, go up to 8 or 9 oz.

Importance of Fat not realized. People belonging to the well-to-do classes, unless they have given special study to the subject, seldom realize the importance of fat in our economy. Fat means to them fat meat, suet, lard and the like, and the much eating of these is considered proof of a gross appetite; they do not consider how much fat they take in eggs, in milk, in grains like oatmeal and maize, in the seasoning of their varied dishes, and in their well-fattened meats, where, as in an average piece from a very fat mutton, they eat twice as much fat as proteid without knowing it.

Indeed, a well fed man of the upper classes may have more fat in his daily diet than has the freshly arrived Mechlenburg laborer who spreads a quarter inch layer of lard on his bread. The latter cannot take his fat in unsuspected forms; he craves this

wesen. Fett ist ihnen fettes Fleisch, Nierenfett, Schweineschmalz u. dgl., und Vielessen von denselben wird als Beweis eines derben Appetits betrachtet; sie erwägen jedoch nicht, wie viel Fett sie in Eiern, Milch und Getreide, wie im Hafermehl und Mais, in den Würzbestandtheilen ihrer manigfaltigen Gerichte und in ihren tüchtig durchfetteten Fleischspeisen genießen, in welchen sie, wie z. B. in einem Durchschnittsstück von einem sehr fetten Hammel, zweimal so viel Fett, wie Protein essen, ohne es zu wissen.

Thatsächlich kann ein gutgenährter Mensch von den oberen Classen mehr Fett in seiner täglichen Diät haben, als der frisch über See gekommene Mecklenburger Tagelöhner, der eine viertelzolldicke Lage Schweineschmalz auf sein Brod schmiert. Der Letztere kann sein Fett nicht in einer Form nehmen, von der er nichts ahnt; er verlangt mit Begier nach dieser Nahrungsgrundlage, zusammen mit seiner Pflanzendiät, und er muß sie eben nehmen, wie er sie bekommen kann.

Wir wollen uns nun darüber verständigen, daß, wo sparsame Haushaltung in Betracht kommt, diese Fettfrage sich nicht von selber macht, wie bei dem reichen Manne. Die sparsame Hausfrau sollte stets eingedenk sein, daß sie ihrer Familie Fett genug liefern muß, und zwar billig.

Ersatz für Butter. Butter ist ein sehr theures Fett; rechne das in ihr enthaltene Wasser ab und sieh dann, was sie Dich kostet. Wir müssen mit der Verwendung der Butter auf möglichst viele Weise haushalten. Wir müssen mehr fettes Fleisch essen, vor Allem das mit dem Mageren durchwachsene, in dem es die Stelle des Wassers einnimmt, wie wir unter „Proteinkörpern" gesehen haben, und uns thatsächlich nichts kostet; wenn wir unsere Vegetabilien mit einem solchen Stücke Fleisch als Geschmackszugabe genießen, so finden wir sie hinlänglich gewürzt. Wir müssen aber auch mehr fettes Fleisch essen, das wir wirklich als solches anerkennen, wobei wir uns bemühen sollten, es so zu kochen, daß es schmackhaft

principle with his plain vegetable diet, and must take it as he can get it.

Now let us understand that where economy is to be considered, this question of fat does not take care of itself as it does for the rich man. The economical housewife should always keep in mind that she must furnish her family enough fat, and furnish it cheaply.

<small>Substitutes for Butter.</small> Butter is a dear fat; count out the water in it and see what it costs you. We must economize in butter in as many ways as possible. We must eat more fat meat, first, that which is ingrained with the lean where it takes the place of water, as we have seen under "Proteids," costing us practically nothing; when we eat our vegetables seasoned with such a piece of meat, we find them sufficiently seasoned. We must also eat more of fat meat which we recognize as such, taking pains to cook it so that it will be palatable; the crisp, brown outside of a roast is always welcome, but the fat of boiled beef or mutton will also be relished if served very hot. An excellent selection in low-priced beef, is the fat middle rib; the lean part is very tender and juicy when cooked in water at a low temperature for two or three hours (or in Heat Saver, see page 44, for three or four hours) and the fat, if served hot, any but a pampered taste will relish. Too much cannot be said in praise of pork as furnishing a good tasting and cheap fat; it can be cooked in many ways and used to flavor vegetables, etc.

<small>Digestibility of Fat.</small> It is consoling to the economist to know that little of this food principle will be wasted in the body. Fat is more com-

wird. Die knusprige, braune Außenseite eines Bratens ist stets willkommen, allein auch das Fett von gekochtem Rind- oder Hammelfleisch wird gerne genossen, wenn es recht heiß aufgetischt wird. Eine vorzügliche Auswahl von billigem Rindfleisch ist das fette, mittlere Rippenstück; der magere Theil davon ist sehr zart und saftig, wenn es zwei bis drei Stunden lang bei niedriger Temperatur in Wasser gekocht wird (oder im Sparkochapparat, s. S. 44, 3—4 Stunden), und das Fett wird, wenn es heiß aufgetischt wird, jedem außer einem übersättigten Geschmacke angenehm sein. Zum Preise des Schweinefleisches, weil es ein wohlschmeckendes billiges Fett liefert, kann gar nicht zu viel gesagt werden. Man kann es auf vielerlei Weise kochen und es auch als Geschmackszugabe für Vegetabilien usw. benutzen.

Verdaulichkeit des Fettes. Es ist ein Trost für Haushalter zu wissen, daß wenig von dieser Nahrungsgrundlage im Körper verloren geht. Das Fett wird nach den Zeugnissen der Experimentatoren vollständiger absorbirt, als irgend eine andere Nahrungssorte, sogar das Fleisch.

Wir möchten hier noch einige Worte über die Beschaffenheit verschiedener thierischer Fette bemerken, und dann sind wir mit diesem Gestande fertig.

Alle von uns verzehrten Fette ohne Ausnahme bestehen aus drei, neutrale Fette genannten Körpern, die in verschiedenen Verhältnissen mit einander vermengt sind. Diese drei Körper sind das „Olein", das „Palmitin" (Margarin) und „Stearin", und der Hauptunterschied zwischen ihnen ist der, daß sie bei verschiedenen Temparaturen schmelzen; je mehr Olein eine Fettart hat, um so leichter zerschmilzt sie, und je weniger sie hat, um so mehr gleicht sie dem Talge. In den pflanzlichen Oelen finden wir außer diesen noch kleine Oantitäten der sogenannten „Fettsäuren", und in der Butter haben wir außer den

pletely absorbed, according to the testimony of the experimenters, than any other kind of food, even meat.

We want to say a few words as to the character of different animal fats, and then we are done with this subject.

All the fats consumed by us, without exception, are composed of three bodies called neutral fats, mixed together in varying proportions. These three bodies are "olein," "palmatin" (margarin), and "stearin," and the chief difference between them is that they melt at different temperatures; the more olein a fat has, the more easily it melts, and the less it has, the more it is like tallow. In vegetable oils, we find in addition to these, small quantities of what are called "fatty acids," and in butter we have beside the three common fats, a small per cent of four scarcer ones.

Fats compared. Practically therefore, all fats are alike, and when absorbed they do the same work in the body, their varying flavors and their colors having nothing to do with this.

However, their flavor, their appearance and the ease with which they melt in the mouth and in the digestive tract have much to do with our estimation of them as foods. Mutton fat will do our body the same service as butter, but because of the relatively small amount of olein it contains, we have difficulty in swallowing it.

As to the comparative digestibility of these fats, it is generally admitted that those which melt at a low temperature, like butter and vegetable oils, are most

drei gewöhnlichen Fettarten noch einen kleinen Prozentsatz von vier selteneren.

Vergleichung der Fette. In Wirklichkeit sind daher alle Fette einander gleich, und wenn sie absorbirt sind, thun sie alle dieselben Dienste im Körper, da ihr verschiedener Geschmack und ihre Farbe damit nichts zu thun hat.

Ihr Geschmack aber, ihr Aussehen und die Leichtigkeit ihres Zerschmelzens im Munde und in den Verdauungskanälen haben für uns sehr viel bei ihrer Abschätzung als Nahrungsmittel zu thun. Hammelfett leistet unserem Körper die gleichen Dienste, wie Butter, seines geringen Oleingehaltes wegen macht es uns beim Schlucken Schwierigkeit. Was die vergleichsweise Verdaulichkeit dieser Fette betrifft, so wird allgemein zugestanden, daß diejenigen, die bei niedriger Temperatur schmelzen, wie Butter und pflanzliche Oele, am leichtesten von dem Körpersystem aufgenommen werden. Man glaubt, daß wir sogar Bienenwachs verdauen könnten, wenn es im Magen zerschmölze. Obschon jedoch die Butter als am leichtesten verdaulich in allgemeiner Achtung steht, weil sie das schmackhafteste von den Fetten ist, kann der Magen ohne Schwierigkeit mit einer vernünftigen Quantität von irgend einem Fett fertig werden, das im Haushalt benützt wird.

Künstliche Butter. Die Thatsache, daß alle Fette einander in der Zusammensetzung so ähnlich sind, und daß sie, wenn erst einmal verdaut, im Körper alle dieselben Dienste leisten, hat die Forscher zuerst zu dem Versuche geführt, aus billigeren Fetten Ersatzmittel für Butter herzustellen. Napoleon III. stellte den Chemiker Mège-Mourier an die Arbeit, damit er eine künstliche Butter für den Armeegebrauch erfinde. Dieser Chemiker gab Olein und Margarin, die er aus Rindsnierenfett ausgezogen, die im Laboratorium hergestellte Farbe und den Geschmack der Butter und mengte etwas

readily taken up by the system; it is thought that we could digest beeswax if it would melt in the stomach. Still, although butter stands in common estimation as the most digestible, as it is the most palatable of the fats, the stomach finds no trouble in disposing of reasonable amounts of any fat used in the household.

Artificial Butter. The fact that all fats are so similar in composition, and that, if once digested, they will do the same service in the body, first led scientists to try to make out of the cheaper fats a substitute for butter. It was Napoleon III who set the chemist Mège-Mourier at work to discover an artificial butter for use in the army. This chemist added butter color and flavors made in the laboratory, to olein and margarin extracted from beef suet, and mixed with this a little real butter, and so successful was the result, that the making of artificial butter has become a great industry. Now certainly no one objects to artificial butter on the ground that it is made of animal fats, for he eats these every day on his table; he objects because he has doubts as to the cleanliness or the healthfulness of its method of manufacture.

Therefore since the substitution, to some extent, of animal fats for butter is from an economic standpoint so desirable, if we cannot bring ourselves to use oleomargarine we must do the best we can in these kitchen laboratories of ours to make other fats than butter acceptable to the taste.

wirkliche Butter bei, und das erzielte Resultat war ein so erfolgreiches, daß die Verfertigung von Kunstbutter eine große Industrie geworden ist. Gegenwärtig hat sicher niemand mehr etwas gegen die Kunstbutter einzuwenden, weil sie aus thierischen Fetten bereitet wird, denn er genießt diese ja jeden Tag an seinem Tische; er erhebt blos Einwand gegen sie, weil er an der Reinlichkeit oder Gesundheit der Methoden bei ihrer Verfertigung zweifelt.

Da nun bis zu einem gewissen Grade die Substituirung thierischer Fette an Stelle der Butter vom ökonomischen Standpunkt betrachtet, so wünschenswerth ist, müssen wir, wenn wir uns nicht zum Genuß von Oleomargarin verstehen können, unser Bestes in diesen unseren Küchenlaboratorien thun, um andere Fette, als Butter, dem Geschmack angenehm zu machen.

Verwendung für Fette.

Rindsnierenfett. Seine Verwendung. Rindsnierenfett hat vielerlei Verwendungen. Man sollte es vollkommen frisch kaufen und das die Nieren umgebende als die beste Qualität auswählen. Fein zerhackt wird es in Nierenfett=Puddingen gebraucht, und man kann es auch verwenden, um andere, mit abgerahmter Milch gemachte Puddinge etwas fetter zu machen, wie z. B. Reispudding; es verbindet sich sehr gut mit Brodkrume in irgend einem heißen Gerichte, in Brod=Puddingen, Brodfüllsel, Brod=Omeletten und Suppenklößchen. In allen Fällen muß es fein zerhackt und hinlänglich gekocht werden, damit es sich mit den anderen Materialien vollständig verkörpert. Nierenfett kann man auch bei vielen Mehlspeisen statt Butter verwenden, wenn man sie nur lange genug kochen läßt und sie warm ißt; ebenso in allen Kuchen, in welchen Molasse und Gewürze oder andere starke Geschmacks=Reizmittel Verwendung finden.

Mark. Jedes Bischen Mark in Knochen sollte ausgekratzt und sorgfältig verwendet werden. Sein

USES OF FATS.

Beef Suet. Its Uses. Beef suet has many uses. It should be bought perfectly fresh, that surrounding the kidneys being chosen as of the best quality. Chopped fine, it is used in suet puddings, and may be employed to enrich other puddings made of skim milk, as a rice pudding; it combines well with bread crumbs in any hot dish, in bread puddings, bread stuffing, bread omelet and soup balls. In all cases it must be chopped fine and cooked sufficiently to fully incorporate it with the other materials. Suet may also be used in many flour dishes instead of butter, if they are only cooked long enough and eaten warm, also in all cake where molasses and spices or any strong flavor is used.

Marrow. Every bit of marrow in bones should be scraped out and carefully used. Its taste is more delicate than that of suet, and it can be substituted for butter even in fine cake.

Butter tried out. Whatever butter you use in cooking should be *cooked* butter which may be prepared when butter is cheap and put away for winter use. So prepared it will keep as long as lard.

A second quality of butter may be used for this, or that which is beginning to be rancid; if already so, add ¼ teaspoon soda to each pound, but such butter when tried out will not keep as long as that made from sweet butter. In trying out butter great care must be taken not to burn it. Put it in a large iron kettle and cook it down very slowly until you no longer hear the sound of boiling; it will then begin to froth and rise and this is a sure sign that

Geschmack ist delikater als der des Nierenfettes, und man kann es selbst in feinen Kuchen statt Butter verwenden.

Ausgelassene Butter. Was für Butter Du auch beim Kochen verwendest, so sollte es „S ch m a l z b u t t e r" sein, welche man, wenn die Butter billig ist, bereiten und für Wintergebrauch aufheben kann. So zubereitet wird sie sich ebenso lang halten, wie Schweineschmalz.

Für diesen Zweck kann Butter zweiter Qualität oder solche, welche ranzig zu werden beginnt, benützt werden; ist sie dies bereits, so gib einen Viertelstheelöffelvoll Soda zu jedem Pfund, solche Butter aber wird, wenn sie ausgelassen ist, sich nicht so lange halten, wie aus süßer Butter verfertigte. Beim Auslassen von Butter muß sorgfältig achtgegeben werden, daß sie nicht anbrennt. Bringe sie in einen großen, eisernen Kessel und koche sie langsam, bis Du sie nicht mehr sieden hörst; sie fängt dann an zu schäumen und zu steigen, und dies ist ein sicheres Zeichen, daß das Verfahren vollständig ist. Stelle den Kessel zum Abkühlen ein paar Augenblicke zurück, schäume ab und gieße die Butter von dem Bodensatz ab in die Häfen. Halte sie an einem kühlen Platze und dicht zugedeckt. In irgend einem Rezepte benutze ¼ weniger als frische Butter.

Ausgelassenes Nierenfett. Dieses sollte mit noch größerer Sorgfalt gemacht werden, damit der Talggeschmack vermieden wird. Genaue Anweisungen sind gegeben in „Kochmethoden" S. 41. Die „Grieben" werden oft von Kindern sehr gern gegessen.

Dieses Rindsfett (das wir nicht Talg nennen wollen) sollte in Ballen in einem dicht verschlossenen Hafen aufgehoben werden.

Verwendung. Bei seiner Verwendung schabe es fein und streue ein wenig Mehl darunter, um es weiß zu halten. So zubereitet kann man es auf irgend eine der unter „Nierenfett" angegebenen Weisen

the process is completed. Set the kettle back to cool a few moments, then skim and pour off the butter from the dregs into jars. Keep in a cool place and closely covered. In any recipe use ¼ less than of fresh butter.

Tried out Suet. This should be done with even more care, to avoid the tallowy flavor. Exact directions are given in "Cooking Methods," page 41. The "scraps" are often relished by children.

This beef fat (which we decline to call tallow) should be put away in cakes in a jar closely covered.

To use. To use it, scrape it fine, sprinkling a little flour in it to keep it light. So prepared it may be used in any of the ways mentioned under "suet," and to this list still others may be added, since it does not need, as does suet, long cooking in order to mix it well with the other ingredients of the dish. It can be used successfully in warm breads of all kinds, and in all but the nicest cakes if mixed with ½ butter.

Lard. Much of the lard now furnished is so poor, that unless one pays a high price to a well known dealer, it is better for each housekeeper to buy the leaf lard and try it out herself.

Cut fine and cook all the water out, taking care not to burn.

The "scraps" are even better than those left from suet and should by no means be thrown away.

SAUCES FOR MEAT AND VEGETABLES.

The economical and busy housewife says she has no time nor money for sauces, but the fact is she cannot afford to do without them.

benützen, und zu der Liste derselben können noch andere beigefügt werden, da es nicht, wie das Nierenfett, lang zu kochen braucht, um sich mit den anderen Ingredienzien des Gerichtes gut zu vermengen. Man kann es zu warmem Brod aller Art erfolgreich benutzen und auch in allen, außer den schönsten Kuchen, wenn es zur Hälfte mit Butter gemengt ist.

Schweineschmalz. Vieles Schweineschmalz, wie es uns heute geliefert wird, ist so schlecht, daß Haushalter, wenn sie nicht einem wohlbekannten Händler einen hohen Preis bezahlen wollen, besser daran thun, wenn sie unausgelassenes Schweineschmalz kaufen und es selbst auslassen.

Zerschneide es fein und siede alles Wasser heraus, wobei Du Acht geben mußt, daß es nicht anbrennt.

Die „Grieben" sind noch besser, als die von Nierenfett übrig bleibenden und sollten unter keinen Umständen weggeworfen werden.

Saucen für Fleisch und Gemüse.

Die sparsame und geschäftige Hausfrau behauptet, keine Zeit und kein Geld für Saucen zu haben, allein Thatsache ist, daß sie nicht ohne sie fertig werden kann.

Alle Vegetabilien müssen etwas Fett zur Hebung des Geschmackes haben, und in jedem Falle Butter zu gebrauchen, wäre verschwenderisch und würde auch keine Abwechslung geben, während billigeres Fett mit Mehl und Wasser zu einer Sauce verarbeitet auf ein Dutzend Arten geschmackreizend gemacht werden kann.

Kraftbutter-Sauce.

Die Buttersauce, welche die Grundlage der meisten Saucen bildet, wird in folgender Weise bereitet.

Einfach. Ein gehäufter Eßlöffel Butter und Rindsfett wird in eine Bratpfanne gethan; wenn es kocht, gibt man einen gehäuften Löffelvoll Mehl zu und rührt es beim Kochen um. Hierzu gibt man nach und nach ein Pt.

Sauces.

All vegetables must have some fat to season them and to use butter in every case is extravagant and gives no variety, while a cheaper fat if made into a sauce with flour and water, can be flavored in a dozen ways.

DRAWN BUTTER SAUCES.

Drawn butter, which is the foundation of most of the sauces is thus made.

Plain. A heaping tablespoon of butter or beef fat is put into a saucepan; when it boils, 1 heaping tablespoon flour is added and stirred as it cooks. To this add gradually 1 pt. of water, 1 teaspoon salt and ¼ teaspoon of pepper. If you wish to unite economy and good flavor use ½ tablespoon of beef fat in making the sauce, and add ½ tablespoon butter, cut in little pieces, just before serving.

Milk sauce is the same, made with milk instead of water.

In *brown sauce*, the fat and flour are stirred till they brown, then make as above.

Any number of sauces can be made from these three by adding different flavors; chopped pickles and a tablespoon vinegar are added to No. 1 when it is to be used on fish; or mustard for mustard sauce.

The addition of eggs raw or cooked makes another variety.

Milk gravies. With the help of milk we can make a gravy as in "milk sauce," with beef or pork fat, seasoning with salt and pepper and perhaps some powdered herb.

Children like all these gravies, if nicely made and flavored, to eat on bread as well as on vegetables.

Wasser, einen Theelöffel voll Salz und ¼ Theelöffel voll Pfeffer. Will man Sparsamkeit und guten Geschmack vereinigen, so benutze man einen halben Theelöffel voll Rindsfett zur Bereitung der Sauce und gibt einen Eßlöffel voll Butter in kleine Stückchen zerschnitten unmittelbar vor dem Anrichten zu.

Milchsauce ist dasselbe, blos daß sie mit Milch statt Wasser gemacht wird.

In brauner Sauce werden Fett und Mehl umgerührt, bis sie braun sind, dann verfahre man wie oben.

Aus diesen Dreien kann man durch Zugabe verschiedener Gewürze eine ganze Anzahl Saucen bereiten; gehackte Gurken und ein Eßlöffel voll Essig werden zu No. 1 zugegeben, wenn man sie zu Fisch gebraucht, oder Senf zur Senfsauce.

Die Zugabe von Eiern, roh oder gekocht, gibt eine andere Abwechslung.

Milch-Fettsaucen. Mit Hilfe von Milch können wir eine Fettsauce mit Rinds- oder Schweinefett, wie bei der Milchsauce machen, wobei wir mit Salz und Pfeffer und vielleicht mit pulverisirten Kräutern würzen.

Kinder essen diese Fettsaucen gern, wenn sie gut bereitet und gewürzt sind, auf Brod und Gemüse.

Fleischsaucen.

Einige billige Saucen zum Fleisch allein verdienen besondere Aufmerksamkeit.

Münz-Sauce. 2 Eßlöffel voll grüne Münze oder Frauenmünze gehackt, einen Eßlöffel voll Zucker, ¼ Tasse Essig. Mische und laß eine oder zwei Stunden stehen.

Paradiesapfel-Sauce. (Tomato.) Siede 1 Pint frische oder konservirte Paradiesäpfel mit einer kleinen Zwiebel, Salz und Würzkräutern, bis es ganz dick wird; dann seihe durch und gib einen Theelöffel voll Mehl zu, das in einem Theelöffel voll Butter gekocht ist.

MEAT SAUCES.

A few cheap sauces for meats alone deserve special mention.

Mint sauce. 2 tablespoons green mint or spear mint chopped, 1 tablespoon sugar, ½ cup vinegar. Mix and let stand an hour or two.

Tomato sauce. Boil 1 pt. fresh or canned tomatoes with a little onion, salt, and herb flavoring until quite thick, then strain and add 1 teaspoonful of flour cooked in a teaspoonful of butter.

Fruit sauce. Any sour fruit, as apples or plums, makes an excellent sauce to eat with meat. Apple sauce goes especially well with pork.

Horseradish sauce. Add to drawn butter or any meat gravy ½ cup grated horseradish. Simmer a few minutes.

Obstmus. Irgend saures Obst, wie Aepfel oder Pflaumen gibt ein vorzügliches Mus zum Essen mit Fleisch. Apfelmus eignet sich am besten zu Schweinefleisch.

Meerrettig-Mus. Gib zu Buttersauce oder irgend einer Fleischsauce ½ Theetasse voll zerriebenen Meerrettig. Laß einige Minuten leicht kochen.

Kohlenhydrate enthaltende Nahrungsmittel
und ihre Bereitung.

Wir haben nun dem Körper die dritte große Nahrungsgrundlage zu liefern, die Kohlenhydrate. Diese meinen wir, wenn wir von Stärkmehlen und Zucker sprechen, und sie werden mit unbedeutenden Ausnahmen blos aus der Pflanzenwelt geliefert.

Cellulose. (Zellstoff.) Wie wir gesehen haben, spielt ein lästiger Körper, der Zellstoff, hier eine große Rolle. Derselbe ist so zu sagen das Skelett der Pflanzen, das sie sich aus Zucker und Stärkmehl aufbauen; Der Chemiker findet es in seinem Laboratorium nicht schwierig, ihn wieder in Dertrin und Zucker zurückzuverwandeln, und auch unser Magen kann ein gut Theil Zellstoff von sehr jungen und zarten Pflanzen verdauen,—47—62 Proz., wie man gefunden hat, von jungem Lattich, Sellerie, Kohl und gelben Rüben, aber in älteren Pflanzen durchwächst und verkrustet sich der eigentliche Zellstoff mit Substanzen von holzartiger und mineralischer Natur, von welchen ihn auch der Chemiker nur mit der größten Schwierigkeit zu trennen vermag, während unsere Verdauungssäfte dieser Aufgabe ganz und gar nicht gewachsen sind. Aus diesem Grunde bedarf es der ganzen Kunst der Köchin bei der Behandlung dieser Substanz; sie muß sie aufweichen,

CARBOHYDRATE - CONTAINING FOODS

AND THEIR PREPARATION.

We are now to furnish for the body the third great food principle, the carbohydrates. These we mean when we speak of the starches and sugars, and with unimportant exceptions, they are furnished by the vegetable world only.

Cellulose. As we have seen, that troublesome body, cellulose, plays here a large rôle. It is the skeleton, so to speak, of plants, built by them out of sugar and starch; the chemist finds no difficulty in his laboratory in turning it back into dextrin and sugar, and our stomachs too can digest a large part of the cellulose of very young and tender plants,—from 47% to 62% it has been found, of young lettuce, celery, cabbage and carrots,—but in older plants, the cellulose proper becomes all intergrown and encrusted with substances of a woody and mineral nature, from which even the chemist separates it with the greatest difficulty, while our digestive juices are entirely unequal to the task. Therefore it is that the whole art of the cook is needed in treating this substance; she must soften it, she must break it up, and in many cases separate it as completely as possible from the sugars, starches and proteids which it hinders us from appropriating to our use.

aufbrechen und in vielen Fällen so vollständig, wie möglich von den Zuckerstoffen, Stärkmehlen und Proteinkörpern trennen, an deren Zunutzemachung sie uns hindert.

Verwendung. In manchen Fällen, wie bei der Hafergrütze und dem Graham=Mehl, lassen wir den Zellstoff wegen seiner mechanischen Einwirkung auf die Eingeweide. Dies ist natürlich ein verschwenderisches Verfahren, denn der Zellstoff nimmt, wenn er den Körper verläßt, ziemlich viel unverdaute Nahrung mit sich, allein es ist besser, solche Verschwendung zu treiben, als unseren Eingeweidemuskeln so wenig zu thun zu geben, daß sie unfähig werden, andere als feine, kondensirte Speisen zu verdauen.

In der Regel jedoch müssen wir uns den Zellstoff durchaus nicht als Nahrungsmittel vorstellen, sondern als einen zähen, fremden Körper, mit dem wir zu rechnen haben, ehe wir uns die Protein= und Stärkmehltheilchen vieler wichtigen Pflanzennahrungsmittel zunutze machen können.

Quantität der Kohlenhydrate. Die Kohlenhydrate, besonders die Stärkmehle, sind die billigsten unter den Nährbestandtheilen und daher am häufigsten, besonders in der Nahrung des Armen im Ueberfluß vorhanden. Nach den bereits gegebenen Schätzungen kommt ein Erwachsener mit schwerer Durchschnittsarbeit ganz hübsch mit $1\frac{1}{2}$ Pfd. Kohlenhydratstoffen aus (selbstverständlich ist damit die Quantität dieses Stoffes in trockenem Zustande gemeint), obschon sich glücklicherweise findet, wie unter den „Fetten" erwähnt wurde, daß ein Theil dieser großen Quantität gegen Fett ausgetauscht werden kann, wenn der Körper für dieses aus irgend einem Grunde bessere Verwendung hat. Kopfarbeiter und die reicheren Classen der ganzen Welt nehmen weniger Kohlenhydrate, wenigstens in der Form von Stärkmehlen, zu sich und mehr Proteinkörper und Fette.

Insofern wir diese Kohlenhydrate aus dem Pflanzen=

Its use. In some cases, as in oatmeal and graham flour, we leave the cellulose because of its mechanical action on the bowels. To be sure, this is a wasteful process, for the cellulose carries with it when it leaves the body considerable undigested food, but better this waste than to give the muscles of our intestines so little work to do that they become unable to digest any but fine, condensed foods.

As a rule, however, we must think of cellulose not as a food at all, but as a tough, foreign body which we must reckon with before we can utilize the proteid and starch particles of many important vegetable foods.

Amount of Carbohydrate. The carbohydrates, especially the starches, are the cheapest of the food constituents and therefore most apt to be in excess, especially in the food of the poor. According to estimates already given, an adult at average hard work gets along nicely with $1\frac{1}{4}$ lbs. of carbohydrate material (meaning, of course, the dry amount of this one principle), though fortunately, as mentioned under "Fats," it is found that some of this large amount can be exchanged for fat, if the body, for any reason can better use the latter. Brainworkers and the richer classes the world over take less of carbohydrates, at least in their starch form, and more proteids and fats.

Inasmuch as we get these carbohydrates from the vegetable kingdom, and because the housewife must furnish them combined with other principles as in bread and other things made of flour, and in various dishes in which vegetables are combined with meat,

reiche erhalten, **und auch weil die Hausfrau** sie in Verbindung mit anderen Nahrungsgrundlagen liefern muß, wie in Brod und anderen aus Mehl bereiteten Dingen, und in verschiedenartigen Gerichten, in welchen Pflanzen mit Fleisch, Milch, Eiern usw. **verbunden** sind, wollen wir nicht mehr von Kohlenhydraten **als** solchen sprechen und nun einige Winke darüber geben, **wie Pflanzenspeisen** so zu bereiten sind, daß wir den größten Nutzen **aus** ihnen ziehen können, wobei **wir** uns jedoch **daran erinnern wollen**, was darüber gesagt wurde, daß **wir diese Grundlage** nicht in einer Ausdehnung anwenden sollen, **welche die** Eingeweide schwächt.

Bis zu welcher Ausdehnung sie verdant werden. Dies führt uns **erst zu der Untersuchung** über die allgemeine **Verdaulichkeit** der ganzen Classe von pflanzlichen Nahrungsmitteln, worunter wir nicht die Schnelligkeit und auch nicht die Leichtigkeit, sondern **die Ausdehnung** verstehen, bis zu welcher die Nahrungsgrundlage **an** uns übergeht. Man hat gefunden, daß pflanzliche Nahrungsmittel, **wie sie gewöhnlich zubereitet werden,** $\frac{1}{4}-\frac{1}{2}$ weniger von **ihren** Nährbestandtheilen an uns abgeben, als thierische **Nahrung**, und dies gilt ganz besonders von solchen, die reich **an** Proteinkörpern sind. Zur Illustrirung: **ein** Arbeiter ißt ein Gericht gekochter Bohnen als Theil seiner Mittagsmahlzeit; allein abschon **er** mit Recht glaubt, daß er ein nahrhaftes Gericht gegessen, **hat** er in Wahrheit blos 60 Proz. **von** den Stickstoffbestandtheilen in sich aufgenommen, **die es enthielt,** die anderen 40 Proz. gehen nutzlos von ihm, **weil sie aufs innigste** mit dem Zellstoff verbunden **sind; dies war wenigstens bei** Prof. Strümpell der Fall, **welcher die Resultate persönlicher** Experimente über die **Verdaulichkeit ganz gekochter** Bohnen aufzeichnet. Nun hat **aber dieser Arbeiter von** den Fleischbestandtheilen seiner Mittagsmahlzeit $97\frac{1}{2}$ Proz. verdaut, und diese Vergleichung zeigt daher, wie sehr die zäheren Sorten des Zellstoffs die Absorbirung der Nahrungsbestandtheile, die sie einschließen, beeinträchtigen.

milk, eggs, etc., we will cease speaking of carbohydrates as such, and will give a few hints as to how to prepare vegetable foods so that we can get the most out of them, bearing in mind, however, what has been said about not following out this principle to the extent of weakening the bowels.

To what extent digested. This leads us, first, to examine the general digestibility of the whole class of vegetable foods; meaning by this, not the rapidity nor the ease, but the *extent* to which the nutritive principle is yielded up to us. It has been found that, as usually prepared, vegetable foods give up to us from $\frac{1}{4}$ to $\frac{1}{2}$ less of their nutrients than do animal foods, and especially is this true of those that are rich in proteids. To illustrate: a workman eats as part of his dinner a dish of boiled beans, but though he rightly considers that he has been eating a nourishing dish, he has really absorbed only 60% of the nitrogenous substances contained in it, the other 40% passing from him unused because of its intimate connection with the cellulose; at least this was the case with Prof. Strümpell who records the result of personal experiments on the digestibility of beans cooked whole. Now this workman digested of the meat part of his dinner 97½%, and this comparison shows how the tougher kinds of cellulose interfere with the absorption of the food matters which they enclose.

The starch part of vegetable food we seem to get out much better than the proteid part, even with our ordinary methods of cooking; thus out of cooked rice we get almost 99% of the starch, but only 80% of what proteid it contains; flour in the form of noodles

Die Stärkmehltheile der pflanzlichen Nahrung scheinen wir viel besser herauszubekommen, als die Proteintheile, selbst bei unseren gewöhnlichen Kochmethoden; aus gekochtem Reis erhalten wir so fast 99 Proz. des Stärkmehls, aber nur 80 Proz. des Proteins, das er enthält; Mehl in Form von Nudeln und Macaronis gibt 98½ Proz. seines Stärkmehls ab, und 80 Proz. seines Eiweißes;—in Form von Brod von jedem noch etwas weniger. Die Kartoffel gibt uns nur 75 Proz. von dem wenigen Protein, das sie enthält, aber bis zu 92.5 Proz. ihres Stärkmehls.

Wirkung von zu viel Stärkmehl in der Diät.
Obschon die stärkmehlhaltigen Speisen billig sind und einen großen Prozentsatz dieser Nährgrundlage abgeben, darf man sie aus folgendem Grunde nicht im Uebermaß verwenden. Das Stärkmehl muß erst durch unsere Verdauungssäfte in Zucker verwandelt werden, ehe es in das Blut aufgenommen werden kann, und wenn dem Magen mehr davon auf einmal gegeben wird, als er zu bemeistern vermag, so finden gewisse Gährungen statt, und die Verdauung wird dadurch beeinflußt. Die besten Autoritäten erklären, daß ganz ohne Zweifel fortgesetzte, schwere Durchfälle bei kleinen Kindern von der Gährung der stärkmehlhaltigen Speisen herrühren, für welche ihre Verdauungsorgane noch nicht geeignet sind.

Diese Gährungen, die reizende Wirkung einer zu großen Menge Zellstoff auf die Eingeweide, und der Verlust eines großen Theils von Proteinstoffen, die mit ihm verbunden sind, bilden die Schattenseite einer Pflanzendiät. Selbst der Ochse mit seinen vielen Mägen erhält aus Gras und unzerhacktem Heu nur 60 Proz. des Proteins und 50 Proz. des Fettes, das darin enthalten ist.

Pflanzliche Proteinkörper.

Selbst in unserem Welttheil werden zwei Drittel der Proteinnahrung von den meisten Leuten dem Pflanzenreiche entnommen, und um unsere Nahrung mit Gewinn aussuchen zu können, müssen wir wissen, wo wir pflanz-

and macaroni yields up 98½% of its starch and 80% of its albumen,—in the form of bread a little less of each. The potato will give us only 75% of what little proteid it contains, but as high as 92.5% of its starch.

<small>Effect of too much starch in the diet.</small> Although the starch-containing foods are cheap and although they yield up a good per cent of this nutritive principle, they must not be used to excess for the following reason. Starch must first be turned into sugar by our digestive juices before it can be taken up into the blood, and if the stomach is given more at a time than it can master, certain fermentations may take place, and digestion be influenced. The best authorities say that without doubt the continued and severe diarrheas of small children are due to the fermentation of starch foods for which their digestive organs are not yet ready.

These fermentations, the irritating action on the bowels of too much cellulose, and the loss of a good deal of proteid substance connected with it form the shady side of a vegetable diet. Even the ox with his many stomachs gets out of grass and unchopped hay only 60% of the proteid and 50% of the fat contained in it.

VEGETABLE PROTEIDS.

Even in our part of the world two thirds of the proteid food of most people is taken from the vegetable kingdom, and in order to choose our food profitably, we must know where to look for vegetable proteids, and how to fit them for eating. Here the cereals and the legumes are our friends, the former furnishing from 7 to 14% in their dried state, the lat-

liche Proteinstoffe finden, und wie wir sie kochen können, um sie zum Essen tauglich zu machen. Hier sind die Getreide- und Hülsenfrüchte unsere Freunde, indem die ersteren uns 7—14 Prozent in ihrem trockenen Zustande liefern, während die letzteren die erstaunliche Ziffer von 20—24 Prozent ergeben; oder gerade soviel, wie Fleisch.

Getreidefrüchte.

Die Cerealien oder Getreidefrüchte sind uns, obschon sie viel weniger Protein enthalten, als die Hülsenfrüchte, werthvoller wegen ihres vorzüglichen Geschmackes, ihrer leichten Erreichbarkeit für den Koch und der Leichtigkeit, womit sie uns, wenn sie zermahlen sind, ihre Nahrungsbestandtheile abgeben.

Da die Getreidefrüchte so wichtige Nahrungsmittel sind, wird hier eine Tabelle beigefügt, welche den durchschnittlichen Reichthum der bei uns in allgemeinem Gebrauche befindlichen an Nahrungsgrundlagen angibt. Wir finden, daß die verschiedenen Analysen derselben Getreideart von einander abweichen, Gerste z. B. rangirt zwischen 8 und 18 Prozent in ihrem Proteingehalt, und dies erklärt es, wenn eine Getreideart in dem einen Lande populär ist, in einem anderen nicht.

Wir in unserem Lande sind ganz besonders glücklich

Weizen und Welschkorn. betreffs der Billigkeit und Vorzüglichkeit von wenigstens zwei Getreidesorten, Weizen und Welschkorn. Die erstere besitzt natürlich viel höheren Nährwerth, allein die letztere ist so billig und läßt sich so leicht kochen, daß sie einen Segen für den Armen bildet. Der große Prozentsatz an

Hafer. Protein sowohl, wie an Fett im Hafer ist bemerkenswerth, weil er die hohe Achtung rechtfertigt, in der er jetzt bei uns steht. Das andere Extrem ist

Reis. der Reis, unter allen Getreidearten, die ärmste an diesen beiden Nährgrundlagen; seine vollkommene Verdaulichkeit jedoch macht ihn sehr nützlich.

ter giving the astonishing figure of 20 to 24%; or as much as meat.

GRAINS.

The cereals or grains, though containing much less proteid than the legumes, are more valuable to us because of their excellent taste, their availability to the cook and the readiness with which when ground they yield us their nutrients.

Since the grains are such important foods, a table is appended showing the average richness in food principles of those in common use among us. We find that different analyses of the same grain differ greatly from one other, barley for instance, ranging from 8 to 18% in its proteid, and this may account for a certain grain being popular in one country and not in another.

In our country we are especially fortunate in the cheapness and excellence of at least two of the grains, *Wheat and Indian Corn.* Wheat and Indian Corn. The first has of course much higher food value, but the latter is so cheap and can be so easily cooked that it is a blessing to the poor. The large per cent of both proteids and fat in oats is to be noted, justifying as it does, the high esteem in which they are now held among us. At the other extreme is rice, the poorest of the grains in both these principles, but its almost perfect digestibility renders it very useful.

Analyse der Getreidearten.

Analyse der Getreidearten.	Proteinkörper.	Fette.	Kohlenhydrate.	Wasser.	Zellstoff.
	Proz.	Proz.	Proz.	Proz.	Proz.
Feines Weizenmehl....	10.	1.0	75.2	13.	0.3
Roggenmehl	11.5	2.	69.5	14.	1.5
Gerstengraupen........	11.	1.5	71.5	15.	0.5
Hafergrütze...........	14.5	6.0	65.	10.	2.5
Buchweizenmehl	9.5	2.	72.5	14.	1.
Welschkorn- oder Mais-Mehl..............	10.15	4.80	68.45	14.	2.6
Reiskörner...........	8.	1.	76.5	13.	0.5

Zucker.

Die meisten Leute klassificiren den Zucker unter die Luxusartikel, und thatsächlich kennen wir ihn am besten in Verbindungen wie mit Früchten, Eiern, Butter und verschiedenen Würzstoffen, welche, wie Puddinge, Pasteten, Kuchen, Rahmtorten usw. unseren Dessert-Speisezettel ausmachen.

Nährwerth. Das aber, um was wir uns am ersten bekümmern müssen, ist sein Nährwerth. Er ergibt uns die hohe Ziffer von 99 Proz. der dritten Nahrungsgrundlage—Kohlenhydrate. Das heißt, er muß in der Liste neben das Brod gestellt und kann bis zu gewissem Grade an Stelle von Brod und anderen stärkmehlhaltigen Nahrungsmitteln gesetzt werden. Außerdem ist er noch ganz besonders zum Nahrungsmittel geeignet, wo unverweilt Nahrung gebraucht wird, weil er fast ebenso schnell, wie Wasser, und ohne den Verdauungsorganen Zumuthungen zu machen verdaut oder in den Organismus aufgenommen wird, und aus diesem Grunde ist vielleicht sein Verbrauch in unserem Lande ein so starker. Wir leben rasch und wollen unsere Nahrung in kondensirter Form haben.

Wegen seines Preises aber und weil wir ihn blos in

Analysis of Grains.

Analysis of Grains.	Proteids %	Fats %	Carbo-hydrates %	Water %	Cellulose %
Fine Wheat Flour	10.	1.0	75.2	13.	0.3
Rye Flour	11.5	2.	69.5	14.	1.5
Barley Grits	11.	1.5	71.5	15.	0.5
Oat Grits	14.5	6.0	65.	10.	2.5
Buckwheat Flour	9.5	2.	72.5	14.	1.
Corn or Maize Flour	10.15	4.80	68.45	14.	2.6
Rice Grains	8.	1.	76.5	13.	0.5

SUGARS.

Most people would class sugar among the luxuries, and indeed we are best acquainted with it in those combinations with fruit, eggs, butter, and various flavoring matters, which, as puddings, pies, cakes, custards, etc., make up our dessert list.

Food Value. Our first concern, however, is with its food value. It gives us the high figure of 99% of the third food principle,—Carbohydrates. That is, it must be put in the list with bread and it can be used to a certain extent instead of bread and other starch foods. Moreover, it is especially fitted for a food in cases where nourishment is needed immediately, as it is digested or absorbed into the system almost as quickly as water and without taxing the digestive organs, and perhaps on this account is its consumption so great in our country; we live fast, and we want our nutriment in a condensed form.

But on account of its cost and because we are able

mäßiger Quantität auf einmal zu uns zu nehmen vermögen, kann der Zucker nicht in großem Maßstabe die Stelle des Stärkmehls vertreten; wir müssen ihn hauptsächlich wegen des Wohlgeschmacks schätzen, den er anderen Nahrungsmitteln mittheilt. Als Gewürz ist er vom höchsten Werthe,

Sein Hauptwerth.

wenn wir aber auch Abwechslung zu schätzen wissen, so sind wir doch ganz sicher bei zu vielen Gerichten, wie bei Reis, Rahmtorten und verschiedenen Eier- und Brodgerichten, welche der Ausländer zuweilen salzt statt süß macht, und mit seinem Fleische statt am Ende seiner Mahlzeit genießt, an den Geschmack des Zuckers gewöhnt.

Wir würden vorschlagen, wenn man Zucker gebraucht, wie z. B. bei einem Pudding, weniger davon zu verwenden, als wir gewöhnt sind, denn in diesem Falle können wir von einem so gewürzten Gerichte genug genießen, so daß es für uns mehr die wirkliche Substanz einer Mahlzeit bildet.

Bohnen, Erbsen und Linsen.

Prozentsatz an Proteinkörpern.

Man sehe sich noch einmal den merkwürdigen Prozentsatz von Protein an, den uns diese Classe von Vegetabilien gibt. Bohnen und Erbsen 23 Proz., Linsen 25 Proz., während Rindfleisch im Durchschnitt blos 17—21 Proz. ergibt. Von Leuten, welche aus eigener Wahl oder aus Nothwendigkeit vorzugsweise von Vegetabilien leben, wurden diese Hülsenfrüchte stets sehr viel genossen; ihr Verbruch ist ein sehr ausgedehnter in Indien, China und in ganz Europa.

Freilich ist in ihnen die Qualität des Proteins nicht dieselbe, wie im Fleisch, — es ist weniger stimulirend und schmackhaft und vielleicht auch in anderen Beziehungen geringer, allein es kann dem Protein-Bedürfniß des Körpers entsprechen, und dies ist eine sehr bedeutende Thatsache, wo es sich um Oekonomie handelt.

Verdaulichkeit.

Die Ansicht, daß gedörrte Bohnen und Erbsen eine „derbe" Speise seien, die sich

to take only a moderate amount at a time, sugar cannot, to any great extent, take the place of the starches; we are to value it chiefly for the relish it gives to other foods. As a flavor, it is of the greatest value, but if we prize variety we are certainly accustomed to the taste of sugar in too many dishes, as in rice, custards, and various egg and bread dishes, which the foreigner would sometimes salt instead of sweeten, and eat with his meat instead of at the end of the meal.

Its chief value.

We would suggest that when we do use sugar, as in a pudding, for instance, that we use less of it than we are accustomed to do, for in that case we could eat enough of a dish so flavored to make it furnish more of the real substance of a meal.

BEANS, PEAS AND LENTILS.

Per cent of Proteids.

Look again at the remarkable per cent of proteid given by this class of vegetables. Beans and peas, 23%, Lentils, 25%, while beef gives on the average only from 17 to 21%. By people who from choice or necessity live principally on vegetables, the legumes have always been largely used; their consumption is extensive in India, China, and in all of Europe.

To be sure, the *quality* of the proteid is not the same as in meat,—it is less stimulating and palatable, and perhaps in other ways inferior, but the proteid needs of the body can be answered by it, and that is a very important item when the question is one of economy.

Digestibility.

The impression that dried beans and peas are "hearty" food, fitted for out-

mehr für im Freien Arbeitende, als für weniger kräftige Leute oder solche von sitzender Lebensweise eigne, scheint durch die Thatsache begründet zu werden, daß diese Vegetabilien einen ungewöhnlich großen Prozentsatz Zellstoff
Zellstoff. von der zäheren Sorte enthalten, welche lang anhaltende Anwendung von Wärme verlangen, um sie von dem Protein und dem Stärkmehl des Vegetabils zu befreien; thatsächlich wird sein Kochen, wie lang es auch anhalten mag, unzureichend sein, wenn er nicht fein geschroten oder zu Mehl zermahlen ist. Wir haben gesehen, daß Prof. Strümpell nur 40 Proz. von dem Protein in Bohnen, die auf dem gewöhnlichen Wege gekocht waren, verdaut hat, wenn sie aber zu Mehl zerschroten und gebacken waren, verdaute er 91.8 Proz. Es ist
Bohnenmehl. Thatsache, daß wir unseren Weizen ganz weit leichter kochen und essen könnten, als unsere Bohnen, und doch gibt es noch kein Bohnenmehl im Markte, wenn wir von der „präparirten" Sorte in kleinen, kostspieligen Packeten absehen. Es scheint das Beste zu sein, was wir thun können, wenn wir die Bohnen tüchtig kochen und durchtreiben, wodurch wir sie wenigstens von den Häuten befreien.

Gespaltene Erbsen. Gedörrte und gespaltene Erbsen sind, obschon sie so werthvoll wie die Bohnen und schon von den Häuten befreit sind, nicht so viel bei uns im Gebrauch; sie sollten mehr in Suppen und als Gemüse verwendet werden.

Vor einigen Jahren noch konnte man Linsen nur in großen Städten finden; jetzt sind sie leichter zu bekommen. Ihr Nahrungswerth ist, wie wir gesehen haben, noch größer als der von Bohnen oder Erbsen, allein ihr Geschmack ist nicht so angenehm, bis man sich an ihn gewöhnt hat. Eine sparsame Haushalterin darf die Familie der Hülsenfrüchte nicht übersehen.

Kartoffeln.

Wir in unserem Lande brauchen keine so bitteren Ge=

door workers rather than for less vigorous people or those of sedentary habits, seems justified by the fact that these vegetables contain an unusually large per cent of cellulose of the tougher sort which requires a long continued application of heat to free it from the proteid and starch of the vegetable; indeed, unless it is broken fine or ground into flour, cooking, however long continued, will be insufficient. We have seen that Prof. Strümpell digested only 40% of the proteid of beans cooked in the ordinary way, but when they were ground to flour and baked he digested 91.8%. The fact is, we could cook and eat our wheat whole much more easily than we can our beans, and yet bean flour is not in the market, if we except the "prepared" sort in small, expensive packages. It seems that the best we can do is to cook beans well and sieve them; in that way we free them from the skins at least.

Cellulose.

Bean Flour.

Split Pea. The dried and split pea, though as valuable as the bean and already freed from the skin, is not as much used among us; it should be more employed in soups and as a vegetable.

Lentils a few years ago were to be found only in large cities; now they are more easily attainable. Their food value, as we have seen, is still greater than that of beans and peas, but the taste is not as agreeable until one becomes accustomed to it. An economist cannot afford to neglect the legume family.

POTATOES.

We in our country need not feel as bitter against

fühle gegen die Kartoffel zu hegen, wie die Gelehrten Europas, denn wir müssen sie nicht im Uebermaße genießen, und in Anbetracht ihrer Billigkeit ist sie für uns ein gutes Vegetabil, und aus diesem Grunde müssen wir sie, obschon sie nur geringen Nährwerth aufweisen kann, an Bedeutung gleich neben die Bohnen stellen. Sie hat nur 2 Proz. Proteinkörper, kein Fett und nur 20.7 Proz. Kohlenhydrate, und doch kommt sie, weil sie auf so viele verschiedene Arten bereitet werden kann und wir ihres milden Geschmackes nie müde werden, ohne Zweifel immer noch häufiger auf den Tisch als irgend ein anderes Vegetabil. Jeden Tag oder gar täglich zweimal in großen Quantitäten ist zu oft; in der That müssen Diejenigen, welche sie in solchem Maße genießen, ihren verhältnißmäßig geringen Nährwerth nicht kennen. Die Qualität der Kartoffel ist von großer Bedeutung und blos die beste sollte Verwendung finden. Sie sollte von mehliger Sorte und vollkommen reif sein.

Gartengewächse.

Grüne Gewächse, mit Ausnahme der Erbse und Bohne, werden nicht vorzugsweise um der Proteinkörper, der Fette und Kohlenhydrate willen geschätzt, die wir bei ihnen ausrechnen können, denn der Betrag derselben ist bei ihnen sehr klein. Außer in der Höhe der Saison müssen sie als Luxusartikel betrachtet werden, allein wir kaufen sie, so oft es uns unsere Mittel erlauben. In Quantitäten, die zum Würzen von Suppen und Schmorfleisch hinreichen, können wir sie uns stets gestatten, und auf diese Weise sollten z. B. gelbe Rüben, Sellerie, Pastinaken und Paradiesäpfel reichliche Verwendung finden.

Früchte.

Unsere Märkte bieten uns feine Früchte in großer Manigfaltigkeit, und viele von ihnen sind in ihrer Jahreszeit billig; Aepfel sind im Herbst selbst dem Aermsten erreichbar.

Frische Früchte haben einen großen Prozentsatz von

the potato as do the scientists of Europe, for we are not obliged to use it to excess, and considering its cheapness and availability it is for us a good vegetable and on these accounts, though it makes a poor enough showing as to food value, we must rank it next to the bean in importance. It has only 2% of proteids, no fat and only 20.7% carbohydrates, and yet since it can be prepared in so many ways and we never tire of its mild flavor, it will doubtless continue to come upon our tables more frequently than any other vegetable. But every day or twice a day, in large amounts, is far too often; indeed those who use it to this extent must be ignorant of its relatively low food value. The quality of the potato is of great importance and none but the best should be used. It should be a mealy variety and perfectly ripe.

GARDEN VEGETABLES.

Green vegetables, excepting the pea and bean, are not to be valued chiefly for what we can reckon up in them of proteids, fats and carbohydrates, for the amount is very small. Except in the height of the season they must be looked on as luxuries, but we will buy them as often as we can afford them. In quantities sufficient to flavor soups and stews they can always be afforded, and in this way should be freely used, carrots, celery, parsnips, and tomatoes, for example.

FRUITS.

Our markets offer us a great variety of fine fruits, and many of them are cheap in their season; apples in the fall are within the reach of the very poorest.

Wasser, in der Orange geht er bis zu 89 Proz., und wenige Früchte haben weniger als 80 Proz. Ihr Nährwerth besteht hauptsächlich im Zucker, von dem uns Aepfel 7.7 Proz., Trauben 14.3 Proz. ergeben; Der Betrag ihrer Proteinkörper erreicht, die Erdbeere allein ausgenommen, nicht 1 Proz.; allein Früchte sind uns wegen ihres Geschmackes, den sie verschiedenen aromatischen Körpern, Fruchtsäuren und dem Zucker verdanken, sehr nützlich. Der Apfel ist besonders schätzbar wegen seiner Billigkeit und guten Haltbarkeit, und er wird von der Köchin auf die manigfaltigste Weise benutzt, um einfachen Materialien Wohlgeschmack zu verleihen. Obschon wir ihn am meisten zu süßen Gerichten verwenden, ist er vielleicht ebenso schätzbar in seiner Verwendung ohne Zucker; man kann ihn in Stücke geschnitten braten und mit fettem Fleisch, wie Speck oder Wurst, essen, oder kann man ihn auch zum Stopfen von Geflügel benutzen.

Obst kann nicht von Jedem leicht verdaut werden, wenn es in beträchtlichen Mengen genossen wird, und das zum Theil wegen seines verhältnißmäßig großen Prozentsatzes an holzigen Fasern und auch, besonders wenn es noch nicht ganz reif ist, wegen der Säuren und der Pectose, die es enthält. Heidelbeeren enthalten 12 Proz. Holzfaser, Aepfel nur 2 Proz. einschließlich der Samen und der Schale.

Die Bedeutung gedörrter Früchte als Nahrungsmittel wird nicht genug verstanden. Obst verliert beim Dörren einen großen Theil seines Wassers, wobei seine nährenden Bestandtheile in kondensirterer Form zu unserem Gebrauch zurückbleiben; gedörrte Aepfel kommen mit den 10 Prozent Nährbestandtheile, die sie bieten, dem Brod sehr nahe, und die gedörrte Birne kann man die Dattel Deutschlands nennen, so allgemein ist sie im Gebrauch. Bei uns ist diese Frucht zu theuer, aber in einigen Theilen Deutschlands hat die Verfasserin gewöhnlich gedörrte Birnen per Faß, wie Bohnen, zum Verkauf ausgestellt gesehen; sie werden von dem gewöhnlichen Volke in großen

Fresh fruits have a large per cent of water, as high as 89% in the orange, and few fruits have less than 80%. Their food value is mainly in the form of sugar, apples giving us on an average 7.7%, grapes, 14.3%; of proteids, the amount does not, with the single exception of the strawberry, reach 1%; but fruits are very useful to us on account of their flavor, due to various aromatic bodies, fruit acids and sugar. The apple is especially valuable on account of its cheapness and fine keeping qualities, and is used in a variety of ways by the cook to give a relish to plain materials. Although our largest use of them is in sweet dishes, they are perhaps quite as valuable used without sugar; they may be fried in slices and eaten with fat meat, as bacon or sausage, or they may be used to stuff a fowl.

Fruit is not for all people easy of digestion if eaten in considerable quantities, and this is partly on account of its relatively large per cent of woody fibre, and also, especially when not quite ripe, because of the acids and pectose contained in them. Huckleberries have 12% woody fibre, apples only 2% including the seeds and skin.

The importance of dried fruits as food is not well enough understood. Fruit loses in drying a large portion of its water, leaving its nutritive parts in more condensed form for our use; dried apples are very near to bread in the per cent of nutrients they offer, and the dried pear may be called the date of Germany, so general is its use. With us this fruit is too expensive, but in parts of Germany the writer has seen dried pears commonly exposed for sale by the

Quantitäten gegessen, das sie, weil seine Mägen an eine Roggenbrod- und Pflanzendiät gewöhnt sind, ohne Schwierigkeit zu verdauen scheint. Diese gedörrten Früchte werden zu den manigfaltigsten Gerichten zum Fleisch, zu Kartoffeln und Bohnen und auch zu Nudeln und Macaronis verarbeitet.

Kochen von Körnerfrüchten.

Die Körnerfrüchte kann man ganz, grob geschroten, als Graupen und fein gemahlen, als Mehl kochen.

Ganzgekochte Körnerfrüchte. Alle diese Körnerfrüchte können ganz gekocht werden, allein es geschieht selten, weil es so lange Zeit in Anspruch nimmt. Nur Reis und Gerste werden gewöhnlich so gekocht.

Reis. Zu kochen. Beim Kochen des Reises sollte man im Auge behalten, daß die Körner von einander getrennt, weich, trocken und mehlig sein sollen.

In Dampf gekocht. Dies ist die beste Art und Weise. Gib zum Reis dreimal soviel Wasser, salze gut, bringe ihn in einem zugedeckten Gefäße in einen Dampfkochapparat und lasse ihn ½ Stunde dem Dampf ausgesetzt. Oder kann man auch den Reis über Nacht in Wasser einweichen, dann wird er im Dampf in 20 Minuten weich.

Gesotten. Schütte den Reis in eine große Quantität von kochendem Wasser, gib einen Theelöffel voll Salz auf jede Tasse Reis zu; siede rasch unter gelegentlichem Umrühren. Gieße ab, lasse ihn ein wenig austrocknen und halte ihn warm, indem Du ihn mit einem Tuche zudeckst, wie es bei Kartoffeln geschieht. Spare das abgegossene Wasser zu Suppe.

Reis. Seine Verwendung. Die beste Verwendung ist die als Gemüse zum Fleisch. Da er von milder, neutraler Beschaffenheit ist, kann er, wie Brod zu einer endlosen Anzahl von Gerichten, die zum Fleisch zu

barrel like beans; they are eaten in great quantities by the common people, who seem to digest them and dried apples without any trouble, accustomed as their stomachs are to a rye bread and vegetable diet. These dried fruits are made into a variety of dishes with meats, with potatoes and with beans and also with noodles and macaroni.

COOKING OF GRAINS.

The grains may be cooked whole, coarsely ground, as grits, and finely ground, as flour.

Grains cooked whole. All these grains can be cooked whole but it is seldom done, because of the length of time required. Only rice and barley are generally so cooked.

Rice. To cook. In cooking rice, the aim should be to have the grains distinct from each other, soft, dry and mealy.

Steamed. This is the best way. Add to the rice three times its bulk of water, salt well, put in a covered dish in a steamer and steam ½ hour. Or, the rice may be soaked over night, and it will then steam soft in twenty minutes.

Boiled. Put the rice into a large quantity of boiling water, add one teaspoon salt to each cupful of rice; boil fast, stirring occasionally. Drain, dry out a little and keep warm by covering with a cloth, as is done with potatoes. Save the water poured off for soup.

Rice. To use. Its best use is as a vegetable with meat. Being of a bland and neutral character, it can, like bread, be made into an endless

essen sind, oder zu Desserts mit Zucker, Früchten usw. verarbeitet werden. Betreffs der Reis - Omelette (s. S. 60), Reispudding (s. S. 107 und 110).

Geriebener Käse ist eine gute Zuthat zum Reis, da er seinen Mangel an Proteinkörpern und Fetten ergänzt.

Perlgerste gekocht. Weiche die ganze Nacht ein und koche in Salzwasser weich. Sie kann auch mit Dampf gekocht werden. Benütze sie zum Verdicken der Suppen, oder, wie Reis, als Gemüse, oder als Frühstücksgericht mit Zucker und Milch.

Mit Zwetschen. Sie ist vorzüglich, wenn sie mit ebenso viel geschmorten Pflaumen vermengt ist; schütte zerlassene Butter, Zucker und Zimmet darüber.

Grobgeschrotene Körnerfrüchte oder Grütze.

Diese sind für einfache Küche besser geeignet als feine Mehle, da man blos nothwendig hat, sie in Wasser weich zu kochen, um sie eßbar zu machen. Die bei uns am meisten auf diese Weise benutzten Körnerfrüchte sind gegerbter Weizen, Gries oder Weizengrütze, Hafergrütze, „Hominy" oder Welschkornmehl, und alle werden beinahe auf gleiche Weise gekocht.

Breie.

Weizen- Hafer- und Maisbrei. Zeit 2—3 Stunden. Diese Zeit kann verkürzt werden, wenn man die Grütze einige Stunden in Wasser aufweicht. Hafergrütze und Mais können nicht zu stark gekocht werden.

Quantität des Wassers. Alle außer Mais nehmen 3—4mal soviel Wasser in sich auf, wie ihr Umfang beträgt; Mais etwas mehr als zweimal so viel.

Salz. Ein Theelöffel voll zu einer Tasse voll Grütze.

Methode des Kochens. Dampfkochen ist am besten, weil dabei kein Anbrennen oder Teigigwerden des Breis durch Umrühren droht. Schütte die Grütze und viermal so viel Wasser in einen doppelten Kochtopf oder

number of dishes to be eaten with meats, or into dessert dishes, with sugar, fruits, etc. For rice omelette (see page 60), rice pudding (see pages 107 and 110).

Grated cheese is a good addition to rice, supplying its lack of proteids and fat.

Pearl barley boiled. Soak all night and boil soft in salted water. It may also be steamed. Use as a thickening for soups, or like rice, as a vegetable, or as a breakfast dish with sugar and milk.

With prunes. It is excellent mixed with its bulk of stewed prunes;—pour over it melted butter, sugar and cinnamon.

GRAINS, COARSELY GROUND, OR GRITS.

These are better adapted to simple cookery than are fine flours, since to make them eatable it is only necessary to cook them soft in water. The grains used in this way among us are cracked wheat, farina or wheat grits, oatmeal, hominy and corn meal, and they are all cooked in nearly the same way.

MUSHES.

Wheat, oat and corn mushes. *Time* 2–3 hours. This time may be shortened by soaking the grits some hours in water. Oatmeal and corn cannot be overcooked.

Amount of Water. They all, except corn, absorb from three to four times their bulk of water; corn, a little over twice.

Salt. One teaspoonful to one cupful of grits.

Method of cooking. Steaming is best, as there is then no danger of burning or of making the mush

in ein Geschirr und setze dieses in den Dampfkochapparat, oder benutze einen Kessel aus Zinnblech mit dichtem Deckel und setze diesen in einen Kessel mit Wasser;—in jedem Falle halte sie in Siedehitze, ohne daß sie anbrennt.

Verwendung kalter Breie. **Mehlsuppe.** Rühre irgend welchen kalten, gekochten Brei mit einer Mischung von halb Wasser und halb Milch glatt, bis er so dick wie eine Mehlsuppe ist. Gib etwas Salz zu und koche ihn auf. Zucker und Zimmet oder Muskatnuß kann als Gewürz zugefügt werden. Selbstverständlich können Mehlsuppen auch aus ungekochter Grütze gemacht werden, denn sie sind einfach blos sehr dünne Breie.

Pfannkuchen. Eine Tasse kalter Hafergrütze, Hominy oder Maisbrei, 2 Tassen Mehl, ½ Pint Milch, ½ Theelöffel voll Salz und ein Ei, 2 Theelöffel voll Backpulver oder ein Theelöffel voll Soda und zwei Theelöffel voll Weinstein. Oder kann auch saure Milch mit einem Theelöffel voll Soda benutzt werden, wobei man den Weinstein wegläßt. Diese Breie werden in der Dicke ein wenig von einander verschieden sein, und es mag daher mehr oder weniger Mehl nothwendig werden. Backe in einer Backpfanne.

Buttersemmeln. Dieselbe Mischung, wie oben, mit Zugabe von etwas mehr Mehl. Backe in Semmelnäpfen.

Zu schmoren. Zu diesem Zwecke werden gewöhnlich blos Maisbrei und Hominy benutzt. Wenn sie kochen gib eine Handvoll Weizenmehl zu dem Brei zu, um ihn steifer zu machen. Drücke ihn, während er noch warm ist, in einen viereckigen Model, und wenn er kalt geworden ist, zerschneide ihn in Stücke und schmore sie in einer Backpfanne mit etwas Fett bis sie hübsch braun sind. Oder kann man die Stücke in zerschlagenes Ei eintauchen, dann in Brodkrumen und in siedendem Fette schmoren.

Maismehl.

Es gibt ein feines Mehl, das ebenso wie grob geschro-

pasty by stirring. Put the grits and four times their bulk of water into a double boiler or into a dish and set the dish into a steamer, or use a tin pail with tight cover, and set in a kettle of water;—any way to keep it at boiling heat without burning.

Uses for cold mushes. *Porridge.* Stir any cold cooked mush smooth with half water and half milk to the consistency of porridge. Add a little salt and boil up. Sugar and cinnamon or nutmeg may be added as flavor. Of course porridges can be also made of the uncooked grits, they are simply very thin mushes.

Pancakes. 1 cup of cold oatmeal, hominy or corn mush, 2 cups flour, ½ pint of milk, ½ teaspoon salt, and 1 egg, 2 teaspoons baking powder or 1 of soda and 2 of cream of tartar. Or, sour milk may be used with 1 teaspoon soda, omitting the cream of tartar. These mushes will differ a little in thickness, and therefore more or less flour may be needed. Bake on griddle.

Muffins. The same mixture as above, with the addition of a little more flour. Bake in muffin rings.

To Fry. For this, only corn mush and hominy are commonly used. When cooking, add a handful of wheat flour to the mush to make it stiffer. Pack while warm into a square mould and when cold cut in slices and fry slowly to a nice brown on a griddle with a little fat. Or, the slices may be dipped into beaten egg, then into bread crumbs, and fried in boiling fat.

CORN FLOUR.

There is one fine flour that can be treated in the same way as the coarsely ground,—that made from

tenes behandelt werden kann—das aus Welschkorn bereitete. Vielleicht wegen seines größeren Prozentsatzes an Fetten und weil weniger von seinem Eiweiß die Form von Kleber hat, bildet es keinen klebrigen Teig wie Weizenmehl, sondern kann blos mit Wasser vermengt und dann zu einer verdaulichen und wohlschmeckenden Speise gesotten oder gebacken werden, und dies ist etwas, was den Mais Leuten, wie den Negern der Südstaaten, deren Kochvorrichtungen von der primitivsten Sorte sind, zu einer so werthvollen Getreideart macht. Das Kornmehl hat eine Eigenthümlichkeit,—es wird rasch sauer und sollte nicht länger als eine Woche gehalten werden. Das gedörrte Mehl jedoch hält sich unbegrenzt lang und wird eben viel verwendet, allein es ist nicht so süß, wie frisch gemahlenes. Der Name „Mehl" scheint für fein- sowohl, wie grobgeschrotenes angewendet zu werden.

Maisbrei. Dieser, ob er nun aus fein oder grob geschrotenem Mais gemacht wird, wird wie Grütze gekocht. S. Seite 86.

Karstkuchen oder Mais-Pone. 1 Quart Welschkornmehl, 1 Theelöffel voll Salz. Befeuchte mit kochendem Wasser oder Milch, bis es ein Teig wird; lasse ihn ein paar Stunden stehen, bis sich Luftblasen auf der Oberfläche zeigen, forme ihn dann in dicke Kuchen und backe sie im Backofen oder zerschneide ihn in Stücke und schmore sie in Schweinefett in einer Backpfanne. Zerbrich, aber zerschneide sie nicht und iß sie heiß.

Graham-Mehl.

Dieses Präparat von Weizenmehl kann, obschon fein zermahlen, ungefähr wie Grütze behandelt werden, und man kann, indem man blos Wasser zugibt, ein Brod daraus bereiten, das leicht und wohlschmeckend ist. Das Geheimniß des Erfolges liegt im recht heißen Backofen.

Graham Gems. Mische gesalzenes Graham-Mehl mit kaltem Wasser, bis es ein Teig wird, dick genug, um noch abzufließen; Gieße ihn in vorher heißge-

Indian corn. Perhaps on account of its larger per cent of fat and because little of its albumen is in the form of gluten, it does not form into a sticky paste as does wheat flour, but can be mixed with water only and then boiled or baked into digestible and good tasting food, and this is one thing that makes corn so valuable a grain to people like the negroes of the southern states, whose cooking apparatus is of the most primitive sort. Corn meal has one peculiarity,— it quickly sours and should be kept no longer than a week. The kiln-dried meal, however, keeps indefinitely, and is now largely used, but is not as sweet as the freshly ground. The name "meal" seems to be used for both the fine and coarsely ground.

Corn mush. This, whether made from fine or coarsely ground corn, is cooked like grits. See page 86.

Hoe cake or corn pone. 1 quart Indian meal, 1 teaspoon salt. Moisten to a dough with boiling water or milk; let it stand a few hours till it shows air bubbles on the surface, then make into thick cakes and bake in the oven, or cut in slices and fry in pork fat on a griddle. Break, not cut, and eat hot.

GRAHAM FLOUR.

This preparation of wheat, though finely ground, may be treated somewhat like grits, and a bread may be made of it with the addition of water only which will be light and palatable. The secret of success is in having the oven very hot.

Graham gems. Mix salted graham flour with cold water to a batter thick enough to drop, then put it into iron forms already heated, and bake in a *very* hot oven for about fifteen minutes.

machte, eiserne Formen und backe in einem sehr heißen Backofen etwa fünfzehn Minuten lang.

Feines Weizenmehl.

Man kann natürlich auch Mehl in siedendem Wasser oder in Milch kochen, und auf diese Weise benützt man es zum Verdicken von Saucen oder Suppen und auch zur Bereitung einer Art von Brei mit Milch und Eiern. S. „Minuten=Pudding" S. 107.

Das Prinzip bei seinem Kochen unterscheidet sich in diesem Falle gar nicht von dem Kochen einer Kartoffel; in beiden Fällen saugen die Stärkmehlkörnchen das heiße Wasser in sich auf, bis sie ihre Zellstoffwände zerbersten. Wollten wir aber versuchen, Mehl, wenn es zu einem dicken Teig aufgeweicht ist, zu backen, so würden wir es erstlich schwierig zu bewerkstelligen finden, weil sich die Wärme sehr langsam von der Oberfläche dem Inneren mittheilt, und wenn es fertig ist, würden wir blos eine zähe, unverdauliche Masse haben. Es gibt jedoch eine Art und Weise, solchen Teig für das Kochen vorzubereiten, die wir in Betracht ziehen wollen, ehe wir das „Gehenmachen" des Mehls zum Brode behandeln. Der Mehlteig wird in diesem Falle hart geknetet, dünn ausgewellt und dann getrocknet. So behandelt kennen wir ihn in der Form von

Macaronis und Nudeln.

Macaroni. Ein Handelsartikel, der im Auslande in ausgedehntem Gebrauch ist, wo die besten Sorten nur 10—12 Cents per Pfund kosten, und die zerbrochenen und unvollkommenen Röhrchen nicht mehr als 7 Cents. Sie sind ein werthvolles Nahrungsmittel, allein ihr Gebrauch wird bei uns kein ausgedehnter werden, so lange sie so theuer sind. Wie feines Mehl überhaupt, aus dem sie wesentlich bestehen, enthalten sie kein Fett und müssen mit Zugabe von Butter, Käse oder Milch gegessen werden.

FINE WHEAT FLOUR.

Flour may be cooked, of course, in boiling water or milk, and in this way is used to thicken gravies or soups, and also to make a sort of mush with milk and eggs. See "Minute Pudding," page 107.

The principle of cooking it in this case differs not at all from the cooking of a potato; in both cases the starch granules soak up the hot water till they burst their cellulose walls. But if we were to try to *bake* flour when wet up into a thick paste, we would find it, in the first place, difficult to accomplish, the heat being very slowly communicated from the surface to the interior, and when done, we would have only a tough indigestible mass. There is, however, one way of preparing such a paste for cooking, which we will consider before treating the "raising" of flour for bread. Flour dough is in this case kneaded hard, rolled thin and then dried. So treated we know it in the form of

MACARONI AND NOODLES.

Macaroni. A trade article extensively used abroad where the best kinds cost only ten to twelve cents a pound, and the broken or imperfect sticks not more than seven. It is a valuable article of food, but its use will not become extensive among us while it is so dear.

Like the fine flour of which it is principally composed it is deficient in fat, and must be eaten with the addition of butter, cheese or milk.

How cooked. Put into plenty of salted boiling water, and boil twenty or thirty minutes, till it is perfectly tender (if old it takes longer to cook).

Macaronis und Nudeln.

Wie zu kochen. Schütte eine hinlängliche Menge in kochendes Salzwasser und koche sie 20—30 Minuten lang, bis sie vollständig weich sind (alte brauchen länger zum Kochen). Gieße sorgfältig ab, indem Du sie in einen Seiher schüttest oder sie mit einem Schaumlöffel heraushebst.

Verwendung. 1) (Die beste.) Thue sie in einzelnen Lagen mit geriebenem Käse und Butter in die Schüssel.

2) Richte sie mit Milch- und Butter-Sauce an.

3) Gib zwei gesalzene Eier zur Milch und zur Buttersauce.

Andere Verwendungen. Wie Brod und Reis, werden gekochte Macaronis zu einer großen Anzahl von Gerichten verarbeitet; man gibt sie zur Suppe, vermengt sie mit dem Fleisch in Ragouts und kocht sie mit gewissen Vegetabilien, wie Parodiesäpfel.

Mit Paradiesäpfeln. Ordne die Macaronis in einem Puddinggefäß mit geriebenem Käse und gekochten Paradiesäpfeln. Bräune sie im Backofen.

Nudeln. Diese sind ebenfalls ein Handelsartikel, allein selbstverfertigte sind weit besser. Man kann sie eines der Nationalgerichte der Deutschen nennen, so ausgedehnt ist ihr Gebrauch unter diesem Volke, bei dem es oft das Hauptgericht einer Mahlzeit ohne Fleisch ausmacht.

Bestandtheile. 3 Eier, 3 Eßlöffelvoll Milch oder Wasser, einen Theelöffelvoll Salz und Mehl.

Ihre Bereitung. Mache eine Vertiefung mitten in das Mehl, schütte die anderen Bestandtheile hinein und verarbeite es zu einem steifen Teig, zerschneide ihn dann in vier Streifen, knete ihn bis er fein ist, welle ihn so dünn, wie möglich, und lege die Kuchen zum Trocknen aus. Wenn alle ausgewellt sind, fange mit dem ersten an, zerschneide ihn in vier gleiche Stücke, lege sie aufeinander und schneide so

Drain carefully, pouring it into a cullender or lifting out with a skimmer.

To Use. 1st. (Best.) Put it in the dish in layers with grated cheese and butter.

2d. Serve with milk and butter sauce.

3d. Add two beaten eggs to the milk and butter sauce.

Other Uses. Like bread and rice, macaroni when cooked is made into a great number of dishes; it is added to soups, it is mixed with meat in ragouts, and it is cooked with certain vegetables, as tomatoes.

With Tomatoes. Arrange the macaroni in a pudding dish in layers with grated cheese and stewed tomatoes. Brown in the oven.

Noodles. This is also a trade article, but that of home manufacture is much better. It may be called one of the German national dishes, so extensive is its use among that people, with whom it often constitutes the main dish of a meal without meat.

Ingredients. 3 eggs, 3 tablespoons milk or water, 1 teaspoon salt, and flour.

To make. Make a hole in the middle of the flour, put in the other ingredients and work to a stiff dough, then cut in 4 strips, knead each till fine grained, roll out as thin as possible and lay the sheet out to dry. When all are rolled begin with the first, cut it into 4 equal pieces, lay the pieces together and shave off very fine as you would cabbage, pick the shavings apart with floured hands and let them dry a little.

To use. Boil them a few at a time in salted water

fein ab, wie Kraut; lege die Abschnitte mit mehlbestreuten Händen bei Seite und lasse sie etwas trocknen.

Gebrauch. Koche nur wenige auf einmal in Salzwasser, nimm sie mit einem Schaumlöffel heraus und halte sie warm. Streue in Butter geröstete Brodkrume darauf, oder benütze sie wie Macaronis. Siehe S. 90.

Diese Nudeln halten sich hart getrocknet unbegrenzt, man kann sie daher machen, wenn die Eier billig sind, und sie für den Winter aufheben. Das Wasser, in welchem sie gekocht wurden, bildet die Grundlage der Nudelsuppe; sie bedarf blos der Zugabe von ein wenig Butter, eines Eßlöffelvolls zerhackter Petersilie und einiger von den gekochten Nudeln.

Experimentatoren haben bewiesen, daß Mehl in der Form von Nudeln und Macaronis vollkommener verdaut wird, als selbst im Brode.

Brodbereitung.

Involvirte Prinzipien. Bis jetzt haben wir beim Kochen von Mehlspeisen keine anderen Prinzipien angewandt, als einfach Wasser und Wärme. Wir müssen jetzt in Betracht ziehen, wie fein das Mehl gemacht werden muß, aus dem, das, was als Brod bekannt ist, verfertigt werden soll. Wie bereits bemerkt, klumpen sich die Theilchen, wenn sie naß werden, leicht zu einem klebrigen Teige zusammen, der, wenn er so gebacken wird, dem Kauen und der Verdauung widersteht. Wir müssen es daher auf irgend eine Weise fertig bringen, diese Mehltheilchen von einander zu trennen, indem wir Luft oder ein anderes Gas zwischen sie drängen, so daß sie der Einwirkung der Verdauungssäfte eine möglichst große Fläche bieten, und das kann geschehen, 1) indem wir diese Theilchen mit Fett umgeben, wie bei der Bereitung der Pastetenkruste; 2) vermittelst der Luft in geschlagenem Ei; 3) indem wir Kohlensäuregas durch die Masse hindurchtreiben durch die Einwirkung von (a) Hefe, (b) doppeltkohlensaurem Natrum, das auf eine Säure reagirt.

taking them out with a skimmer and keeping them warm. Strew over them bread crumbs fried in butter or use like macaroni. (See page 90.)

These noodles will keep indefinitely when dried hard, therefore when eggs are cheap they may be made and laid up for the winter. The water in which they are boiled is the basis of Noodle Soup; it needs only the addition of a little butter, a tablespoonful of chopped parsley and a few of the cooked noodles.

Experimenters have proved that flour in the form of noodles and macaroni is more perfectly digested than even in bread.

BREAD MAKING.

Principles Involved. So far we have used in the cooking of flour no other principle than the simple application of water and heat. We must now consider how fine flour is to be made into what is known as bread. As before said, the particles easily pack together when wet into a pasty dough which, if so baked, would defy mastication and digestion. We must contrive in some way to separate these flour particles by forcing between them air or some other gas, so as to present as large a surface as possible to the action of the digestive juices and this may be done 1st, By surrounding these particles by fat, as in making pie-crust; 2d, By the air contained in beaten egg; 3d, By forcing carbonic acid gas through the mass by the action of (a) yeast, or (b) of bi-carbonate of soda acting on some acid.

FLOUR RAISED WITH FAT.

Pie-crust. The familiar example of this method is pie-crust, where a paste of water and flour is re-

Mehl durch Fett aufgegangen.

Pastetenkruste. Das bekannte Beispiel von dieser Methode ist die Pastetenkruste, bei welcher ein aus Wasser und Mehl angemachter Teig wiederholt auf einer Fettsorte, wie Schweineschmalz, gerollt und ausgebreitet wird, bis der Teig zu papierdicken Lagen geworden ist, zwischen welchen sich Fett befindet. Wenn er gebacken wird, dehnt sich die Luft aus und trennt die Mehltheilchen von einander, woraus wirkliche Leichtigkeit desselben entsteht.

Es muß jedoch zur Erlangung dieses Resultates so viel Fett verwendet werden, daß die Anwendung dieser Methode sich selbstverständlich auf die Herstellung von Nachtischgerichten beschränkt, von welchen nicht viel auf einmal genossen wird. — Ein an Stärke reiches Mehl ist für diese Zwecke besser, als ein Klebermehl.

Mehl durch Eier aufgegangen.

Die nächst einfachste Methode des Kochens mit Mehl ist die Einführung von Luft, die sich an geschlagenes Ei anhängt, zwischen seine Theilchen und die Ausdehnung dieser Luft durch unverweilte Anwendung von Wärme und Aufsteifung der so von Luft durchdrungenen Masse. Durch diese Methode wird keine der Nahrungsgrundlagen verdorben, wie bei der Anwendung von Hefe, auch bleibt kein chemisches Salz im Teig zurück, wie bei der Einwirkung von Soda, allein sie ist kostspielig und in ihrer Anwendung auf das beschränkt, was man seine Brodsorten und Kuchen nennt.

Wir haben folgende Mischung als Grundlage für Eierbrod ausgewählt; selbstverständlich sind auch noch andere möglich:

Grundlage von Eierbrod. 1 Quart Milch, 3 Eier, 1 Eßlöffelvoll Butter und ein Theelöffel Salz.

Diese Mischung wird mit irgend einer Mehlsorte oder mit einem Theil Mehl und einem Theil Brod, gekochtem Reis, gekochtem Hominy oder Welschkornbrei verdickt.

peatedly rolled and spread with some fat, as lard, until the paste is in paper-thick layers with the fat between. When baked, the air expands and separates the flour particles, a true lightness being the result.

So much fat must be employed to produce this result, however, that the use of this method will of course be limited to the construction of dessert dishes, of which not much is eaten at once.

A flour rich in starch is better for this purpose than a gluten flour.

FLOUR RAISED WITH EGG.

The next most simple method of cooking fine flour, is to introduce between its particles the air adherent to beaten egg, and by the immediate application of heat to expand the air and stiffen the mass thus aerated. By this method none of the food principle is wasted as when yeast is used, nor is a chemical salt left in the dough as in the action of soda, but the method is expensive and is limited in its use to what may be called fancy breads and cakes.

We have selected the following mixture as the foundation for egg breads; of course others are possible:

Foundation of egg breads. 1 quart milk, 3 eggs, 1 tablespoon butter and 1 teaspoon salt.

This mixture is then thickened with any kind of flour, *or* with part flour and part bread, boiled rice, boiled hominy or corn mush.

To mix. First beat the eggs very light, whites and yolks separately, then the yolks smoothly with the flour and milk, stir the whites in at last very lightly

Mischung. Schlage erst die Eier zu leichtem Schaum, das Weiße und Gelbe von einander getrennt, schlage dann die Dotter leicht mit dem Mehl und der Milch; rühre das Weiße zuletzt sehr leicht ein und backe unverzüglich. Die Eier müssen zu sehr leichtem Schaum geschlagen und der Teig gerade dick genug gemacht werden, daß er noch fließen kann; dünner, als wenn keine Eier verwendet werden.

Weizen=, Graham= oder Mais=Pfannkuchen. Gib zu der obigen Mischungsgrundlage ein Pint jeder dieser Mehlsorten zu.

Pfannkuchen von gekochtem Reis, Hominy oder Maisbrei. Gib zu der Mischungsgrundlage eine Tasse Mehl und zwei Tassen gekochten Reis, Hominy oder Maisbrei (die Proportionen können auch umgekehrt werden). Backe in kleinen, ziemlich dicken Kuchen. Wenn sie sich an die Pfanne festhängen, gib etwas mehr Mehl zu.

Brodpfannkuchen. Gib zu der Mischungsgrundlage 1 Tasse Mehl und 2 Tassen Brodkrume, die in Milch oder Wasser aufgeweicht und glatt zerstampft worden ist. Der Teig sollte ziemlich dick sein. Backe in kleinen Kuchen, indem Du noch etwas Mehl zugibst, wenn sie sich anhängen.

Muffins und Waffeln. Muffins und Waffeln aller Art werden wie Pfannkuchen verfertigt, jedoch etwas steifer mit Mehl gemacht.

Andere Eierteige. Andere durch Eier aufgegangene Teige, die in etwas verschiedenen Proportionen gemischt und auf etwas andere Weise gekocht werden, wie Kräpfchen (Fritters), Biscuit und Teigpuddinge, wird man in einer anderen Abtheilung finden.

Mehl durch Kohlensäuregas aufgegangen.

Dies wird bewerkstelligt durch (a) das Wachsthum der

and bake immediately. The eggs must be beaten *very* light, and the batter just of good pouring consistency, thinner than if no eggs were used.

Wheat, Graham or Corn Pancakes. Add to above foundation mixture a scant pint of either of these flours.

Cooked Rice, Hominy or Corn Mush Pancakes. Add to the foundation mixture one cup of flour and two cups of boiled rice, hominy or corn mush (or the proportions may be reversed). Bake in small, rather thick cakes. If they stick to the griddle add a little more flour.

Bread Pancakes. Add to the foundation mixture 1 cup flour and 2 cups bread crumbs that have been soaked soft in milk or water and mashed smooth. The batter should be rather thick. Bake in small cakes adding more flour if they stick.

Muffins and Waffles. Muffins and waffles of all sorts are made like pancakes, but a little stiffer with flour.

Other egg doughs. Other egg-raised doughs, mixed in somewhat different proportions and differently cooked, as fritters, sponge cakes and batter puddings, will be found in another section.

FLOUR RAISED WITH CARBONIC ACID GAS.

This is brought about by (*a*) the growth of the yeast plant or by the action (*b*) of bicarbonate of soda on some acid. Both of these methods have their advantages.

Yeast. The action of the yeast plant when brought into contact with flour and water is to develop carbon dioxide gas and alcohol. This it does at the expense of the little sugar already

Hefepflanze oder (b) durch die Wirkung von doppelkohlensaurem Natrum auf eine Säure. Beide Methoden haben ihre Vortheile.

Hefe. Die Wirkung der Hefepflanze, wenn sie mit Mehl und Wasser in Berührung gebracht wird, ist die Entwicklung von Kohlendioryd=Gas und Alkohol. Dies bringt sie auf Kosten des Bischens Zucker fertig, der bereits im Mehl enthalten ist, noch weit mehr auf Kosten dessen, was sie aus dem Stärkmehl, oder, wie Einige behaupten, aus dem Kleber fabrizirt. Der Chemiker versichert, dieser Verlust an Nährstoff gehe bis zu 1 Proz, und Liebig, der dieser Methode des Aufgehenmachens von Brod streng opponirt, veranschlagt, daß 40,000 Personen mit dem Mehle genährt werden könnten, das auf diese Weise in Deutschland allein verschwendet werde. Ungeachtet dieser Verschwendung aber behauptet sich diese Methode noch immer wegen ihrer Bequemheit und des guten Geschmackes, den sie dem Brode verleiht.

Die Zeit kann nicht mehr fern sein, in welcher der Bäcker uns besseres und billigeres Brod liefert, als wir uns selbst in unseren Küchen bereiten können. Das ist auf dem europäischen Continent schon längst der Fall, aber wir sind aus irgend einem Grunde noch nicht bei diesem Punkte der Civilisation angelangt, und die Haushalterin muß noch immer diese Kunst lernen und ausüben, denn gutes Brod ist eine Nothwendigkeit.

Qualität des Mehls. Das beste Mehl ist, auch für den Armen, das billigste, weil es mehr und besseres Brod per Pfund ergibt. Man sollte stets zweierlei Sorten im Vorrath halten, das gelbliche, theure Klebermehl zum Brodbacken und die weißere, billigere Sorte zu Pasteten, Kuchen und zu Verdickungen.

Zum Hefemachen wird kein Recept gegeben, weil die Preßhefe so viel besser ist, als die, welche die Hausfrau zu machen vermag und die jetzt selbst in kleinen Ortschaften erlangt werden kann.

in the flour, but still more at the expense of that which it manufactures out of the starch, or as some say, out of the gluten. The chemist ascertains this loss of nutritive matter to be as high as 1%, and Liebig, who was strongly opposed to this method of bread raising, estimated that 40,000 people might be fed on the flour that was wasted in this way in Germany alone. But notwithstanding this waste, the method, on account of its convenience and the good taste it gives to bread, still holds its ground.

The time cannot be far distant when the baker will furnish us better and cheaper bread than we can make in our own kitchens. This has long been the case on the continent of Europe, but for some reason we have not yet reached that point in civilization and the housekeeper must still learn this art and practice it, for good bread is a necessity.

Quality of flour. The best flour is, even for the poor, the cheapest, as it makes more and better bread to the pound. There should always be two kinds kept on hand; the yellowish, high-priced gluten flour for bread making, and the whiter, cheaper sort for pastry, cake and thickenings.

No recipe for making yeast will be given, as the compressed yeast is so much better than the house-wife can make, and is now obtainable even in small towns.

To make bread. Proportions. 1 quart warm water, 2½ qts. (about) of flour, 1 tablespoon salt, 1 tablespoon or one cake of compressed yeast, or ½ cup liquid yeast. The proportions of flour and water differ according to the quality of the flour, the gluten flours taking up much more water than the starch flours.

Weiß-Brod.

Brod zu machen. **Proportionen.** 1 Quart warmes Wasser, 2½ Quart (ungefähr) Mehl, einen Eßlöffel voll Salz, einen Eßlöffel voll oder ein Täfelchen Preßhefe oder ⅓ Tasse flüssiger Hefe. Die Proportionen von Mehl und Wasser sind je nach der Qualität des Mehles verschieden, da die Klebermehle mehr Wasser in sich aufnehmen, als die Stärkmehle,

Schütte das Mehl und Salz in Deine Brodbackmulde und mache eine Vertiefung in der Mitte; gieße dann nach und nach das Wasser hinein, in welchem die Hefe aufgelöst ist, und menge beim Hineingießen mit der Hand oder einem Rührlöffel durcheinander. Sobald die Masse zusammenhält, nimm sie auf ein Knetebrett heraus und verarbeite sie mit mehlbestreuten Händen allmählich zu einem zarten Teige, wobei so wenig Mehl wie möglich zu gebrauchen ist, denn der Teig muß so weich bleiben, wie er sich handhaben läßt. Dieses erste Kneten sollte 15—20 Minuten lang dauern. Dann lasse das Brod an einem warmen Platze gehen, die Hefepflanze kann in einer Temperatur von 30—170° Fahrenheit leben, gedeiht aber am besten bei ungefähr 72°. Decke es mit einem Tuch zu und halte es im Winter neben einem warmen Ofen. Wenn er mit Preßhefe gemacht wird, wird der Teig zum ersten Male in einer Stunde aufgehen. Nimm ihn heraus, sobald er zum ersten Male leicht wird, ehe er wieder zusammenzufallen beginnt (er sollte durchaus wie eine Honigwabe sein und das Doppelte oder Dreifache von seinem ursprünglichen Umfang haben), bring ihn auf Dein Knetebrett, oder auch nur die Hälfte davon auf einmal, und knete ihn tüchtig, bis er wieder fein und zart ist. Gib diesmal kein Mehl zu, sondern halte die Hände mit warmem Wasser oder mit Milch oder auch mit Schmalz feucht. Theile ihn in Laibe ein—kleine—, welche die mit Fett bestrichenen Bleche blos zur Hälfte ausfüllen, und lasse sie wieder gehen, indem Du sie in der gleichen Temperatur hältst und wieder sehr leicht werden läßt.

Put the flour and salt into your bread pan and make a hole in the middle, then pour in gradually the water in which the yeast has been dissolved, mixing as you pour with your hand or with a spoon. As soon as the mass will hold together, take it out on a moulding board and with floured hands work it gradually into a tender dough, using as little flour as possible, for the dough must remain as soft as can be handled. This first moulding should take from 15 to 20 minutes. Then let the bread rise in a warm place; the yeast plant can live in a temperature ranging from 30° to 170° F. but thrives best at about 72°. Cover with a cloth and in winter keep by a warm stove. If made with compressed yeast, the dough will rise the first time in an hour. Take it at its first lightness, before it begins to sink back (it should be like a honeycomb all through, and double or treble its original bulk), put it on your moulding board, or $\frac{1}{2}$ of it at a time, and mould it well until it is fine and tender again. Add no flour this time but keep the hands moist with warm water or milk or with lard. Divide into loaves—small ones—which should only half fill the greased tins, and set again to rise, keeping it at the same temperature and letting it get very light again. Flour that is rich in gluten requires longer to rise than that containing more starch.

Baking bread. It is difficult to give directions about the heat of the oven. One housekeeper says "hot enough so that you can hold your hand in till you count twelve," another, "until you can count thirty," and the puzzled novice can only inquire "how fast do you count?" The oven must be hot

Mehl das reich an Kleber ist, braucht längere Zeit zum Gehen, als solches das mehr Stärke enthält.

Brodbacken. Es ist schwer, Anweisungen über die Hitze des Backofens zu geben. Die eine Haushalterin sagt: „heiß genug, so daß Du Deine Hand hineinhalten kannst, bis Du zwölf zählst", eine andere: „bis Du dreißig zählen kannst," und der konfus gemachte Neuling kann dann blos fragen: „Wie schnell zählen Sie?" Der Backofen muß heiß genug sein, um das Brod in zehn Minuten leicht zu bräunen und einen kleinen Brodlaib in zwanzig Minuten bis einer halben Stunde zu backen.

Weitere Thatsachen. Wenn es bequemer ist, kann zuerst ein Brodsauerteig mit dem Wasser, der Hefe und einem Theile des Mehls gemacht werden, und wenn er aufgegangen ist, kann man den Rest des Mehles zugeben. Dies beschleunigt den Prozeß etwas.

Wie oft soll das Brod gehen? Lasse das Brod nicht mehr als zweimal gehen; es verliert jedesmal etwas von seinen nährenden Eigenschaften. Einmal gegangenes Brod ist grobkörnig, aber angenehm für den Geschmack.

Brod lang zu halten. Knete es stärker als Brod, das bald gegessen wird.

Abgeschreckter Teig. Setze die Brodbackmulde unverzüglich in eine größere, die mit warmem Wasser gefüllt ist, und sowie das Wasser verkühlt, ersetze es mit warmem, bis der Teig wieder zu gehen beginnt.

Teig, der während der Nacht geht. Diese Methode ist oft bequem und eignet sich sehr gut, wenn langsamer wirkende Hefe benutzt wird, aber es ist besser Brod rasch mit Preßhefe gehen zu machen. Wenn die letztere benutzt wird, ist ein Vormittag für das Verfahren des Brodmachens und Backens hinreichend.

enough to brown the bread lightly in ten minutes, and to bake a small loaf in from twenty minutes to half an hour.

Additional facts. If more convenient, a bread sponge may be made at first with the water, yeast, and part of the flour, and when light, the rest of the flour added. It hastens the process a little.

How many times shall bread rise? Do not let the bread rise more than twice; it loses each time some of its nutritive qualities. Bread raised *once* is coarse of grain but sweet to the taste.

To keep bread long. Mould it harder than you do bread that is to be eaten soon.

Dough that has become chilled. Set the bread pan immediately into a larger one filled with warm water and as the water cools replace with warm until the dough begins to rise again.

Dough raised during the night. This method is often convenient, and does very well if slower yeast is used, but bread is better to be raised quickly with compressed yeast. If the latter is used a forenoon is sufficient for the process of making and baking.

To delay the baking of bread dough. For convenience, as to make warm biscuits for supper, rising dough may be kept at a standstill for hours without injury at a temperature of about 50°, as in a cellar, and an hour before baking brought into a warm room to finish the rising process.

BREADS FROM OTHER FLOURS.

Graham bread. Graham bread is made like white bread using two parts graham to one of white flour, or any other proportion liked, but it

Verzögerung des Backens von Brodteig. Zur Bequemlichkeit, wie bei der Bereitung warmer Wecken zum Abendessen, kann man den gehenden Teig Stunden lang ohne Nachtheil bei einer Temperatur von 50° im Stillstand halten, wie z. B. in einem Keller, und eine Stunde vor dem Backen in ein warmes Zimmer bringen, um den Prozeß des Gehens zu Ende zu führen.

Brode aus anderen Mehlsorten.

Graham-Brod. Graham-Brod wird wie Weißbrod gemacht, indem man zwei Theile Graham= zu einem Theile Weißmehl oder irgend einer anderen Proportion die Einem gefällt, benützt, aber es sollte sehr sanft durcheinander gemengt werden. Etwas Zucker und Fett ist zuzugeben, ein Eßlöffelvoll Schweine= oder Rinds=schmalz und zwei Eßlöffelvoll Zucker oder Molasse. Backe langsamer und länger als Weißbrod.

Der gewöhnliche und bequemste Weg zur Verfertigung von Graham-Brod ist, Mehl und andere Bestandtheile mit dem weißen Sauerteig am Backtage zu vermengen.

Roggenbrod. Roggenbrod wird genau ebenso gemacht, wie das Brod aus Weizenmehl, in unserem Lande aber wird allgemein 1 Theil Roggen=, 2 Theile Mais= und eine Handvoll Weizenmehl verwendet. Es muß viel länger backen—2—3 Stunden in langsam backendem Ofen. Noch besser ist es, dasselbe die ersten 2 Stunden mit Dampf zu kochen und in der dritten zu backen.

Maisbrod. Maisbrod wird aus 3 Theilen Mais= zu einem Theile Weizenmehl, derselben Quantität Hefe und Salz, wie für Weißbrod, und einer Zugabe von 2 Eßlöffeln voll Schweineschmalz oder Rindsfett nebst zwei Eßlöffeln voll Zucker gemacht. Es braucht blos umgerührt, nicht geknetet zu werden und blos einmal zu gehen.

Biscuits, "Buns" u. s. w.

Frühstückswecken oder Biscuits. Dies sind "Brödchen" von Weiß= oder Graham = Mehl. Mache aus einem

should be mixed very soft. A little sugar and fat should be added, 1 tablespoon lard or beef fat and 2 tablespoons sugar or molasses. Bake slower and longer than white bread.

The usual and most convenient way of making graham bread is to mix the flour and other ingredients with some of the white sponge on baking day.

Rye bread. Rye bread is made exactly as is bread from wheat flour, but in this country 4 parts rye, 1 part corn meal, and a handful of wheat flour are generally used. It must bake much longer—two to three hours in a slow oven. It is still better steamed the first two hours and baked the third.

Corn bread. Corn bread is made of 3 parts corn meal to 1 of wheat flour, same quantity of yeast and salt as for white bread, and an addition of 2 tablespoons lard or beef fat and two tablespoons sugar. It is only to be stirred, not moulded, and need rise but once.

BISCUITS, BUNS, ETC.

Breakfast rolls or biscuits. These are "little breads" of either white or graham flour. Make part of the dough out into little balls which will rise more quickly and bake in a shorter time, a little butter or lard, one tablespoon to a quart of dough being generally moulded with it.

When called "Breakfast Rolls" the dough is made out into flat round cakes, the top buttered and folded over not quite in the middle.

Milk rolls. Milk rolls are made from bread dough mixed with milk instead of water; they are very tender and delicate.

Theile des Teiges kleine Kugeln, die rascher gehen und in kürzerer Zeit backen, wobei gewöhnlich etwas Butter oder Schweineschmalz, ein Eßlöffel voll auf ein Quart Teig hineingeknetet wird.

Wenn sie „Frühstückwecken" genannt werden, macht man den Teig zu flachen, runden Kuchen, bestreicht sie oben mit Butter und faltet sie nicht ganz in der Mitte zusammen.

Milchwecken. Milchwecken werden aus Brodteig gemacht, der mit Milch, statt mit Wasser, angemacht ist. Sie sind sehr mürbe und delikat.

Weizen-„Gems" oder Drop Bicuits. (Tropfbiscuits.) Eine Modification im Backen von Teig ist erwähnenswerth. Verwende zu dem oben gegebenen Rezept für Brod eine Tasse mehr Milch, so daß der Teig eben noch vom Löffel abtropft und backe ihn dann in Formen im Backofen oder in einer langsam backenden Pfanne.

Zwiebäcke. Diese werden aus Brodteig mit Milch vermengt nebst einer Zugabe von 4 Eiern und einer Tasse Butter auf je ein Quart Milch hergestellt. Forme sie lang und hoch.

Andere Verwendungen von Zwiebackteig. Es giebt vielerlei Verwendungen für den obigen Teig. Wenn er in Biscuitform gebracht wird, kann er in Dampf gekocht und als einfacher Pudding mit Obst genossen werden, oder man formt ihn in winzige Bällchen und kocht ihn, wenn er aufgegangen ist, in Dämpfefleisch; das Gericht wird dann Topfpastete genannt.

Buns, einfach. Diese sind ähnlich wie Zwiebäcke (s. oben) nebst zwei Tassen Zucker und etwas Gewürz, sagen wir einem halben Theelöffel voll Muskatnuß. Rolle den Teig ½ Zoll dick aus und schneide mit einem Biscuitschneider. Lasse ihn gehen, bis er sehr leicht geworden ist, wozu einige Zeit wegen des Zuckers gehört.

Biscuit, Buns, Etc.

Wheat gems or drop biscuits. One modification in the baking of dough is worthy of mention. Use about a cup more milk in mixing the receipt for bread given above, so that the dough will just drop from a spoon and then bake in forms in the oven, or on a slow griddle.

Rusks. These are made from bread dough mixed with milk and with the addition of 4 eggs and 1 cup of butter to a quart of milk. Form, long and high.

Other uses for rusk dough. There are many uses for the above dough. When made out into biscuit shape it may be steamed and eaten as a simple pudding with fruit, or, made into tiny balls and cooked, when light, in a meat stew, the dish being then called a pot-pie.

Buns, plain. These are like *Rusks* (above) plus 2 cups of sugar and a little spice, say, ½ teaspoon nutmeg. Roll the dough out ½ inch thick, and cut with a biscuit cutter. Let it rise till very light, which will take some time on account of the sugar.

Fruit buns. To plain buns add 1 cup India currants, washed, dried and floured, or raisins cut in bits.

Raised Cake. From the recipe for Buns, as above, a plain and good cake may be made by using 1 pint instead of 1 quart of milk to the given quantity of eggs, butter and sugar, and adding a little more fruit. Bake in a ribbed pudding dish which has been thickly buttered, and in the butter, blanched almonds arranged in rows.

Obst-Buns. Zu einfachen Buns gib eine Tasse indische Korinthen, nachdem sie abgewaschen, getrocknet und mit Mehl bestreut sind, oder in kleine Stücke zerschnittene Rosinen.

Gegangener Kuchen. Nach dem obigen Rezept für Buns kann ein einfacher, guter Kuchen gemacht werden, indem man 1 Pint statt 1 Quart Milch zu der angegebenen Quantität Eier, Butter und Zucker verwendet und etwas mehr Früchte zugibt. Backe in einem gerippten Puddinggefäß, das dick mit Butter bestrichen worden, während in der Butter geschälte Mandeln in Reihen gelegt sind.

Schmalznudeln. Bunteig kann auch als Schmalznudeln in Fett geschmort werden.

Zu einer schönen, braunen Kruste. Um dem Biscuit oder Buns eine schöne Kruste zu geben: Bestreiche sie vor dem Backen mit einer in eine der folgenden Mischungen getauchten Feder: ein Theelöffel voll Molasse und Milch, zwei Theelöffel Zucker und Milch oder 3 Theelöffel Zucker und das Weiße von einem Ei.

Um das richtige Verhältniß obiger Teige zu einander zu zeigen, ist ihre Quantität der für Brodteig gleichgehalten worden, allein die Hälfte der angegebenen Quantität Kuchen, Buns oder Biscuits wäre für eine große Familie genug.

Dampfkochen von Brod. Irgend einer der obigen Teige kann mit Dampf gekocht, statt gebacken werden, wenn dies bequemer ist. Sie werden dann natürlich keine braune Kruste haben, können jedoch nachher getrocknet und im Backofen gebräunt werden. Zum Dampfkochen gehört etwas längere Zeit, als zum Backen.

Hefenbrode. — Dünn.

Aufgegangene Pfannkuchen. Weizen-, Graham- und Maismehl. Die Materialien dazu sind 1 Qt. Milch oder Milch und Wasser, etwas mehr als 1 Qt. Mehl ein Eßlöffel voll Preßhefe oder ½ Tasse flüssiger

Doughnuts. Bun dough may also be fried in fat, as doughnuts.

For a fine brown crust. To give a fine crust to biscuit or buns: Brush over before baking, with a feather dipped in one of these mixtures: one teaspoon of molasses and milk, two teaspoons of sugar and milk, or three teaspoons sugar and the white of an egg.

To show the true relation of the above doughs to each other, the quantity has been kept the same as for bread dough, but one-half the given quantity of cake, buns or biscuit would be enough for a large family.

To steam bread. Any of the above doughs can be cooked by steaming instead of baking, when more convenient. They will of course lack the brown crust, but may afterward be dried or browned in the oven. A somewhat longer time is required for steaming than for baking.

YEAST BREADS — THIN.

Raised Pancakes. Wheat, Graham and Corn. The materials for these are, 1 qt. milk, or milk and water, a little more than a qt. of flour, 1 tablespoon compressed yeast or ½ cup liquid yeast, 1 teaspoon salt, 1 tablespoon butter; the flour may be wheat flour, wheat and graham mixed, or wheat and corn mixed, or part bread crumbs may be mixed with the flour. Make and raise like bread sponge. It is better they should be too thick than too thin, as milk may be added to thin them after they are light, but raw flour added at that time spoils them.

Hefe, ein Theelöffel voll Salz, 1 Eßlöffel voll Butter; das Mehl kann Weizenmehl oder Weizen= mit Graham=Mehl, oder Weizen= und Maismehl vermengt sein, oder kann ein Theil Brodkrumen mit dem Mehl gemischt werden. Mache den Teig und lasse ihn gehen, wie beim Brod=Sauerteig. Es ist besser, wenn er zu dick als zu dünn ist, da man Milch zugeben kann, um ihn zu verdünnen, nachdem er aufgegangen ist, die Zugabe von rohem Mehl aber in diesem Zeitpunkt verdirbt ihn.

Pfannkuchen mit Eiern. Gib zu dem obigen Teig unmittelbar vor dem Backen 1, 2 oder 3 Eier, Gelbes und Weißes besonders zerkleppert. Verwende in diesem Falle etwas weniger Mehl.

Muffins und Waffeln. Diese können aus irgend einem der obigen Pfannkuchteigen mit einer Tasse bis 1 Pint mehr Mehl gemacht werden.

Buchweizenmehl.

Buchweizen gibt Mehl, das von Denen, welche an seinen etwas eigenthümlichen Geschmack gewöhnt sind, sehr gern genossen wird, in unserem Lande aber wird es nur zu Pfannkuchen verwendet.

Buchweizen=Pfannkuchen. 1 Quart Buchweizenmehl, 1 Theelöffelvoll Salz, eine Tasse oder etwas weniger Maismehl in etwas Wasser abgebrüht, 2 Theelöffelvoll Molasse (um sie braun zu machen —etwas Buttermilch thut dieselben Dienste), 1 Theelöffelvoll Preßhefe, 1 Qt. warmes Wasser, oder genug zu einem dünnen Teig. Lasse ihn über Nacht gehen.

Mehl durch Soda aufgegangen.

Soda. Auf der Einwirkung von doppelkohlensaurem Natron und verschiedener Säuren, durch welche Kohlensäuregas frei wird, beruht eine gewöhnliche Methode des Gehenmachens von Teigen. Dieselbe verschwendet nichts von dem Mehl, wie die Hefe,, aber sie hat auch ihre eigenen Nachtheile. Das Product dieser auf einander einwirkenden Chemikalien ist ein Salz,

Pancakes with eggs.

Muffins and Waffles.

Add to the above batter just before baking, 1, 2 or 3 eggs, yolks and whites beaten separately. Use in this case somewhat less flour.

These can be made of either of the above pancake batters, with 1 cup to 1 pt. more flour.

BUCKWHEAT FLOUR.

Buckwheat flour makes bread that is relished by those accustomed to its somewhat peculiar taste, but in this country it is used only in pancakes.

Buckwheat Pancakes. 1 qt. buckwheat flour, 1 teaspoon salt, 1 cup or less of corn meal scalded in a little water, 2 teaspoons molasses (to make them brown—a little buttermilk answers the same purpose), 1 tablespoon compressed yeast, 1 qt. warm water, or enough to make a thin batter. Let rise over night.

FLOUR RAISED WITH SODA.

Soda. On the interaction of bicarbonate of soda and different acids, by which carbonic acid gas is liberated is based a common method of raising doughs. It wastes none of the flour, as does yeast, but it has its own disadvantages. The product of these chemicals acting on each other is a salt which is left in the bread; hydrochloric acid acted on by soda gives common salt, to which there could be no objection, but this method is not easily used in the household, and the salts left by other acids, as the lactic acid of milk when acted on by bicarbonate of soda, we get enough of in other dishes. Whether reliable experiments have been made as to the comparative

welches im Brod zurückbleibt; Chlorwasserstoffsäure in der Einwirkung auf Soda gibt gewöhnliches Salz, gegen das sich nichts einwenden läßt, allein diese Methode läßt sich im Haushalt nicht leicht anwenden, und von anderen Säuren zurückgelassene Salze, wie von der Säure der Milch, wenn doppelkohlensaures Natron auf sie einwirkt, erhalten wir genug in anderen Gerichten. Ob zuverlässige Experimente über die vergleichsweise Verdaulichkeit von Broden, die mit Soda und solchen, die mit Hefe gehen gemacht wurden, angestellt worden sind, ist der Verfasserin unbekannt, allein es herrscht die weitverbreitete Meinung, daß erstere nur gelegentlich genossen werden sollten, und gewiß ist, daß wir sie rascher müde werden, als Hefebrode. Nebenbei—und dies ist von Bedeutung für jemand, der mit Milch, Eiern usw. haushalten muß—müssen zu Soda bessere Materialien verwendet werden, als zu Hefe, wenn ein Brod oder Kuchen von gleich reichem Geschmacke erzielt werden soll.

Methoden.

Wir haben drei Methoden der Verwendung von doppelkohlensaurem Natron zum Gehenmachen des Mehles; durch seine Wirkung auf

1) Die Säure, die in saurer Milch enthalten ist, wobei 1—2 Theelöffel Soda zu einem Quart Milch verwendet werden.

2) Auf Weinstein, wobei die Proportionen 1 Theelöffel Soda zu 2 Theelöffeln Weinstein für ein Quart Mehl sind.

3) Auf Weinstein- oder andere bereits mit ihr in einem Backpulver gemischte Säuren, die nach den auf den Packeten gegebenen Anweisungen zu verwenden sind, oder läßt sich im Allgemeinen sagen, daß drei Theelöffel von dem Pulver auf jedes Quart Mehl kommen.

Das Geheimniß des Erfolgs. Das Geheimniß des Erfolgs bei Brod, das mit Soda gehen gemacht worden ist, besteht (1) in der vollkommenen Vermengung

digestibility of breads raised with soda and those raised with yeast the writer does not know, but there is a wide-spread impression that the former should be eaten only occasionally, and it is certain that we tire of them sooner than of yeast breads. Besides, which is of importance to one who must economize in milk, eggs, &c., better materials must be used with soda than with yeast to produce an equally rich tasting bread or cake.

METHODS.

We have three methods of using bicarbonate of soda to raise flour; by its action on

1. The acid contained in sour milk, from 1 to 2 teaspoons of soda being used to a quart of milk.

2. On cream of tartar, the proportions being 1 teaspoon soda to 2 of cream of tartar to a quart of flour.

3. On tartaric or other acids already mixed with it in a baking powder and to be used according to directions on the package, or, one may say in general, that three teaspoons of the powder go to every quart of flour.

Secret of Success. The secret of success in making soda raised breads consists in (1) the perfect mixing of the soda and cream of tartar or the baking powder, with the flour, cooks who are particular sieving these ingredients five times. In this connection we cannot urge too strongly that each housewife should make and keep on hand this prepared flour; in a leisure time she can measure, sieve and mix it, and she has then in making biscuit or cake, only to chop in the butter, add the milk and eggs and it is done.

der Soda und des Weinsteins oder des Backpulvers mit dem Mehle; Köche, die besonders genau sind, sieben diese Ingredienzien fünfmal. In diesem Zusammenhange können wir jeder Hausfrau nicht stark genug einschärfen, daß sie dieses präparirte Mehl anfertigen und zur Hand halten sollte: in der Mußezeit kann sie dasselbe abmessen, sieben und mischen, und wenn sie dann Biscuit oder Kuchen machen will, braucht sie blos Butter hineinzuschneiden, Milch und Eier zuzugeben und dann ist die Sache geschehen.

2) In leichter Vermengung der Stoffe zum Mürbemachen mit dem Mehle; am besten kann dies mit dem Hackmesser geschehen.

3) In der raschen Erledigung der Arbeit, nachdem die zwei Aufgehemittel naß geworden sind und zu wirken begonnen haben, und im unverzögerten Backen, wenn Alles bereit ist.

Soda-Biscuits. Ingredienzien. 1. Quart Mehl, 1 Theelöffel Salz, 1 Eßlöffel Butter oder Butter und Schweineschmalz, oder auch Butter und Nierenfett, ein knappes Pint süßer Milch oder Wasser mit einem Theelöffel Soda und zwei Theelöffeln Weinstein, oder drei Theelöffel Backpulver; oder ein knappes Pint saurer Milch nebst einem Theelöffel Soda und einem Theelöffel Weinstein; wenn die Milch sehr sauer ist, lasse den Weinstein weg.

Bereitung. In einer Hackmulde rühre Alles gut durcheinander mit Ausnahme des Fettes zum Mürbmachen und der Milch; dann hacke das Fett,, das kalt und hart sein sollte, hinein, bis Alles fein und gut durcheinander gemengt ist. Nun gib die Milch, nur wenig auf einmal, zu, wobei noch immer mit dem Hackmesser durcheinander gemengt wird. Nimm es dann auf das Teigbrett heraus und welle aus, indem Du so wenig, wie möglich, durcheinander mengst.

Dieser Teig wird oft noch fetter gemacht, indem man sogar 1 Tasse Butter auf 1 Quart Mehl verwendet, allein

2. In light mixing of the shortening with the flour; this is best accomplished with a chopping knife.

3. In a rapid completion of the work after the two raising agencies have become wet and begun to work, and no delay in baking when all is ready.

Soda Biscuits. *Ingredients.* 1 qt. of flour, 1 teaspoon salt, 1 tablespoon butter, or butter and lard, or butter and suet, 1 scant pint *sweet* milk or water with 1 teaspoon soda and two of cream of tartar, or three teaspoons of baking powder; *or*, 1 scant pint *sour* milk with 1 teaspoon soda and 1 teaspoon cream of tartar; if the milk be very sour omit the cream of tartar.

To make. In a chopping bowl stir all well together except the shortening and milk, then *chop* in the shortening which should be cold and hard, till all is fine and well mixed. Now add the milk a little at a time, still mixing with the chopping knife. Take out on the moulding board and roll out with as little mixing as possible.

This dough is often made richer, even 1 cup of butter to 1 qt. of flour being used, but so much as this can only be considered extravagant and unhealthful.

As Biscuit. *To use this dough.* Roll 1 in. thick, cut with biscuit cutter and bake. To be eaten warm with butter.

As Graham Biscuits. Use three parts graham flour to one of wheat and treat in same manner.

As Short Cake. Roll ½ in. thick, fit into jelly cake tins and bake. When nicely browned, split and butter and pile up like toast.

For fruit short cake (see pages 108 and 109.)

Pfannkuchen durch Soda aufgegangen.

so viel kann blos für extravagant und ungesund angesehen werden.

Als Biscuit. Verwendung dieses Teiges. Welle einen Zoll dick aus, zerschneide mit dem Biscuitschneider und backe. Muß warm mit Butter gegessen werden.

Als Graham-Biscuit. Verwende drei Theile Graham-Mehl zu einem Theile Weizenmehl und behandle in derselben Weise.

Als Butterkuchen. (Short Cake.) Welle ½ Zoll dick aus, passe in Geleekuchenbleche hinein und backe. Wenn hübsch gebräunt, spalte ihn, bestreiche mit Butter und schichte die Kuchen auf, wie geröstetes Brod.

Betreffs Frucht-Butterkuchen s. S. 108 und 109.

Sodabrod von Maismehl.

Maisbrod oder Johnny Cake.

1. Einfach. 1 Tasse süße Milch, 1 Tasse saure oder Buttermilch oder zwei Tassen saure Milch, 1 Theelöffel Salz, 1 Theelöffel Soda, 1 Eßlöffel Butter oder Nierenfett oder Schweineschmalz, 3 Tassen Maismehl und 1 Tasse Weizenmehl oder ganz Maismehl. Schütte in ein Blech und backe 40 Minuten.

2. Nahrhafter. Dasselbe mit einem Ei und ½ Tasse Zucker zugegeben.

3. Sehr gut. No. 1, mit Zugabe von 3 Eiern, ½ Tasse Zucker und ¼ Tasse Butter, 1 Tasse Mehl kann weggelassen werden.

Brod durch Soda aufgegangen.—Dünn.

Pfannkuchen ohne Eier.

1. Von Weizenmehl. Bestandtheile. 1 Qt. Mehl, 1 Theelöffel Salz und ein knappes Qt. saurer Milch mit zwei gestrichen vollen Theelöffeln Soda und derselben Quantität Weinstein, wenn die Milch nicht sehr sauer ist, in welchem Falle man den Weinstein weglassen kann. Süße Milch kann mit einem Theelöffel Soda und 2 Theelöffeln Weinstein, oder 3 Theelöffeln Backpulver verwendet werden.

SODA BREAD OF CORN MEAL.

Corn Bread, or Johnny Cake.
1. Plain.
1 cup sweet milk, 1 cup sour or buttermilk, or both of sour milk, 1 teaspoon salt, 1 teaspoon soda, 1 tablespoon butter or suet or lard, 3 cups Indian meal, and 1 of wheat flour, or all of Indian meal. Pour into a tin and bake 40 minutes.

2. Richer.
The same with an egg and ½ cup sugar added.

3. Very Nice.
No. 1, with the addition of 3 eggs, ½ cup sugar and ⅓ cup butter, 1 cup meal being omitted.

SODA RAISED BREAD — THIN.

Pancakes without Eggs.

1. Of Wheat Flour.
Ingredients. 1 qt. flour, 1 teaspoon salt, and 1 scant qt. sour milk, with 2 level teaspoons soda and the same of cream of tartar unless the milk is very sour, when omit the cream of tartar. Sweet milk can also be used with 1 teaspoon soda and 2 of cream of tartar, or 3 of baking powder.

To make. Mix the salt and cream of tartar if used, with the flour. Make a hole in the middle and pour in the milk gradually, stirring with a spoon till smooth. Then beat hard for 5 minutes, or till it is bubbly. Add the soda dissolved in a teaspoon of hot water, and bake immediately on a very hot griddle.

Unless well beaten before the soda is added, these pancakes without eggs are not a success.

If made with sour milk they will be still better, if when mixed (without the soda, of course) the batter is left to stand twelve or even twenty-four hours.

Bereitung. Mische Salz und Weinstein, wenn er benützt wird, mit dem Mehl. Mache eine Vertiefung in die Mitte und gieße die Milch nach nnd nach hinein, indem Du umrührst bis Alles glatt ist. Schlage dann den Teig fünf Minuten lang tüchtig oder so lange, bis er blasig wird. Gib die Soda in einem Theelöffel voll heißen Wassers aufgelöst zu und backe unverzüglich in einer sehr heißen Backpfanne.

Wenn der Teig vor der Beigabe der Soda nicht sehr stark geschlagen wird, gelingen diese Pfankuchen ohne Eier nicht.

Mit saurer Milch bereitet, werden sie noch besser, wenn man, sobald der Teig (ohne die Soda natürlich) gemischt ist, ihn 12 oder sogar 24 Stunden lang stehen läßt. Unmittelbar vor der Verwendung gib die in etwas heißem Wasser aufgelöste Soda zu.

2. Von Graham-Mehl. Werden in derselben Weise gemacht, 1 Theil muß weißes Mehl sein und 2 Theile Graham-Mehl.

3. Von Maismehl. Wie oben, mit Mais- statt Graham-Mehl.

Pfannkuchen mit Eiern.

Bestandtheile. Zu irgend einer der 3 vorstehenden Rezepte gib 2—3 Eier, wobei Dotter und Weißes besonders zu zerkleppern sind.

Muffins und Waffeln.

Muffins und Waffeln von allen Arten sind dasselbe, wie Pfannkuchen, nur daß sie etwas dicker gemacht werden und eine Zugabe von 1 Eßlöffel Butter erhalten.

Kräpfchen (Fritters.)

Betreffs der Kräpfchen (Fritters), welche zunächst an die Reihe kommen sollten (s. S. 113).

Just before using add the soda dissolved in a little hot water.

2. Of Graham Flour.   Are made in the same way, 1 part being of white flour and 3 parts graham.

3. Of Corn Meal.   As above, with corn meal instead of graham.

Pancakes with Eggs.

Ingredients. To any of the 3 preceding recipes add 2 or 3 eggs, beating yolks and whites separately.

Muffins and Waffles.

Muffins and waffles of all kinds are the same as pancakes, made a little thicker and with the addition of 1 tablespoon of butter.

Fritters.

For fritters, which should be next in order (see page 113).

Verwendungen für Brod.

Diese sind so zahlreich, daß die Haushalterin nie Angst vor der Anhäufung von altbackenem Brod zu haben braucht, wenn sie nur rechtzeitig darauf achtgibt. Jeden Tag müssen die von den Mahlzeiten übrig gebliebenen Stücke und die trockenen Reste vom Laib im Backofen stark gedörrt und dann in Papiersäcken aufgehoben werden. Wenn die Zeit erlaubt, schäle die Krusten ab, schneide sie in Würfel und dörre sie besonders zur Beigabe in Suppen.

Dieses gedörrte Brod hält sich Wochen und Monate lang—es muß einfach rein und trocken gehalten werden. In jedem Rezept, in dem Brodkrumen verlangt werden, wie bei Brod-Pudding oder Brod Omeletten, verwende dieses gedörrte Brod, indem Du es erst in k a l t e s Wasser legst, bis es weich wird, es dann in einem Handtuch ausdrückst und leicht mit der Hand zerkrümelst.

Hier folgen einige der Art und Weisen, wie Brod verwendet werden kann.

V e r w e n d u n g e n   v o n   B r o d i n   S c h n i t t e n.

Geröstete Brodschnitten. (Toast). Zu trockenem Toast, Milchtoast und Wassertoast, die als solche genossen und auch zur Grundlage vieler anderen Gerichte verwendet werden können.

Geschmorter Toast—Brodschnitten in Ei und Milch oder Wasser aufgeweicht und mit etwas Fett in einer Backpfanne geschmort. (S. Seite 60). Kalter Milch- oder Wassertoast kann so angewendet werden.

Kräpfchen. Betreffs der Brodkräpfchen (s. Seite 114).

Pudding. Betreffs Brod- und Butterpudding. (S. Seite 111).

In Dampf gebackenes Brod. Altbackenes Brod kann in Schnitten zertheilt und in Dampf gebacken werden, um ihm einen angenehmen und guten Geschmack

USES FOR BREAD.

These are so numerous that the housekeeper need never fear the accumulation of stale bread, if she will only take care of it in time. Every day the bits left from meals and the dry ends of the loaf must be dried hard in the oven and then put away in paper bags. If time allows, pare off the crusts, cut into cubes and dry separately to add to soups.

To Dry Bread.

This dried bread will keep for weeks or months — it must simply be kept clean and dry. In any recipe where bread-crumbs are called for, as bread pudding or bread omelet, use this dried bread, laying it first in *cold* water till it is soft, then pressing it dry in a towel and crumbling it lightly with the hand.

Here are a few of the ways in which bread can be used.

USES FOR BREAD IN SLICES.

Toast. In dry toast, milk toast, and water toast, to be eaten as such and as a foundation for many other dishes.

Fried toast — bread slices soaked in egg and milk, or water, and fried on a griddle with a little fat. (See page 60). Cold milk or water toast may be so used.

Fritters. For Bread Fritters (see page 114).

zu geben. Lege die Schnitten an den Rand des Dampf=
kochers und lasse sie 5—10 Minuten im Dampf backen,
dann dörre es etwas in einem Backofen.

Uebergebackenes Brod. Biscuits von allen Sorten selbst wenn
sie mehrere Tage alt sind, können beinahe
wieder ebenso gut, wie frisch gemacht werden, wenn man
sie oben etwas befeuchtet und sie etwa 5 Minuten lang in
einen heißen Backofen setzt. Ein bequemer Weg, um sich
warme Biscuits zum Frühstück zu verschaffen.

Verwendungen für Krumen oder trockenes Brod.

Eingeweicht und zerkrümelt, wie auf Seite 105 be=
schrieben, verwende es im Brodteig statt der Hälfte Mehl.

Zu Brod=Omeletten (s. Seite 60).

Zu Fleischklösen für Suppen und Saucen (s. Seite 127).

Zu Brodfüllsel. Gieße hinreichend heißes Wasser auf
trocknes Brod, um es aufzuweichen, und zerhacke es nicht
zu fein; würze es mit zerhackten Zwiebeln, Kräutern und
Nierenfett oder ausgelassenem Fett. Die Zugabe von
einem Ei ist eine Verbesserung. Backe es zugedeckt etwa
eine Stunde lang, decke dann auf und bräune es. Die
Mischung kann auch zum Füllen von Geflügel, Hammel=
schlegeln usw. verwendet werden; oder kann man es
löffelweise in einer Backpfanne backen und mit einer süßen
Sauce als die einfachste Form von Pfannkuchen genießen.

Zu Brodpfannkuchen (s. S. 93).

Zu Brod=Puddingen (s. S. 109, 110 und 111).

Zu Brodumhüllung für Fleischschnitten, zu Fleisch=
küchelchen usw., die in siedendem Fette zu schmoren sind.

Puddings. For bread and butter pudding (see page 111).

Steamed Bread. Stale bread may be cut in slices and steamed so as to taste sweet and good. Set the slices up on end in the steamer and steam 5 or 10 minutes, then dry a little in an oven.

Bread Rebaked. Biscuits of all sorts, even when several days old, may be made nearly as good as when fresh, by wetting the tops and setting in a hot oven for about five minutes. A convenient way of having warm biscuits for breakfast.

USES FOR CRUMBS OR DRIED BREAD.

Soaked and crumbled as described on page 105 and use in bread dough instead of half the flour.

In bread omelettes (see page 60).

In meat balls for soups and stews (see page 127).

In bread dressing. Pour enough hot water on dry bread to soften it and chop it not too fine; season with chopped onion, herbs and suet or tried out fat. The addition of an egg is an improvement. Bake covered, about an hour, then uncover and brown. This mixture may also be used for stuffing a fowl, leg of mutton, &c.; or it may be fried in spoonfuls on a griddle and eaten with a sweet sauce as the simplest form of pancakes.

In bread pancakes (see page 93).

In bread puddings (see pages 109, 110 and 111).

For breading chops, croquettes, &c., that are to be fried in boiling fat.

Einfache süße Gerichte.

Diese Abtheilung erhebt keinen Anspruch auf Vollständigkeit, sie bezweckt einfach, so viele von den billigeren Sorten zu klassificiren, wie die gewöhnliche Familie braucht. Sie werden allgemein als Nachtisch benutzt, allein es liegt kein Grund vor, warum nicht das Hauptgericht einer Mahlzeit etwas Zucker enthalten sollte. Ich erinnere mich, daß ich in einem einfachen **Pensionat** in Thüringen, Deutschland, einst eine Mittagsmahlzeit genoß, die aus einer Suppe, einem Salat und einem anderen Gerichte bestand, welches wir einen Brodpudding nennen würden. Man legte mir reichlich von diesem Haupt-Gerichte der Mahlzeit vor, ich aß und wurde satt, denn die Materialien waren gut, es war gut zubereitet und delikat gebacken. Das Rezept wird man S. 110 finden.

Milch-Puddings.

Indischer Pudding. 1 Qt. Milch, ¼ Tasse Maismehl, 1 Theelöffel Salz, ½ Tasse gehacktes Nierenfett, 1 Eßlöffel voll Ingwer, ¼ Tasse Molasse. Backe zugedeckt 3 Stunden lang in einem langsam backenden Ofen und tische mit einer süßen Sauce auf.

Gequollener Reispudding. 1 Qt. abgerahmte Milch oder 1 Pint vollständiger und 1 Pint Wasser, ¼ Tasse Reis, 2 Eßlöffel Zucker, ¼ Theelöffel Salz. Backe langsam 2 Stunden lang zugedeckt, decke dann auf und bräune. Es wird eine rahmige Masse und von delikatem Geschmack sein. Tische ohne Sauce auf. Rosinen kann man zugeben.

Minuten-Pudding von Weizen- oder Graham-Mehl. Bestandtheile. 1 Qt. Milch— abgerahmte mit einem Theelöffelvoll Butter reicht hin — 2 Eier, ¾ Pint Mehl, 1 Theelöffel Salz. Um das Anbrennen zu verhindern, mache ihn in einem doppelten Kochtopf oder einem Blechtopf, der in einen Kessel mit kochendem Wasser

SIMPLE SWEET DISHES.

This department does not pretend to be complete, it simply aims to classify as many of the cheaper kinds as the ordinary family needs. These will generally be used as desserts but there is no reason why the main dish of the meal should not have some sugar in it. I remember that in a simple *pension* in Thuringia, Germany, I once ate of a dinner consisting of a soup, a salad and one other dish, which we would call a bread pudding. I was helped bountifully to this main dish of the meal, I ate and was satisfied, for the materials were good and it was well made and delicately baked. The recipe will be found on page 110.

MILK PUDDINGS.

Indian pudding. 1 qt. of milk, ½ cup corn meal, 1 teaspoon salt, ½ cup chopped suet, 1 tablespoon ginger, ½ cup molasses. Bake covered for 3 hours in very slow oven and serve with sweet sauce.

Swelled rice pudding. 1 qt. skim milk or 1 pt. full milk and 1 pt. water, ½ cup rice, 2 tablespoons sugar, ½ teaspoon salt. Bake slowly 2 hours covered, then uncover and brown. It will be a creamy mass and delicious in taste. Serve without sauce. Raisins may be added.

Minute pudding of wheat or graham flour. *Ingredients.* 1 qt. milk — skim milk with 1 teaspoon butter will do — 2 eggs, ¾ pt. flour, 1 teaspoon salt. To pre-

gesetzt wird. Mische das Mehl und die Eier glatt zusammen mit einem Theile der Milch, erwärme den Rest bis zum Sieden und rühre sie in die Eier und das Mehl. Rühre um, bis es dick wird, dann lasse es aufquellen und koche langsam 15 Minuten lang. Tische mit Obst oder Zuckermilch auf.

Grießpudding. Bestandtheile. 1 Pint Wasser, 1 Pint Milch, 1 Theelöffel Salz, ½ Pint Gries, 2 Eier. Mache es wie oben.

Er ist vorzüglich in Stücke zerschnitten und in der Backpfanne braun geröstet. Man kann ihn auch ohne Eier bereiten.

Buttermilch-Pudding. Bestandtheile. 1 Pint frische Buttermilch, 2 Eßlöffel Rahm oder Butter, 1 Theelöffel Salz, eine Priese Soda und Mehl zu einem steifen Teig. Lasse 2 Stunden in Dampf kochen oder bis er aufspringt, oder backe in kleinen Tassen oder Tortenpfännchen. Kann mit irgend einer Obstsauce oder mit Zuckermilch genossen werden.

Obst-Puddinge mit Soda-Biscuit.

Erdbeeren-Butterkuchen. Betreffs des Teiges s. S. 102. Wenn er als Butterkuchen gebacken wird, spalte die Kuchen und streiche zwischen jedes Paar zerdrückte, süßgemachte Erdbeeren.

Andere Obst-Butterkuchen. Auf dieselbe Weise mache Butterkuchen aus Beeren irgend welcher Sorte, gedämpften Aepfeln, gedämpftem Rhabarber, Citronen- oder Orangen-Tortefüllung, kurz aus irgend einer Pastetenfüllung, die ohne weiteres Kochen zum Genusse bereit ist. Sie sollten warm gegessen werden, aber nicht heiß, und sind auch am nächsten Tage ebenso gut, wenn man sie lang genug in den Backofen setzt, damit sie wieder warm und knusprig werden.

Roly-Poly-Pudding und Apfelplatz. Diese beliebten Gerichte sind blos Modificationen des Obst-Butterkuchens. Zunächst wird der Teig gerade steif genug ge-

vent burning make in double boiler or pail set in a kettle of boiling water. Mix the flour and egg smooth with part of the milk, heat the remainder to boiling and stir in the egg and flour. Stir till it thickens, then let it swell and cook slowly for 15 minutes. Serve with fruit, or with sugar and milk.

Farina pudding. *Ingredients.* 1 pt. water, 1 pt. milk, 1 teaspoon salt, ½ pt. farina, 2 eggs. Make as above.

This is excellent cut in slices when cold and fried brown on a griddle. It may also be made without eggs.

Buttermilk pudding. *Ingredients.* 1 pt. fresh buttermilk, 2 tablespoons cream or butter, 1 teaspoon salt, a pinch of soda, and flour for stiff batter. Steam 2 hours, or till it bursts open, or bake in little cups or patties. May be eaten with any fruit sauce or with milk and sugar.

FRUIT PUDDINGS WITH SODA BISCUIT DOUGH.

For this dough, see page 102.

Strawberry Shortcakes. When baked as short cake, split the cakes and spread between each pair strawberries mashed and sweetened.

Other fruit shortcakes. In the same way make shortcake of berries of any sort, stewed apples, stewed pieplant, lemon or orange tart filling, in short, any filling for a pie, that is ready to eat without further cooking. These should be eaten warm but not hot, and are as good next day, if put in the oven long enough to become again warm and crisp.

Roly Poly pudding and apple dumpling. These favorite dishes are but modifications of the fruit shortcake. In the first the dough is made just stiff enough

macht, um ausgewellt, mit Aepfeln, Beeren oder anderen Früchten bedeckt, aufgerollt und in eine etwas Wasser enthaltende Pfanne zum Backen gesetzt werden zu können.

Beim Apfelplatz wird die Kruste in Quadrate ausgeschnitten, dann werden zerschnittene Aepfel in die Mitte gesetzt und hierauf die Ecken aufgestülpt und zusammengedrückt. Backe wie Roly-Poly-Pudding oder koche in Dampf.

Apfelpastete. Wenn Du Dein Obst zugleich mit der Kruste kochen willst, so fülle einen tiefen Pastetenteller mit Obst, wie Aepfel, und bedecke sie mit dem ausgewellten Butterkuchenteig. Backe braun, und wenn fertig, hebe die Kruste ab, versüße das Obst, setze die Kruste wieder darauf, und der „Pie" ist zum Auftischen fertig.

Aufgegangener Biscuit- oder Bun-Teig (s. S. 98) kann auf dieselbe Weise benützt werden, oder noch besser die Mischung für Hefepfannkuchen (s. S. 99) in Lagen mit irgend einer Obstsorte.

Willst Du diese „Obst-Butterkuchen „Pies" nennen und Dich damit zufrieden geben, so kannst Du Dir viele Mühe, viel kostspieliges Material ersparen und Deiner Familie ein noch gesunderes Gericht vorsetzen. Für Pies werden keine weiteren Rezepte mehr gegeben; einige wenige, die allgemein unter dieselben klassificirt werden können, gehören naturgemäß eher unter das Kapitel der Puddinge.

Obst-Puddinge mit Brod.

1. Brauner Betty-P. Bestandtheile. 1 Pint Brodkrume oder befeuchtetes, trockenes Brod, 1 Qt. zerhackte Saueräpfel, ¼ Pt. Zucker, 2 Theelöffel Zimmet, 4 Eßlöffel Butter oder Nierenfett. Arrangire Aepfel und Brod in Lagen, indem Du mit der Brodkrume beginnst und aufhörst, würze jede Lage mit Zucker und Gewürzen und bestreiche die obere Lage mit Butter. Decke zu, bis die Aepfel weich sind, nimm den Deckel dann ab, damit es braun wird.

to roll out, covered with apples or berries or other fruit, then rolled up and put to bake in a pan containing a little water.

For apple dumplings, the crust is cut in squares, sliced apples placed in the middle, then the corners gathered up and pinched together. Bake like Roly Poly pudding, or steam.

Apple pie. If you wish to cook your fruit at the same time with the crust, fill a deep pie plate with fruit, as apples, and cover with the rolled out shortcake. Bake brown, and when done lift the crust, sweeten the fruit, replace the crust, and the "pie" is ready to serve.

Raised biscuit or bun dough (see page 98), can be used in the same way, or still better, yeast pancake mixture (see page 99), in layers with any sort of fruit.

If you will call these fruit shortcakes "pies," and be content therewith, you will save much labor, much expensive material, and set before your family a more healthful dish. No farther recipes for pies will be given; a few that are generally classed as such, coming more naturally under the head of puddings.

FRUIT PUDDINGS WITH BREAD.

1. Brown Betty. *Ingredients.* 1 pt. bread crumbs, or dry bread moistened, 1 qt. chopped sour apples, ½ pt. sugar, 2 teaspoons cinnamon, 4 tablespoons butter or suet.

Arrange bread and apples in layers in a pudding dish, beginning and ending with the bread crumbs, seasoning each layer with the sugar and spice and spreading the butter over the top. Cover it till the apples are soft, then uncover to brown.

2. Beeren Betty P. Dasselbe mit Himbeeren oder Brombeeren. Wenn sie nicht saftig genug sind, muß etwas Wasser zugegeben werden. Ein Pudding kann auf dieselbe Weise mit Kirschen verfertigt werden, oder mit irgend einer wohlschmeckenden Frucht.

Rahm=Pudding.

1. Einfach. **Bestandtheile.** 1 Qt. Milch, 4 Eier, das Gelbe und Weiße besonders zerkleppert, 4 Eßlöffel Zucker, geriebene Muskatnuß und eine Priese Salz. Backe in einem mit Butter bestrichenen Puddinggefäß, bis es fest ist, und nimm aus dem Ofen, ehe es gerinnt.

2. Reis= und Rahm=P. Zu den obigen Ingredienzien gib ½ Tasse Reis, der in einem Theile der Milch weich gekocht ist, oder auch in Wasser. Backe ½—¾ Stunden, bis es sich hübsch bräunt.

Das ist die Grundlage für die vielen verschiedenen Reispuddinge. Auch Rosinen kann man zugeben.

3. Tapioca.
4. Sago. Puddinge aus Tapioca und Sago werden auf dieselbe Weise bereitet, blos daß diese 2 Stunden lang in einem Theile der Milch oder in Wasser aufgeweicht werden müssen.

Welschkornmehl= und Rahm=P. Zu den Ingredienzien des einfachen Rahmpuddings gib 1 Pint Maismehl und eine Extratasse Milch, einen Theelöffel Salz, einen Theelöffel Ingwer, ¼ Tasse Zucker und ½ Tasse zerhacktes Rindsnierenfett oder 2 Eßlöffel ausgelassenes Fett. Brühe das Mehl erst in der Milch ab und backe den Pudding zugedeckt zwei Stunden in einem langsam backenden Ofen.

Brod= und Rahm=Puddinge.

1. Brod=Pudding oder Semmel= Geräusch. 1 Qt. kochender Milch wird auf eine gleichgroße Masse Brod gegossen, —soviel wie sie aufsaugt, etwa 1 Pt., wenn es hart ist — 4 Eier, ½ Theelöffel Salz, ½ Tasse Zucker.

CUSTARD PUDDINGS.

2. Berry Betty. The same, made with **raspberries or blackberries**. If not juicy enough, a little water must be added. A pudding may be made in the same way with cherries or any other well flavored fruit.

CUSTARD PUDDINGS.

1. Plain. *Ingredients.* 1 qt. milk, 4 eggs, beaten yolks and whites separately, 4 tablespoons sugar, a grating of nutmeg and a pinch of salt. Bake in a buttered pudding dish till solid, and take from the oven before it curdles.

2. Rice and custard. To above ingredients add ½ cup of rice cooked soft in part of the milk, or in water. Bake ½ to ¾ of an hour, till nicely browned.

This is the foundation for the many varieties of rice puddings. Raisins may be added.

3. Tapioca.
4. Sago. Tapioca and Sago puddings are made in the same way, except that they must be soaked for 2 hours in part of the milk or in water.

Indian and custard pudding. To the ingredients for plain custard pudding add 1 pt. of corn meal and an extra cup of milk, 1 teaspoon salt, 1 teaspoon ginger, ¼ cup sugar and ½ cup chopped beef suet or 2 tablespoonfuls tried out fat. Scald the meal first in the milk and bake the pudding, covered, two hours in slow oven.

BREAD AND CUSTARD PUDDINGS.

1. Bread pudding or "Semmel Geräusch." 1 qt. boiling milk poured on as much bread — as will absorb it, about 1 pt. if hard — 4 eggs, ½ teaspoon salt, ½ cup sugar.

Milch und Brod läßt man kalt werden, und die anderen Bestandtheile werden tüchtig mit ihr verrührt, wobei man die Eier besonders zerkleppert und das Weiße zuletzt zugibt. Backe in einem mit Butter bestrichenen Gefäße eine Stunde lang. Iß ohne Sance.

Natürlich kann man Brod=Pudding auch mit weniger Eiern bereiten, allein dann reicht er als Hauptgericht einer Mahlzeit nicht aus.

2. Brod=Pudding (einfach). Trockenes Brod wird in kaltem Wasser aufgeweicht und in einem Tuche trocken gedrückt; Milch wird verwendet, um es in einen weichen Brei zu verwandeln. Gib ein zerkleppertes Ei zu 1 Pt. der Mischung zu. Backe eine halbe bis eine Stunde und iß mit einer süßen Sauce.

Mit Rosinen. Rosinen, Johannisbeeren oder frisches Obst, wie Kirschen, kann man zugeben.

Mit gedörrten Aepfeln. Nachdem Du die Hälfte der Pudding=Mischung eingelegt hast, lege eine dicke Schichte gedämpfter gedörter Aepfel, nachdem sie zerdrückt und süß gemacht und mit Orangenschale und Zimmet gewürzt sind, darüber.

Brod= und Butter=Pudding. Eine bequeme Abwechslung im gewöhnlichen Brod=Pudding.

Einfach. Bestreiche dünne Brodschnitten mit Butter und begieße sie mit einer einfachen Rahmmischung (custard), nämlich mit 4 Eiern auf 1 Qt. Milch, 4 Eßlöffeln Zucker, einer Priese Salz. Halte dieselbe niedergedrückt bis die Rahmmischung aufgesogen ist. Backe langsam bis er fest und braun wird. Iß mit oder ohne Sauce.

Mit Obst. Die Brodschnitten kann man mit Korinthen oder mit irgend einer Sorte gekochter frischer oder gedörrter Früchte belegen, die nicht so saftig sind.

Brodpudding für jede einzelne Person. Schneide kleine, runde Brodlaibchen in Viertel, oder benütze Biscuits. Weiche in einer Mischung von 4

The milk and bread are allowed to get cold and the other ingredients well beaten with it, the eggs being beaten separately, and the whites added last. Bake one hour in a buttered dish. Eat without a sauce.

Of course a bread pudding can be made with fewer eggs, but then it will hardly do for the main dish of a meal.

2. Bread pudding (simple). Dried bread soaked soft in cold water and pressed dry in a cloth, milk to make it into a soft mush. Add 1 beaten egg to a pint of the mixture. Bake from half an hour to an hour and eat with sweet sauce.

With raisins. Raisins or currants or fresh fruit, as cherries, may be added.

With dried apples. After putting in ½ the pudding mixture, put a thick layer of stewed dried apples mashed and sweetened, and flavored with orange peel or cinnamon.

Bread and butter pudding. A convenient variation on the ordinary bread pudding.

Plain. Spread thin slices of bread with butter, and pour over them a simple custard, viz.: 4 eggs to 1 qt. of milk, 4 tablespoons sugar, a pinch of salt. Keep pressed down till the custard is absorbed; Bake slowly till firm and brown. Eat with or without sauce.

With fruit. The bread slices may be spread with India currants, or with any kind of fresh or dried cooked fruit, not too juicy.

Individual bread puddings. Cut small round loaves of bread into quarters, or use biscuits. Soak in a mixture of 4 eggs, whites and yolks, beaten separate-

Eiern, das Weiße und Gelbe besonders zerkleppert, und zu einem Pt. Milch mit etwas Zucker und Muskatnuß gegeben, ein. Wenn sie Alles aufgesogen haben, werden sie, ohne zu zerbrechen, trocknen und sich in einem langsam backenden Ofen hübsch braun backen, indem man wenigstens ein- oder zweimal mit Butter bestreicht. Das Gericht kann sehr hübsch bereitet werden, wenn man in die Löcher um die obere Seite Rosinen legt und Stücke geschälter Mandeln hineinsteckt.

Nierenfett-Puddinge.

Bestandtheile. ½ Pt. Nierenfett fein zerhackt, ½ Pt. Molasse, ½ Pt. Milch, ½ Pt. Rosinen oder Korinthen, oder beides. (Ein Theil des Obstes können zerschnittene Feigen und Zwetschen sein). 1 Theelöffel Salz, 1 Theelöffel Soda zu der Molasse gemischt, 1 Pt. Brodkrume (trocken) 1 Pt. Graham-Mehl und 2 Eier. Koche 3 Stunden in Dampf oder backe 2 Stunden.

Iß mit einer Citronensauce.

Einfach. Benutze das obige Rezept blos mit Auslassung der Eier und mit Benützung von 1¼ Pt. weißem Mehl statt Graham-Mehl oder Brodkrume.

Pudding wieder aufzuwärmen. Alle vorstehenden Puddinge sind auch wieder aufgewärmt gut. Zerschneide sie in Stücke und wärme im Backofen auf oder schmore sie in etwas Butter in einer Pfanne. Siebe Zucker darüber und iß mit Sauce.

Pudding Sauce.

1 Pt. Wasser mit einem gehäuften Eßlöffel voll Mehl zu einem glatten Stärketeig verrührt. Koche 10 Minuten lang, seihe durch, wenn es nothwendig ist, versüße nach Geschmack und gieße es auf einen Eßlöffel voll Butter und den Saft einer Citrone oder anderes Gewürz. Wenn keine Citrone benutzt wird, gib einen Eßlöffel voll Essig zu.

Dies kann noch nahrhafter gemacht werden, wenn man

ly, and added to 1 pt. of milk with a little sugar and nutmeg. When they have absorbed all they will without breaking, drain and bake in slow oven to a nice brown, spreading a little butter over once or twice at the last. This dish can be made very pretty by putting currants in the holes around the top and sticking in pieces of blanched almonds.

SUET PUDDINGS.

Ingredients. ½ pt. beef suet, chopped fine, ½ pt. molasses, ½ pt. milk, ½ pt. raisins or currants, or both. (A part of the fruit may be figs and prunes cut in bits.) 1 teaspoon salt, 1 teaspoon soda mixed with the molasses, 1 pt. bread crumbs (dry), 1 pt. graham flour and 2 eggs. Steam 3 hours or bake 2.

Eat with a lemon sauce.

Simple. Use the above recipe, omitting the eggs and using instead of graham flour and bread crumbs 1¾ pt. white flour.

To reheat puddings. All the preceding puddings are good reheated. Cut in slices, and warm in the oven, or fry in a little butter in a pan. Sift sugar over and eat with sauce.

PUDDING SAUCE.

1 pt. water made into a smooth starch with a heaping tablespoon flour. Cook 10 minutes, strain if necessary, sweeten to taste and pour it on 1 tablespoon butter and juice of a lemon or other flavoring. If lemon is not used add 1 tablespoon vinegar.

This can be made richer by using more butter and sugar; stir them to a cream with the flavoring, then add the starch.

mehr Butter und Zucker verwendet; verrühre es zu einem Rahm mit den Gewürzen und gib dann den Stärkmehlteig zu.

Kräpfchen.

Diese bestehen aus verschiedenen dicken oder dünnen Teigen, die in siedendem Fett geschmort sind, und werden warm mit Zucker oder einer süßen Sauce gegessen. Das heiße Fett macht sie aufquellen und leicht und gibt ihnen eine delikate, knusprige Kruste.

Gewöhnlich wird Schweineschmalz gebraucht, aber siedendes Oel (s. Seite 41) ist besser und selbst Rindsfett, zubereitet wie nach derselben Seite, ist gut. Das Fett muß dampfend heiß sein, damit es nicht in den Teig hineinschlüpfen kann. Aus demselben Grunde müssen so gekochte dünne Teige mehr Ei enthalten, als wenn sie gebacken werden sollten.

Formen. Die Kräpfchen kann man ausrollen und in Formen schneiden, oder man schöpft sie löffelweise aus oder läßt sie durch den Trichter laufen, wobei sie natürlicher Weise zu verschiedener Dichtigkeit für jede dieser Methoden gemischt sein müssen. Wenn sie hübsch gebräunt sind, nimm sie mit einem Drahtlöffel heraus und lege sie auf Packpapier, welches das Fett aufsaugt, bestreue sie dann mit Zucker und tische sie auf.

Mit Soda aufgegangene Kräpfchen. Ingredienzien. 1 Pt. Mehl (die Hälfte kann Graham-Mehl sein), ½ Theelöffel Salz, 1 Theelöffel Oel, Butter oder Schmalz, 1 Ei und ½ Pt. Sauermilch mit ½ Theelöffel Soda, oder dasselbe Quantum süßer Milch mit ½ Theelöffel Soda und einem Theelöffel Weinstein. Zerkleppere das Ei, das Weiße und Gelbe besonders, und gib zu allerletzt das Weiße zu.

Schöpfe mit einem Löffel in siedendes Schmalz aus, oder lasse etwa die Hälfte von dem Mehle weg und laß durch einen Trichter laufen.

Diesen Teig kann man auch mit Hefe aufgehen machen.

FRITTERS.

These are various doughs and batters fried in boiling fat, and eaten warm with sugar or a sweet sauce. The hot fat gives a puffy lightness and a delicious crisp crust.

Lard is most generally used, but cooking oil (see page 41) is better, and even beef fat prepared as (see same page) is good. The fat must be smoking hot to prevent its soaking into the dough. For the same reason batters so cooked must contain more egg than if they were to be baked.

Forms. The fritter may be rolled out and cut in shapes, or dropped in spoonfuls or run through a funnel, being, of course, mixed of different consistency for each method. When nicely browned, take out with a wire spoon and lay on brown paper, which will absorb the fat, then sprinkle with sugar and send to table.

Soda raised fritters. *Ingredients.* 1 pt. flour ($\frac{1}{2}$ may be graham), $\frac{1}{2}$ teaspoon salt, 1 teaspoon oil, butter, or lard, 1 egg and $\frac{1}{2}$ pt. sour milk with $\frac{1}{2}$ teaspoon soda, or same of sweet milk with $\frac{1}{2}$ teaspoon soda and 1 teaspoon cream of tartar. Beat the egg, white and yolk separately, adding the white last of all.

Drop from a spoon into boiling lard; *or,* omit nearly half the flour and pour through a funnel.

This batter may be also raised with yeast.

Egg raised fritters. These are more crisp and delicate. If liked very light, soda or cream of tartar or baking powder may be added to these also. These batters are thinner than the preceding; they must be well beaten if no soda is used.

Kräpfchen mit Ei aufgegangen. Diese sind knuspriger und delikater. Wenn man sie sehr leicht gern ißt, kann man auch Soda oder Weinstein oder Backpulver zugeben. Diese Teige sind dünner als die vorstehenden; sie müssen auch tüchtig geschlagen werden, wenn keine Soda gebraucht wird.

1. Bestandtheile. 1 knappes Pt. Mehl, 2 Eier, 1 Theelöffel Salz, ½ Pt. Milch, 1 Theelöffel Oel oder Butter.

Zerkleppere die Dotter gut, schlage sie dann wieder tüchtig mit Mehl und Milch zusammen, gib das zu steifem Schaum geschlagene Weiße zuletzt zu. Schmore löffelvollweise.

2. Bestandtheile. 1 gehäuftes Pt. Mehl, 4 Eier, 1 Eßlöffel Oel oder Butter, 1 Theelöffel Salz, etwa 1 Pt. Wasser oder genug, um den Teig etwas dicker zu machen, als für Pfannkuchen. Verfahre wie vorher.

Zuthaten. 1 Eßlöffel voll Citronensaft kann zu irgend einem der obigen Rezepte zugegeben werden, oder etwas Muskatnuß oder Zimmet, wenn man dies gern hat.

Obstkräpfchen. Nimm saure Aepfel, schäle sie, schneide die Kernkapseln hübsch aus und zerschneide sie in runde Scheiben von ¼ Zoll Dicke. Weiche diese einige Stunden in süß gemachtem Wein, Citronensaft oder einer anderen Geschmackzugabe ein. Tauche sie in einen der obigen Teige und schmore sie. (Sie sind auch ohne Einweichung in eine Geschmackzugabe sehr gut).

Pfirsiche, Ananas und Bananen können in derselben Weise benutzt werden.

Brodkräpfchen. Schneide die Kruste von Brodschnitten los, schneide sie in hübsche Formen zurecht und lasse sie, aber nicht so, daß sie auseinander gehen, in einer Tasse Milch aufweichen, zu der 1 zerschlagenes Ei und etwas Gewürz, wie Zimmet, Citrone usw., zugegeben worden ist. Tauche sie in den Kräpfchenteig und schmore sie.

1. *Ingredients.* 1 scant pt. of flour, 2 eggs, 1 teaspoon salt, $\frac{1}{2}$ pt. milk, 1 teaspoon oil or butter.

Beat the yolks well, then again well with the flour and milk, add the stiffly beaten whites last. Fry in spoonfuls.

2. *Ingredients.* 1 heaping pt. flour, 4 eggs, 1 tablespoon oil or butter, 1 teaspoon salt, about a pint of water, or enough to make the batter a little thicker than for pancakes. Proceed as before.

Additions. 1 tablespoon of lemon juice may be added to any of the above recipes, or a little nutmeg or cinnamon if liked.

Fruit fritters. Take sour apples, peel, cut out the core neatly and slice round in slices $\frac{1}{4}$ in. thick. Soak these a few hours in sweetened wine, lemon juice or other flavoring. Dip in either of the above batters and fry. (They are also very good without being soaked in the flavoring.)

Peaches, pine apples and bananas may be used in the same way.

Bread fritters. Trim the crust from sliced bread, cut in nice shapes and soak soft, but not till they break, in a cup of milk to which has been added 1 beaten egg and some flavoring, as cinnamon, lemon, etc. Dip in fritter batter and fry.

Kochen von Gemüsen.

Die Hülsen-
früchte. Wie wir bereits gesehen haben, ist der Nährwerth gedörrter Bohnen, Erbsen und Linsen groß, bei der gewöhnlichen Kochweise aber geht uns ein großer Prozentsatz davon verloren.

In dem Kochprozeß muß der Zellstoffbestandtheil aufgesprengt, aufgeweicht und so vollständig, wie möglich, entfernt werden. Diese Vegetabilien müssen, wenn man sie nicht geschroten bekommen kann, einige Zeit lang vor dem Kochen in kaltem Wasser eingeweicht, dann gekocht werden, bis sie weich sind, worauf man sie zerquetscht und durch ein Sieb treibt. Keine Form des Kochens, die nicht das Durchtreiben einschließt, kann für andere als sehr abgehärtete Mägen empfohlen werden. Siehe S. 55 und 117.

Kartoffel. Auch dieses Vegetabil muß mit Sorgfalt behandelt werden. Die Stärkmehlkörnchen, aus welchen es in so großem Masse besteht, schwellen beim Kochprozeß auf und zerbersten die Zellwände, welche sie einschließen, wenn aber dieses Stadium erreicht ist, wird die Kartoffel häufig verdorben, indem man sie noch Dampf in sich aufnehmen und zerkochen läßt. Sobald sie weich sind, sollten gesottene Kartoffeln abgegossen, ein paar Minuten abgetrocknet, dann mit Salz bestreut und der Kessel mit einem Handtuch bedeckt werden, bis man sie anrichtet. Man lege sie dann in eine Serviette und bringe sie auf den Tisch.

Andere Vege-
tabilien. Andere Gartengewächse werden mehr oder weniger ebenso gekocht: man setzt sie in kochendes Wasser und hält sie bei raschem Kochen, bis sie weich sind, aber nicht länger, —die Zeitdauer ist dabei bei

COOKING OF VEGETABLES.

The Legumes. As we have seen, the food value of the dried bean, pea and lentil, is great, but as usually cooked a large per cent. of it is lost to us.

In the process of cooking, the cellulose part must be broken up, softened, and as much as possible entirely removed. These vegetables, if they cannot be obtained ground, must be soaked in cold water some time before cooking, cooked till very soft and then mashed and sieved. No form of cooking that does not include sieving can be recommended except for very hardy stomachs. See pages 55 and 117.

Potato. This vegetable must also be treated with care. The starch grains of which it is so largely composed swell in the process of cooking, and burst the cellulose walls confining them, but when this stage is reached the potato is too often spoiled by being allowed to absorb steam and become sodden. As soon as tender, boiled potatoes should be drained, dried out a few moments, then sprinkled with salt, and the kettle covered close with a towel, until they are served. They should then be put into a napkin and sent to the table.

Other vegetables. Other garden vegetables are cooked more or less alike; put into boiling water and kept at a rapid boil until tender, and no

jedem bestimmten Gewächs je nach seiner Frische, Größe und seinem Reifegrad verschieden. Wenn sie gar oder beinahe gar sind, sollte man sie würzen und so bald wie möglich anrichten.

Gemischte Vegetabilien. Eine **willkommene** Abwechslung in dem Auftischen von Gemüsen kann in der Vermengung von zwei oder mehr Sorten gefunden werden. Einige dieser Mischungen sind grüner Mais und ausgehülste Bohnen oder „Succotash", grüner Mais und Paradiesäpfel, grüner Mais mit Sauce-Kartoffeln, Kartoffeln und weiße Rüben zusammen zerstampft, grüne Erbsen mit einem Viertel ihres Quantums sehr klein zerschnittener gelber Rüben, Kartoffeln mit derselben Proportion gelber Rüben, die mit darüber gegossenen, geschmorten, klein zerschnittenen Zwiebeln gewürzt sind.

Vegetabilien und Früchte. Es gibt auch Mischungen von Vegetabilien und Früchten, die, wie Linsen oder Bohnen, ringsum mit gedämpften Zwetschen umlegt, sehr gute Resultate ergeben.

longer,—the length of time varying for any given vegetable according to the freshness, size, and degree of maturity. When done or nearly so, they should be seasoned and served as soon as possible.

Mixed vegetables. A welcome variety in the serving of vegetables can be found in skillful mixture of two or more kinds. A few of these mixtures are, green corn and shelled beans, or succotash, green corn and tomatoes, green corn with stewed potatoes, potatoes and turnips mashed together, green peas with a quarter as many carrots cut very small, potatoes with same proportion of carrots and seasoned with fried sliced onions poured over.

Vegetables and fruits. There are also mixtures of vegetables and fruits that are very successful, as lentils or beans with a border of stewed prunes.

Suppen ohne Fleisch.

Im Allgemeinen. Diese Suppen sollten von der ökonomischen Hausfrau in großem Maße verwendet werden; sie sind billig und nahrhaft, und wenn sie sorgfältig bereitet und gewürzt werden, von vorzüglichem Geschmack. Es gibt eine große Anzahl von Rezepten, unter welchen man aussuchen kann, was Einem nach den zur Hand befindlichen Materialien, der zur Verfügung stehenden Zeit und der Feuerungsquantität paßt.

Diese werden unter Vegetabilien-Suppen, Mehl- und Brodsuppen und kalte Suppen rubricirt.

Vegetabilien-Suppen.

Wenn man Knochen vom Fleisch oder Fleischabfälle zur Hand hat, die nicht anderweitig gebraucht werden, so lasse man sie 1—2 Stunden lang leicht im Wasser kochen und benütze die so erhaltene Brühe statt Wasser zur Bereitung der folgenden Suppen.

Am wichtigsten sind die aus gedörrten Bohnen, Erbsen und Linsen, den drei Schotenfrüchten, bereiteten. Betreffs ihrer nährenden Eigenschaften siehe Seite 81.

Bohnensuppe. Bestandtheile. 1 Pfund Bohnen, eine Zwiebel, 2 Eßlöffel Rindsfett, Salz und Pfeffer.

Zuthaten mache man nach Geschmack. ¼ Pfund Schweinefleisch oder ein Schinkenknochen, eine Priese rothen Pfeffer oder eine Stunde vor dem Anrichten, verschiedene Vegetabilien, wie gelbe und weiße Rüben, zerhackt und geschmort.

Weiche die Bohnen über Nacht in 2 Qt. Wasser ein. Am Morgen gieße ab, setze sie in frisches Wasser und koche mit der Zwiebel und dem Fett, bis sie ganz weich

SOUPS WITHOUT MEAT.

In general. These soups should be largely used by the economical housewife; they are cheap and nutritious, and if carefully made and seasoned, excellent in taste. A large number of recipes are given, from which can be selected what is suited to materials on hand, to amount of time and quantity of fire.

These will be arranged under Vegetable Soups, Flour and Bread Soups, and Cold Soups.

VEGETABLE SOUPS.

If any meat bones are on hand or trimmings of meat not otherwise needed, simmer them from one to two hours in water and use the broth thus obtained instead of water in making any of the following soups.

Most important are those made from the dried bean, pea and lentil, the three pod-covered vegetables. For their nutritive qualities see page 81.

Bean soup. *Ingredients.* 1 lb. beans, 1 onion, 2 tablespoons beef fat, salt and pepper.

Additions, to be made according to taste. ¼ lb. pork, or a ham bone, a pinch of red pepper, or, an hour before serving, different vegetables, as carrots and turnips, chopped and fried.

Soak the beans over night in 2 qts. water. In the morning pour off, put on fresh water and cook

sind, zerdrücke sie dann oder presse sie durch einen Seiher, um die Häute zu entfernen, und gib Wasser genug zu, so daß es zwei Quart etwas dicker Suppe gibt.   Würze.

Diese Suppe kann man auch aus kalten, gebackenen Bohnen bereiten.   Siede ¼ Stunde oder bis sie in Stücke zerfallen, seihe dann durch und würze.

Suppe von getrockneten, gespaltenen Erbsen.   Bereite sie wie Bohnensuppe.

Linsensuppe.   Bereite sie wie Bohnensuppe.

Suppe von grünen Vegetabilien.   Das Wasser, in welchem Vegetabilien gekocht wurden, sollte nie weggeschüttet werden, außer dem zum Kochen von rothen Rüben und ungeschälten Kartoffeln verwendeten; selbst Kohlwasser kann man zur Grundlage einer guten Suppe verwenden.

A l l g e m e i n e M e t h o d e.   Koche die Vegetabilien bis sie weich sind, zerdrücke sie oder presse sie durch einen Seiher, verdünne sie gehörig und würze.

Kartoffelsuppe.   Gut und billig.

B e s t a n d t h e i l e.   6 große, geschälte Kartoffeln, eine große Zwiebel, 1 gehäufter Theelöffel Salz, ¼ Theelöffel Pfeffer. Zu einer nahrhafteren Suppe gib ¼ Pfd. eingesalzenes Schweinefleisch in Stücke zerschnitten zu (in diesem Fall salze man weniger), oder eine Tasse Milch oder ein zerkleppertes Ei. Zerhackte Sellerieblätter geben einen guten Geschmack.

Siede Kartoffeln, Zwiebel und Salz in ein wenig Wasser, und wenn sie sehr weich geworden sind, zerdrücke sie; gib dann, immer wenig auf einmal und unter Umrühren, um Alles glatt zu halten, 1 Qt. heißen Wassers und einen Eßlöffel Rindsfett zu, in welchem ein Eßlöffel voll Mehl gekocht wurde; oder benutze das Fett zum Rösten von Brodwürfeln, die man in der letzten Minute zugibt.

Die meisten Köche schmoren die zerschnittenen Zwiebel, ehe sie sie in die Suppe geben, allein der Unterschied im

with the onion and fat till very soft, then mash or press through a cullender to remove the skins, and add enough **water to make 2 qts.** of somewhat thick soup. Season.

This soup may also be made from cold baked beans. Boil ½ hr., or till they fall to pieces, then strain and season.

Split or dried pea soup.   Make like bean soup.

Lentil soup.   Make like bean soup.

Green Vegetable Soups.   The water in which vegetables have been cooked should never be thrown away, with the exception of that used for cooking beets, and potatoes boiled without peeling; even cabbage water can be made the basis of a good soup.

General method. Boil the vegetables until very tender, mash or press through a cullender, thin sufficiently and season.

Potato soup.   Good and cheap.

Ingredients. 6 large potatoes peeled, 1 large onion, 1 heaping teaspoon salt, ¼ teaspoon pepper. For a richer soup add ¼ lb. salt pork cut in bits (in this case put in less salt) or add 1 cup of milk or a beaten egg. Chopped celery leaves give a good flavor.

Boil potatoes, onions and salt in a little water, and when very soft mash; then add, a little at a time and stirring to keep it smooth, a qt. of hot water and 1 tablespoon beef fat in which 1 tablespoon flour has been cooked; *or* use the fat for frying bread dice, which add at the last minute.

Most cooks fry the sliced onion before putting it in the soup, but the difference in taste is so slight as

Geschmack ist ein so unbedeutender, daß es die paar Minuten Extrazeit nicht werth ist, wenn die Zeit werthvoll ist.

Grüne Erbsensuppe. Dies ist eine delikate und sehr nahrhafte Suppe. Große Erbsen, die etwas zu hart zum Gemüse sind, kann man zu ihrer Verfertigung benutzen.

Bestandtheile. 1 Pt. geschälte Erbsen, 3 Pt. Wasser, eine kleine Zwiebel, 1 Eßlöffel Butter oder Fett, 1 Eßlöffel Mehl. Salz und Pfeffer.

Setze Erbsen und Zwiebel in siedendes Wasser und koche ½—1 Stunde, bis sie ganz weich sind. Presse durch einen Seiher und würze.

Suppe von Erbsen und Paradiesäpfeln. Gib zu dem Obigen, wenn es gar ist 1 Pt. gedämpfter Paradiesäpfel und etwas mehr Gewürz zu. Dies ist eine vorzügliche Suppe, welche die Nahrung der Erbse und den Wohlgeschmack des Paradiesapfels besitzt.

Paradiesäpfelsuppe. Werthvoll wegen ihres feinen Geschmacks und kann durch Zugabe von Fleischbrühe, Milch oder Eiern auch nahrhaft gemacht werden.

Bestandtheile. 1 Pint Paradiesäpfel, 2 Pint Wasser, 1 Eßlöffel Fett, 1 Eßlöffel Mehl, Salz und Pfeffer.

Koche das Mehl in dem Fett, gib die geschälten Paradiesäpfel und ganz wenig Wasser zu. Wenn sie zerkocht sind, zerdrücke sie an den Seiten des Topfes, gib den Rest des Wassers und die Gewürze zu.

Paradiesäpfel-Suppe Nr. 2. Thue wie oben, wobei jedoch statt der Hälfte Wasser, 1 Pint Milch zugegeben wird, in welcher man ¼ Theelöffel Soda verrührt hat.

Suppe von Pastinaken Bestandtheile. 1 Pt. Pastinaken in Stücke zerschnitten, 3 kleine Kartoffeln, 3 Pt. Wasser oder Wasser und Milch, Salz, Pfeffer und Butter.

not to be worth the few minutes extra time, if time is an object.

Green pea soup. This is a delicious soup and very nutritious. Large peas, a little too hard to be used as a vegetable, may be utilized in its manufacture.

Ingredients. 1 pt. shelled peas, 3 pts. water, 1 small onion, 1 tablespoon butter or fat, 1 tablespoon flour. Salt and pepper.

Put peas and onion in boiling water and cook $\frac{1}{2}$ an hour to an hour, till very soft. Press through cullender and season.

Pea and tomato soup. Add to above when done, 1 pt. stewed tomatoes and a little more seasoning. This is an excellent soup, having the nutrition of the pea and the flavor of the tomato.

Tomato soup. Valuable for its fine flavor, and may be made nutritious also by adding broth, milk or eggs.

Ingredients. 1 pt. tomatoes, 2 pts. water, 1 tablespoon fat, 1 tablespoon flour, salt and pepper.

Cook the flour in the fat, add the peeled tomatoes and a very little water. When they have cooked to pieces, mash them against the side of the pot, add the rest of the water and the seasoning.

Tomato soup No. 2. Proceed as above, using instead of half the water, 1 pt. of milk, into which $\frac{1}{4}$ tea spoon soda has been stirred.

Parsnip soup. *Ingredients.* 1 pt. of parsnips cut in pieces, 3 small potatoes, 3 pts. water, or water and milk, salt, pepper and butter.

Cook till the vegetables fall to pieces, mash and add

Koche bis die Vegetabilien in Stücke zerfallen und gib die Gewürze zu. Wenn statt Wasser theilweise Milch verwendet werden kann, wird die Suppe noch besser.

Junggemüse- oder Frühlings-Suppe. Bestandtheile. 1 Pt. zerhackter Zwiebel, gelber Rüben, weißer Rüben und Selleriewurzeln in ungefähr gleichen Theilen, 1 Eßlöffel Fett, 1 Theelöffel Zucker, Salz und Pfeffer.

Mache das Fett heiß, gib Zucker, Salz und Pfeffer zu, rühre dann die Vegetabilien hinein, bis sie braun zu werden beginnen, gib 3 Pt. Wasser zu und stelle es zurück, um es 1—2 Stunden leicht kochen zu lassen. Richte an, ohne abzugießen.

Suppen von grünem Mais. Bestandtheile. $\frac{1}{2}$ Dutzend grüner Maisähren, 3 Pt. Wasser, 1 Eßlöffel Fett und 1 Eßlöffel Mehl, Salz und Pfeffer, ein Ei und eine Tasse Milch.

Schneide den Mais vom Kolben und siede ihn eine Stunde lang. Gib das in dem Fett geschmorte Mehl zu, würze und seihe.

Suppe von gedörrtem Mais Thue wie oben, verwende aber gedörrten Mais, der über Nacht eingeweicht war und zwei Stunden gekocht hat.

Sauerrampfersuppe. Von ausgezeichnetem Geschmack und den Meisten von uns neu.

Bestandtheile. 1 Pt. Sauerrampfer, leichtes Maß, (wie man ihn in den städtischen Märkten kauft oder auf den Feldern auf dem Lande sammelt), 1 Zwiebel, ein paar Salat- und Petersilien-Blätter, alles fein zerhackt, $\frac{1}{2}$ Theelöffelvoll Muskatnuß, 1 Eßlöffel Fett, 2 Eßlöffel Mehl, 3 Pt. Wasser, 1—2 Eier, 1 Tasse Milch, Salz und Pfeffer.

Mache das Fett heiß, gib die zerhackten Vegetabilien zu und lasse sie 10 Minuten schwitzen oder dämpfen, dann gib Mehl zu und zuletzt das kochende Wasser; die Milch gieße erst unmittelbar vor dem Anrichten zu. Tische in Fett geröstetes Brod damit auf.

seasoning. If milk can be substituted for part of the water the soup will be improved.

Young vegetable or spring soup. *Ingredients.* 1 pt. chopped onion, carrot, turnips and celery root in about equal parts, 1 tablespoon fat, 1 teaspoon sugar, salt and pepper.

Heat the fat, add sugar, salt and pepper, then stir the vegetables in it till they begin to brown, add 3 pts. water and set back to simmer 1 to 2 hours. Serve without straining.

Green corn soup. *Ingredients.* ½ doz. ears green corn, 3 pts. water, 1 tablespoon fat and 1 tablespoon flour salt and pepper, an egg and a cup of milk.

Cut the corn from the cob and boil one hour. Add the flour which has been fried in the fat, season and strain.

Dried corn soup. Make as above, using dried corn, soaked over night and boiled 2 hours.

Sorrel soup. An excellent flavor, new to most of us.

Ingredients. 1 pt. sheep's sorrel, light measure (bought in city markets, or gathered in country fields), 1 onion, a few leaves of lettuce and parsley all chopped fine, ⅛ teaspoon nutmeg, 1 tablespoon fat, 2 tablespoons flour, 3 pts. water, 1 or 2 eggs, 1 cup milk, salt and pepper.

Heat the fat, add the chopped vegetables and sweat or steam for 10 minutes, then add flour and last the boiling water; add the milk just before serving. Serve fried bread with it.

"Hit and Miss" soup. To illustrate how all bits can be used, here is a soup actually made from "leavings."

"Hit and Miss"-Suppe. Zur Illustration, wie jedes Bischen verwendet werden kann, folgt hier eine thatsächlich von „Ueberbleibseln" bereitete Suppe.

Eine Tasse von Macaronis abgegossenes Wasser, 1 Tasse von Kohl abgegossenes, mit einigen Kohlschnitzeln, 2 kleine Knochen vom Kalbsbraten, einen knappen Theelöffel gekochten Reis. Lasse dieses mit einer zerhackten Zwiebel leicht sieden, während der Rest der Mittagsmahlzeit kocht, verdicke mit etwas Mehl und richte mit in Fett geröstetem Brod an.

Mehl- und Brodsuppen.

Mehlsuppe. Bestandtheile. 1 Eßlöffel Rindsfett, ein gehäufter Eßlöffel Mehl, 2 zerschnittene Zwiebeln, 2 Pt. Wasser, 1 Pt. Milch, 1 Tasse zerquetschte Kartoffeln, Salz und Pfeffer.

Schmore die Zwiebeln in dem Fett, bis sie leicht braun sind, beseitige sie unter Ausdrücken des Fettes. In demselben Fette röste nun das Mehl bis es gelb wird und gib, immer wenig auf einmal, das Wasser zu. Schütte dann die Zwiebeln wieder hinein und laß eine Weile stehen; dann gib Milch und Kartoffel zu. Salze gut.

Die Kartoffel kann man weglassen und etwas mehr Mehl verwenden.

Gebrannte Mehlsuppe. Bestandtheile. 1 Eßlöffel Butter oder Fett, $\frac{1}{2}$ Tasse Mehl, 2 Pt. Wasser, 1 Pt. Milch, 1 Theelöffel Salz.

Bräune das Mehl in dem Fett über einem langsamen Feuer oder im Backofen; gib langsam das Wasser und die anderen Bestandtheile zu. Richte mit in Fett geröstetem Brod an.

Gebrannte Griessuppe. Thue wie oben, blos mit Weizengries.

Brodsuppe. Bestandtheile. Trockenes Brod in Stücke zerbrochen, Wasser, Salz und Pfeffer, eine Zwiebel und etwas Fett.

Weiche das Brod einige Minuten in kochendem Wasser

1 cup water drained from macaroni, 1 cup water drained from cabbage, with a few shreds of the cabbage, 2 small bones from roast veal, 1 scant tablespoon boiled rice. Simmer these together with a chopped onion while the rest of the dinner is cooking, thicken with a little flour and serve with fried bread.

FLOUR AND BREAD SOUPS.

Flour soup. *Ingredients.* 1 tablespoon beef fat, 1 heaping tablespoon flour, 2 sliced onions, 2 pts. water, 1 pt. milk, 1 cupful of mashed potato, salt and pepper.

Fry the onions in the fat until light brown; remove, pressing out the fat. In same fat now cook the flour till it is yellow, and add, a little at a time, the water. Put back the onions and let it stand awhile, then add milk and potato. Salt well.

The potato may be omitted and a little more flour used.

Browned Flour soup. *Ingredients.* 1 tablespoon butter or fat, ½ cup flour, 2 pts. water, 1 pt. milk, 1 teaspoon salt.

Cook the flour brown in the fat over a slow fire or in the oven; add slowly the water and other ingredients. Serve with fried bread.

Browned Farina soup. Make like above, but of wheat farina.

Bread soup. *Ingredients.* Dry bread, broken in bits, water, salt and pepper, an onion and a little fat.

Soak the bread in boiling water for a few minutes, add the onion sliced and fried in the fat; salt and pepper well.

Or, use milk instead of water, and toasted or fried bread.

auf, gib dann die zerschnittene und in Fett geschmorte Zwiebel zu, salze und pfeffere gut.

Oder verwende Milch statt Wasser und geröstetes oder in Fett gebratenes Brod.

Nudelsuppe. (s. S. 91.)

Milch- oder Mehlsuppen.

Diese sind besonders gut in Familien mit kleinen Kindern und an fast jedem Abendbrodtisch willkommen. Sie sind beinahe ebenso gut, wenn sie kalt gegessen werden.

Zur Bereitung verwende einen Porzellankessel oder einen eisernen, der zuvor mit etwas Fett bestrichen worden ist, weil ein brenzlicher Geschmack das Gericht verdirbt.

Weizenmehlsuppe (gesalzen.) Bestandtheile. 3 Pt. Milch, 1 Pt. Wasser (oder halb Wasser und halb Milch), ⅓ Tasse Mehl, 2 Eier, 2 Theelöffel Salz.

Zu der kochenden Milch nebst Wasser gib das mit etwas kalter Milch glatt verrührte Mehl zu; lasse es 10 Minuten kochen. Zerkleppere die Eier nach und nach hinein, lasse sie aber nicht kochen; richte mit in Fett geröstetem Brode an. Zerriebener Käse ist eine Zuthat zu dieser Suppe.

Weizenmehlsuppe (süß.) Dasselbe, wie oben, jedoch nur mit Verwendung einer Priese Salz und als Gewürzzugabe 3 Eßlöffel Zucker und einen Theelöffel Zimmet. Man kann dem Geschmack Abwechslung geben, wenn man zerriebene Citronenschale, Muskatnuß, Vanille, bittere Mandeln oder zwei frische Pfirsichblätter mit der Milch zusammen gekocht verwendet.

Von Gries. Diese zwei Mehlsuppen werden noch besser, wenn sie von Gries statt Mehl gemacht werden.

Gerstensuppe. Perlgerste wird über Nacht in Wasser eingeweicht und dann zwei Stunden lang gekocht, bis sie weich ist. Während der letzten Stunde gib Milch an Stelle des Wassers zu, sowie dieses einkocht. Würze mit Salz und Butter.

Noodle Soup.   (See page 91.)

MILK SOUPS OR PORRIDGES.

These are especially good in families where there are children, and would be welcome on almost any supper table. They are almost equally good eaten cold.

In making, use a porcelain kettle or an iron kettle, greasing it first with a little fat, as a scorched taste spoils the dish.

Wheat Porridge (salted.) — *Ingredients.* 3 pts. milk, 1 pt. of water (or half water and half milk), $\frac{1}{3}$ cup flour, 2 eggs, 2 teaspoons salt.

To the boiling milk and water, add the flour stirred smooth with a little cold milk; let it cook 10 minutes. Beat the eggs in gradually, but do not cook them; serve with fried bread. Grated cheese is an addition to this soup.

Wheat Porridge (sweet.) — Same as above, but using only a pinch of salt, and as flavoring 3 tablespoons sugar and $\frac{1}{4}$ teaspoon cinnamon. The flavor may be varied by using grated lemon peel, nutmeg, vanilla, bitter almond or 2 fresh peach leaves boiled with the milk.

Of Farina. — These two porridges are still better made of farina instead of flour.

Barley Porridge. — Pearl barley is soaked over night in water, and then cooked for 2 hours till soft. During the last hour add milk instead of water, as it dries away. Flavor with salt and butter.

Indian Meal Porridge. — *Ingredients.* 1 cup meal, 2 qts. water, 1 tablespoon flour, 1 pt. milk, salt, and a little ginger (if liked). Boil the meal and water

Milch-Suppen.

Maismehl-suppe. Bestandtheile. 1 Tasse Mehl, 2 Qt. Wasser, 1 Eßlöffel Mehl, 1 Pt. Milch, Salz und etwas Ingwer (wenn man ihn gern hat.) Koche das Mehl mit dem Wasser eine Stunde; gib Mehl und Salz zu, siede es ¼ Stunde und gib unmittelbar vor dem Anrichten die Milch zu.

Hafergrütz-suppe. Mache sie auf dieselbe Weise mit Hafergrütze statt Mehl.

Grahammehl-suppe. 1 Tasse Grahammehl zu 3 Pt. Milch und Wasser. Koche 15 Minuten lang. Man kann ihr Abwechslung im Geschmack geben, wie der Mehlsuppe.

Diese drei Mehlsuppen können von kaltem Mais-, Hafer- oder Grahammehlbrei gemacht werden.

Chocolade-suppe. Bestandtheile. ¼ Pfd. Chocolade, 2½ Qt. Milch und Wasser, Zucker nach Geschmack, 1 Eigelb, etwas Vanille oder Zimmet.

Koche die Chocolade in etwas Wasser weich und gib das Uebrige zu; wenn es siedet, schütte die übrigen Bestandtheile hinein und koche oben darauf ein zerschlagenes Eiweiß löffelvollweise. Richte mit in Fett geröstetem Brod an.

Buttermilchsuppe oder „Pop". Die ausländische Küche hat verschiedene Rezepte für diese Suppe, die bei uns gänzlich unbekannt sind. Das Kochen bringt die Säure heraus, ist man aber einmal an den Geschmack der Suppe gewöhnt, so findet man sie gut und gesund.

Bestandtheile. Zu jedem Pt. Buttermilch einen Eßlöffel Mehl und einen Eßlöffel Butter, sowie etwas Salz.

Bringe sie allmählich unter beständigem Umrühren zur Vermeidung des Gerinnens zum Kochen und gieße sie auf in Fett geröstetes Brod.

Abwechslungen. Zucker und Zimmet werden oft zu dieser Suppe zugegeben; ebenso der Dotter und das zu

an hour; add flour and salt and boil ¼ hour, and add the milk just before serving.

Oatmeal Porridge. Make in the same way, using oatmeal instead of flour.

Graham Porridge. 1 cup graham flour to 3 pts. milk and water. Cook 15 minutes. This may be varied in flavor like flour porridge.

These three Porridges can be made from cold corn, oatmeal or graham mush.

Chocolate Soup. *Ingredients.* ¼ lb. chocolate, 2½ qts. milk and water, sugar to taste, 1 egg yolk, a little vanilla or cinnamon.

Cook the chocolate soft in a little water and add the rest; when boiling put in the other ingredients and cook the beaten white of an egg in spoonfuls on the top. Serve with fried bread.

Buttermilk Soup or "Pop." The foreign kitchen has many recipes for this soup quite unknown among us. Cooking brings out the acid, but once used to that taste, one finds the soup good and wholesome.

Ingredients. To each pt. of buttermilk, 1 tablespoon flour and 1 tablespoon butter, a little salt.

Bring gradually to a boil, stirring constantly to prevent curdling, and pour on fried bread.

Varieties. Sugar and cinnamon are often added to this soup; also the yolk and beaten white of 1 egg. It is considered nutritious for the sick.

Another. The Germans often add to this soup small potatoes, and bits of fried bacon. In which case the butter is omitted.

Or to the buttermilk soup when done, is added half the quantity of cooked pears or prunes.

Schaum geschlagene Weiße von einem Ei. Sie gilt als sehr nahrhaft für Kranke.

Eine andere. Die Deutschen geben oft kleine Kartoffeln zu dieser Suppe, sowie kleine Stückchen gebratenen Specks. In diesem Falle kann man die Butter weglassen.

Oder kann man auch zu der Buttermilchsuppe, wenn sie gar ist, die Hälfte ihrer Quantität gekochter Birnen oder Zwetschen zugeben.

Milch=Brodsuppe. Brewis. In gesalzene, kochende Milch schütte Brodkrume genug (entweder Weiß= oder Grahambrod), um einen dicken, glatten Brei zu machen.

Saure Rahm=suppe. Diese Suppe wird dringend zum Versuch empfohlen, da es wenige Mittel gibt, um so einfachen Materialien einen so köstlichen Geschmack zu geben.

Bestandtheile. 3 Pt. Wasser, ½ Tasse sauren Rahm und die folgende Mischung: ¼ Tasse Milch, ½ Tasse Mehl, einen Theelöffel Butter, ½ Eßlöffel Salz, einen Theelöffel Zucker, 1 Ei, einen Eßlöffel flüssiger Hefe oder ¼ Theelöffel Preßhefe. Mische dieses zusammen in einen Teig und laß ihn aufgehen, dann schöpfe die Hälfte davon theelöffelweise in das kochende Wasser mit dem Rahm; hierauf verdünne den Rest mit Wasser, bis er zerfließt, gib ihn in die Suppe und koche sie noch 5 Minuten lang. (Vielleicht ist nicht aller Teig nothwendig).

Mostsuppe. Bestandtheile. 1 Pt. Most, der gerade im Gähren ist, 1 Pt. Wasser, 1 Tasse Milch (kochend), 1 Eßlöffel Mehl, etwas Zimmet und Zucker.

Lasse den Most nebst dem Wasser ins Kochen kommen, gib das glatt zerriebene Mehl zu und koche es ein paar Minuten; zuletzt füge die Milch hinzu. Servire mit geröstetem Brod. Ein Eigelb kann zugegeben werden.

Brewis. To salted boiling milk, put enough bread crumbs (either white or graham) to make a thick smooth porridge.

Sour Cream Soup. This soup is earnestly recommended for trial, as there are few ways in which such a delicious taste may be given to simple materails.

Ingredients. 3 pts. water, ½ cup sour cream and the following mixture: ¼ cup milk, ½ cup flour, 1 teaspoon butter, ½ tablespoon salt, 1 teaspoon sugar, 1 egg, 1 tablespoon fluid yeast or ¼ teaspoon compressed yeast. Mix these together into a dough and let it get light, then drop half of it in teaspoonfuls into the boiling water and cream; then thin the rest with water until it will pour, add it to the soup and cook 5 minutes. (Not all the dough may be needed.)

Cider soup. *Ingredients.* 1 pt. cider just beginning to work, 1 pt. water, 1 cup milk (boiling), 1 tablespoon flour, a little cinnamon and sugar.

Let cider and water come to a boil, add the flour rubbed smooth, and cook a few minutes; and lastly add the milk. Serve with toast. An egg yolk may be added.

FRUIT SOUPS.

To be eaten Warm or Cold

These are made of almost any well flavored fruit, cooked soft and mashed, sufficient water added, with a little thickening, sugar and spice. They are especially welcome in summer; may be eaten as a first course, or set aside to be used as a drink during the meal.

Obstsuppen.
Warm oder kalt zu essen.

Diese werden fast aus jeder wohlschmeckenden Sorte Obst bereitet, das man weich kocht und zerdrückt, wobei man genügend Wasser zugibt nebst einiger Verdickung, Zucker und Gewürz. Sie sind besonders im Sommer willkommen; sie können als erster Gang gegessen oder bei Seite gestellt werden, um beim Essen als Getränk zu dienen.

Apfelsuppe, No. 1. Bestandtheile. 4 Tassen geschälter und in Schnitze zertheilter Aepfel in etwas Wasser zu Brei zerkocht, 1½ Pt. Wasser, 1 Theelöffel Maisstärke, 3 Theelöffel Zucker, ¼ Theelöffel Zimmet, eine Priese Salz.

No. 2. Ein Suppenteller voll Aepfel, 1 Tasse Reis. Koche sie weich und treibe sie durch ein Sieb unter Zugabe von etwas Zucker, Zimmet, Citronenschale und einem Eidotter. Verdünne genügend mit Wasser.

No. 3. Statt Reis verwende in obigem Rezept Brod mit Zugabe einiger Korinthen.

No. 4. Statt Reis verwende Hafergrütze und koche sie, bis sie weich ist, oder benütze schon gekochte.

Pflaumensuppe. Mache sie wie Apfelsuppe, wenn aber die Pflaumen sehr sauer sind, gib etwas Soda zu,—¼ Theelöffel auf 1 Qt. Suppe.

Kirschensuppe. Wird auf dieselbe Weise bereitet. Diese Suppen kann man auch aus gedörrten Pflaumen, Zwetschen oder gedörrten Sauerkirschen bereiten. Weiche die Früchte über Nacht ein.

Suppen aus Birnen usw. Wenn Suppe aus milderen Früchten, wie Birnen, bereitet wird, welche in manchen Jahren sehr billig sind, so gib ein paar Sauerapfel oder mehr Gewürz zu, um ihr guten Geschmack zu verleihen.

Apple soup, No. 1. *Ingredients.* 4 cups peeled and quartered apples, cooked to a mush in a little water, 1½ pts. water, 1 teaspoon cornstarch, 3 teaspoons sugar, ¼ teaspoon cinnamon, a pinch of salt.

No. 2. A soup plate full apples, 1 cup of rice. Cook soft and rub through a sieve, adding a little sugar, cinnamon, lemon peel, and an egg yolk. Thin sufficiently with water.

No. 3. Instead of rice, use in the above recipe bread with the addition of a few India currants.

No. 4. Instead of rice, use oatmeal and cook till soft, or use that already cooked.

Plum Soup. Make like apple soup, but if the plums are very sour add a little soda, —¼ teaspoon to a qt. of soup.

Cherry Soup. Made in the same manner.

These soups may also be made of dried plums, prunes or dried sour cherries. Soak the fruit over night.

Soups of Pears, etc., If soup is made of a milder fruit, as pears, which are at some seasons so cheap, add a few sour apples or more spice, to give flavor.

Zuthaten zu Suppen.

Wenn Deine Suppe nicht kräftig genug ist, so können Milch und Eier zugegeben werden, wenn Du keine Fleischbrühe zur Hand hast.

Wie Eier zuzugeben. Das Ei sollte zerkleppert, mit einem Theil der Suppe vermischt, dann zu dem Reste gegeben, aber nicht gesotten werden. Das Gelbe ist für diesen Zweck besser als das Weiße.

Fleischextrakt. Liebig's Fleischertrakt ist sehr werthvoll, um einer Suppe Geschmack zu geben, für den allgemeinen Gebrauch aber ist er zu kostspielig.

1. Mehl. Dies kann man einige Minuten mit der Suppe sieden, nachdem man es mit etwas Wasser glatt gemengt hat, oder besser, koche es in etwas Butter oder zerlassenem Rindsfett, ehe Du es in die Suppe gibst.

2. Brodteig. Am Backtag hebe etwas von dem Brodteig auf, verdünne ihn hinreichend, so daß er zerfließt, und gib, wenn Du willst, ein zerschlagenes Ei zu. Setze ihn sodann eine halbe Stunde beiseite, damit er wieder geht, und wenn er aufgegangen ist, schütte ihn in die Suppe.

3. Gries. Dieses Präparat von Weizen, das gegenwärtig pfundweise zu räsonablen Preisen verkauft wird, ist als Zugabe zur Suppe höchst werthvoll; man braucht ihn blos hineinzuschütten und ein paar Augenblicke sieben zu lassen.

4. Kartoffeln. Zerdrückte Kartoffeln mit etwas Milch vermengt oder geriebene, kalte Kartoffeln kann man zu der Suppe geben, um sie sähmig zu machen.

5. Gerste. Gib zu der Suppe eine Stunde, ehe sie gar ist, Perlgerste, die über Nacht in Wasser eingeweicht war.

ADDITIONS TO SOUPS.

If your soup has not strength enough, milk and eggs may be added if no meat stock is at hand.

How to add eggs. The egg should be beaten, mixed with a little of the soup, then added to the rest, but not boiled. The yolk is better for this purpose than the white.

Meat Extract. Liebig's meat extract is very valuable for adding flavor to a soup but it is too expensive for general use.

1. Flour. This may be boiled a few minutes with the soup after being mixed smooth in a little water, or better, cook it in a little butter or melted beef fat before adding to the soup.

2. Bread Sponge. On baking day, save a little of the bread sponge, make thin enough to pour, and if you wish, add a beaten egg. Set away half an hour to rise again, and when light pour into the soup.

3. Farina. This preparation of wheat, now sold by the pound at a reasonable price, is most valuable as an addition to soup; it needs only to be sprinkled in and boiled for a few moments.

4. Potato. Mashed potato mixed smooth with a little milk or grated cold potato may be added to soup to give body.

6. Reis. Eine halbe Stunde vor dem Anrichten gib zu einem Quart Suppe 1 Eßlöffel Reis.

7. Brod. Im Backofen hartgedörrte Brodstücke können unmittelbar vor dem Anrichten der Suppe beigegeben werden, oder röste sie in der Bratpfanne in etwas Rindsfett, oder weiche sie in Milch und Ei ein, ehe Du sie röstest. Oder röste das Brod auf dem Rost und schneide es in viereckige Stücke.

8. Gemüse. Irgend welches Kleingemüse kann man beigeben, wie Spargelspitzen, kleine Zwiebelchen, die zuerst in einem anderen Topf gekocht worden sind, gekochte Erbsen, Bohnen usw. Eine beliebte russische Suppe ist Rindfleischsuppe mit einer Zugabe von rothen Rüben, Kohl und gelben Rüben.

Sehr wichtig unter allen Beigaben zur Suppe sind diejenigen, deren Zubereitung zwar etwas mehr Zeit verlangt, die jedoch der Mühe werth sind, wenn die Suppe der Haupttheil der Mahlzeit sein soll. Solche sind folgende:

Klöse für Suppen und Saucen.

Dieses Wort hat einen unangenehmen Klang, weil es zu sehr an die schweren, ungesunden Klöse erinnert, die oft unter diesem Namen aufgetischt werden, allein es scheint keinen anderen Namen zu geben, unter welchem diese verschiedenen Präparate klassificirt werden können. Ihre Grundlage sind Brod und Eier oder Mehl und Eier.

Das hier erwähnte Brod ist hartes, trockenes Brod; es muß in kaltem Wasser aufgeweicht werden (warmes Wasser macht es teigig), dann drücke man es in einem Tuche aus und zerkrümle es.

Fleischklöse. Irgend welches gekochte Fleisch, oder auch verschiedene Sorten, wenn man zu wenig zu anderweitiger Verwendung von jeder hat, wird zerhackt und mit ebenso viel gesalzenem und gepfeffertem Brod, etwas zerhacktem Nierenfett oder Butter, oder noch besser mit Mark und einer zerhackten Zwiebel und einigen

5. Barley. Add to the soup 1 hour before it is done pearl barley that has been soaked over night.

6. Rice. One-half hour before serving, add to soup 1 tablespoon of rice to a quart of soup.

7. Bread. Bits of bread dried hard in the oven, may be added to the soup just before serving, *or* fry them in the spider in a little beef fat, *or* soak in milk and egg before frying. *Or*, toast bread and cut in squares.

8. Vegetables. Any small vegetables may be added, such as asparagus tops, tiny onions that have been first boiled in another pot, cooked peas, beans, etc. A favorite Russian soup is beef soup, with the addition of beets, cabbage and carrots.

Most important of all additions to soup are those which need a little more time to prepare, but are worth the trouble if the soup is to be the principal part of the dinner. Such are the following:

DUMPLINGS FOR SOUPS AND STEWS.

This word has an unpleasant sound, too suggestive of the heavy and unwholesome balls often served under this name, but there seems to be no other name under which these different preparations can be classed. Their basis is bread and eggs, or flour and eggs.

Bread mentioned here is hard dried bread; it must be softened by soaking in *cold* water (hot water makes it pasty), then press it dry in a cloth and crumble it.

Meat Balls. Any cooked meat or several different kinds when there is too little of each to be otherwise used, is chopped fine and mixed with

Kräutern vermengt, und zu jeder Tasse von dieser Mischung gib ein Ei. Mische leicht durcheinander, forme kleine Klöße daraus und koche sie ganz leicht in siedender Suppe. Probire erst einen, um zu sehen, ob er zusammenhält, wenn nicht, gib noch etwas Mehl zu.

Fischklöse. Nimm statt Mehl irgend einen gekochten, fein zerhackten Fisch.

Marklöschen. Zwei Eier zu 1 Tasse Brod und Mark von Eigröße zerhackt. Thue wie oben.

Speckklöse. Statt Mark nimm Würfel von braungebratenem Speck.

Alle diese Mischungen können auch in einer Pfanne als Omeletten geschmort oder gebacken werden.

Mehl- und Brodklöse. Drei Tassen halb Brod halb Mehl, 1 Ei, Butter von Eigröße, 1 Tasse Milch und Wasser, Salz. Weiche das Brod in dem Wasser und der Milch ein und forme es mit den anderen Bestandtheilen zusammen in keine Klöße. Koche sie zugedeckt 15 Minuten (sie können auch in Salzwasser gekocht und mit Obst gegessen werden).

Eierteig. Ein Ei, 1 Theelöffel voll Mehl, etwas Salz. Schlage das Weiße von einem Ei zu Schaum, vermenge es leicht mit dem Uebrigen und gieße es oben auf die Suppe. Drehe es nach einigen Minuten mit einem Schaumlöffel um und zerschneide in Stücke, ehe Du es in die Terrine schüttest.

No. 2. Ein gehäufter Eßlöffel voll Mehl zu 1 Ei und dem Gelben von einem zweiten, und 1 Theelöffel Butter. Rühre stark um und schöpfe es mit einem Theelöffel hinein.

Schwabenspätzle. Ein Ei, 3 Eßlöffel Milch, nahezu ½ Tasse Mehl, Salz. Gieße es durch einen Trichter in Suppe, oder in Salzwasser, koche 5 Minuten lang und benutze sie als Beilage zum Rindfleisch.

as much bread, salted and peppered, a little chopped suet or butter, or better still, marrow, and a chopped onion and some herbs, and to each cup of this mixture allow an egg. Mix lightly, make out into little balls and cook in very gently boiling soup. Try one first to see if it holds together. If not, add a little flour.

Fish balls. Substitute for the meat any cooked fish, chopped fine.

Marrow balls. Two eggs to 1 cup of bread and marrow size of an egg, chopped. Make as above.

Bacon Balls. Instead of marrow, add cubes of bacon fried brown.

All these mixtures can also be fried in a pan as an omelette, or baked.

Flour and Bread Balls. Three cups, half bread, half flour, 1 egg, butter size of an egg, 1 cup milk and water, salt. Soak the bread in the milk and water, and make out into little balls with the other ingredients. Cook, covered, 15 minutes (may also be boiled in salted water and eaten with fruit).

Egg Sponge. One egg, 1 teaspoon flour, a little salt. Beat white of egg to foam, mix lightly with the rest and pour on top of the soup. Turn over in a few minutes with a skimmer, and before putting into the tureen, cut it in pieces.

No. 2. 1 heaping tablespoon flour to 1 egg and the yolk of another, and 1 teaspoon butter. Beat hard and drop in with a teaspoon.

Schwaben Spetzel. One egg, 3 tablespoons milk, nearly $\frac{1}{2}$ cup of flour, salt. Pour through a

Biscuitteig-Klöse. Eine vorzügliche Zugabe zu einer Sauce oder Suppe ist Biscuit- oder Zwiebackteig (s. S. 98), der in Klöse von nicht mehr als Kastaniengröße geformt und in der Sauce gekocht oder in einem Tuche darüber in Dampf gesotten ist.

Buttermilch-Klöse. Ferner noch folgendes aus Buttermilch: 1 Tasse Buttermilch, ½ Theelöffel Soda, 1 Ei, Salz, und Mehl genug, damit sich der Teig noch löffelweise hineinschöpfen läßt.

Macaroni. Gekochte Macaronis in Stücke von Zolllänge geschnitten sind eine angenehme Zugabe zur Suppe.

---

funnel into soup or into salted water, cook 5 minutes and use to garnish beef.

Biscuit Dough Balls. An excellent addition to a stew or soup is of biscuit or rusk dough (see page 98), made into balls no larger than a chestnut, and cooked in the stew, or steamed in a cloth above it.

Buttermilk Balls. Also the following of buttermilk: 1 cup buttermilk, ½ teaspoon of soda, 1 egg, salt, and flour enough to allow of the batter being dropped in spoonfuls.

Macaroni. Cooked macaroni cut in pieces an inch long, is a pleasant addition to soup.

Geschmackszugaben oder Gewürze.

Ohne Zweifel ist „Hunger der beste Koch," allein es ist nicht wahr, daß das Verlangen nach Abwechslung, wie Viele denken, ein Zeichen von einem übersättigten und unnatürlichen Appetitt ist; selbst von Thieren, die wir nicht beschuldigen können, daß sie „besondere Gelüste" haben, weiß man, daß sie unter den Händen des Experimentators gestorben sind, ehe sie vollkommen nahrhaftes Futter anrührten, dessen Geschmack sie müde geworden waren, und Gefangenen ist schon ein zu oft wiederkehrendes Gericht so zum Ueberdruß geworden, daß sie sich schon bei seinem Anblick oder Geruch erbrechen mußten.

Was wir Geschmackszugaben nennen, kann zur wirklichen Nahrung gehören, oder auch nicht, Fleisch ist reich an Geschmackszugaben, und jede Frucht hat ihren eigenthümlichen Geschmack; dann aber gibt es auch Gewürze und aromatische Kräuter, welche nicht Bestandtheile wirklicher Nahrung sind, und es ist von großer Bedeutung, daß die Köchin die Kunst versteht, mildschmeckenden Speisen dieselben als Geschmackzugaben beizufügen, um aus denselben neue Gerichte zu machen, die nahrhaft und appetittreizend sind. Das Meiste von unserer Nahrung muß aus dem Fleisch einiger wenigen Thierarten, einem halben Dutzend Getreidesorten und ungefähr ebenso vielen Gartengewächsen bereitet werden, die geschickte Köchin aber kann mit Hilfe anderer Geschmackszugaben eine endlose Manigfaltigkeit von Gerichten daraus bereiten.

Ein Amerikaner, der das europäische Festland bereist, wird mit vielen neuen Gerichten und Geschmacksrichtungen bekannt, und obschon ihm nicht alle behagen, muß er doch zu dem Schlusse kommen, daß unsere Küche, z. B. im Vergleich mit der französischen sehr einförmig ist. Wir

FLAVORS OR SEASONINGS.

Without doubt "hunger is the best sauce," but it is not true, as many think, that a craving for variety is the sign of a pampered and unnatural appetite; even animals, whom we cannot accuse of having "notions," have been known to starve in the experimenter's hands rather than eat a perfectly nutritious food of whose flavor they had wearied, and prisoners become so tired of a too oft repeated dish that they vomit at the sight and smell of it.

What we call flavors may or may not be associated with a real food. Meats are rich in flavors and each fruit has its peculiar taste; then, there are the spices and aromatic herbs which are not parts of a real food, and it is most important that the cook should understand the art of adding these as seasonings to mild tasting foods, so as to make new dishes which shall be both nutritious and appetizing. The bulk of our nourishment must be made up of the flesh of a few animals, a half-dozen grains and as many garden vegetables, but the skillful cook can make of them, with the help of other flavors, an endless variety of dishes.

An American traveling on the continent of Europe becomes acquainted with many new dishes and tastes, and although not all of them are to his liking, he must conclude that our cookery, compared for in-

haben ganz sicher den Vortheil vor den Europäern voraus, daß unsere Märkte uns eine größere Manigfaltigkeit von natürlichen Nahrungsmitteln, besonders Früchten bieten, von welchen jede ihren eigenen Geschmack hat, und diese Thatsache macht uns etwas unabhängiger von der Kochkunst; trotzdem aber können wir jede Lection der Art wohl brauchen, und ganz besonders ist dies der Fall bei dem Armen, welcher sich an die billigsten Nahrungsmittel halten muß, die an und für sich nicht reich an Geschmack sind.

Gewürze und andere Geschmackszugaben, wenn sie nicht im Uebermaß genommen werden, reizen unsere Verdauungsorgane an, sich die Nahrungsmittel, welchen dieselben beigegeben sind, leichter anzueignen. Ihr angenehmer Geruch bringt die Verdauungssäfte im Munde sowohl, wie im Magen in Bewegung, und ihr Geschmack in seiner Einwirkung auf den Gaumen hat denselben Effekt.

Die gewöhnlicheren Gewürze und Geschmackszugaben, wie sie die Hausfrau verwendet, sind Salz, Pfeffer, Senf, Zimmet und Muscatblüthe, Muscatnuß, Nelken, Ingwer, Kümmel- und Coriandersamen, Vanille und viele flüchtigen Oele wie die in der Citronen- und Orangenschale enthaltenen; und zu dieser Liste müssen wir noch gewisse Vegetabilien zählen, wie den Meerrettig und verschiedene Glieder der Zwiebelfamilie, Kapern und Kapuzinersamen und die aromatischen Kräuter.

Diese alle lassen sich gebrauchen und mißbrauchen. Salz wird in dieser Liste kaum erwähnt, für so nothwendig halten wir es, und sein Gebrauch wird von unserem Gaumen gut genug dirigirt, obschon wir ohne Zweifel unsere Speisen eher zu stark als zu schwach salzen. Pfeffer wird fast in jedem Haushalt im Uebermaß verwendet und wird zu vielen Gerichten beigegeben. Der beißende Senf sollte noch vorsichtiger verwendet werden; ein wenig davon aber gibt einem Salat oder einer Fleisch-

stance, with that of the French, is very monotonous. To be sure, we have the advantage of the European in that our markets offer us a greater variety of natural foods, especially fruits, each having a flavor of its own, and this fact makes us somewhat more independent of the art of the cook; but still we have need for every lesson of this sort, and especially is this the case with the poor, who must keep to the cheapest food materials, which are not in themselves rich in flavor.

Spices and other flavors, when not used to excess, stimulate our digestive organs to appropriate more easily the food to which they are added; their agreeable odor starts the digestive juices, both in the mouth and in the stomach, and their flavor acting on the palate has the same effect.

The more common spices and flavors, as the housewife uses these terms, are salt, pepper, mustard, cinnamon and mace, nutmegs, cloves, ginger, caraway and coriander seeds, vanilla, and many volatile oils, such as those contained in the rind of lemons and oranges; and to this list we must add certain vegetables, as the horseradish and various members of the onion family, the caper and nasturtium seeds, and the aromatic herbs.

All these have their use and their abuse. Salt is hardly thought of in this list, so necessary do we consider it, and its use is well enough governed by our palate, though no doubt we over, rather than under salt our foods. Pepper is also in nearly every household used to excess, being added to too many dishes. The pungent mustard should be still more carefully

sauce Wohlgeschmack und eignet sich besonders für gewisse Vegetabilien, wie Bohnen. Zimmet, Muscatblüthe und Muscatnuß verwenden wir gewöhnlich zu süßen Gerichten, die Muscatnuß gibt indessen auch hübsche Abwechslung in gewissen Sorten von Dämpffleisch und in Fleischküchelchen; ausländische Köche verwenden für unseren Geschmack viel zu viel davon. Beinahe die einzige Verwendung, die wir für Kümmel= und Coriandersamen haben ist bei Plätzchen; den ersteren probire man zur Abwechslung in der Kartoffelsuppe. Ingwer scheint sich gut zu Maismehl in einem Pudding oder einer Mehlsuppe zu eignen, und zu Molasse, wo diese verwendet wird.

Die Verwendungen der Zwiebeln und der aromatischen Kräuter anzuführen wäre eine zu weit führende Aufgabe. Die letzteren kann man getrocknet sehr billig kaufen, und sie halten ihren Geschmack gut; eines der brauchbarsten indessen, die Petersilie, ist frisch viel besser; man halte sich daher unter allen Umständen ein Kistchen, in welchem man sie an einem Fenster wachsen lassen kann. Nach der Zwiebel ist vielleicht Sellerie als Geschmackszugabe am brauchbarsten zu Suppen und Saucen, da bei ihr Alles, Wurzel, Stengel, Blätter und Samen, werthvoll ist.

Beim Würzen von Suppen und Saucen thut man gut eine Anzahl von Geschmackszugaben zu benutzen, ohne eine vor der anderen vorschmecken zu lassen; auf der anderen Seite ist es gut, gewisse Lieblingsgerichte immer auf die gleiche Weise zu würzen, wie frisches Schweinefleisch mit Salbei; Brodfüllsel mit Sommer=Saturei usw.

used; but a little of it adds relish to a salad or a meat sauce, and goes especially well with certain vegetables, as beans. Cinnamon, mace and nutmeg, we use principally with sweet dishes, but nutmeg makes a nice variety in certain meat stews and in croquettes; foreign cooks use it far too much to suit our taste. Almost our only use of the caraway and coriander seeds is in cookies; try the former in a potato soup for variety. Ginger seems to go well with Indian meal in a pudding or porridge, and with molasses, wherever used.

To give the uses for onions and for the aromatic herbs would be too long a task. The latter can all be bought in a dried state very cheaply, and they retain their flavor well; one of the most useful, however, parsley, is much better fresh; by all means keep a little box of it growing in a window. Perhaps, after onion, celery is most useful as a flavor for soups and stews, root, stem, leaves and seeds being all valuable.

In the flavoring of soups and stews, it is well to use a number of flavors, letting no one of them be prominent above the others; on the other hand, it is well to have certain favorite dishes seasoned always in the same way; as fresh pork with sage; summer savory in a bread dressing, etc.

Getränke zu Mahlzeiten.

Ein warmes Getränke ist bei Mahlzeiten besser als ein kaltes, besonders im Winter oder zu irgend einer Zeit, wenn wir müde sind, und das Trinken von Eiswasser kann nicht nachdrücklich genug verdammt werden, weil es die Temperatur des Magens erniedrigt und so die Verdauung verzögert. Warme Gerichte, die dem Gaumen angenehm, billig und unschädlich sind, zu jeder Mahlzeit zu liefern, ist keine leichte Aufgabe. Hat man erst einmal Suppen oder Fleischbrühe als einen Bestandtheil der zwei Mahlzeiten des Tages eingeführt, wie man es häufig in Europa sieht, so ist das Problem halb gelöst; thatsächlich sind einige der hier angegebenen Getränke eigentlich dünne Vegetabilien- oder Mehlsuppen, welchen Salz oder Zucker je nach Geschmack zur Würze beigegeben werden kann.

Kaffee.   Wenn man verschiedene Schriftsteller über diesen Gegenstand mit einander vergleicht, muß man zu dem Schluß kommen, daß, obschon der Kaffee die Verdauung etwas verzögert und als Stimulans auf das Nervensystem einwirkt, eine oder selbst zwei Tassen mäßig starken Kaffees des Tages einer gesunden Person nichts schaden. Wir können daher behaupten, daß sein Gebrauch in dieser Ausdehnung eine blose Frage des Kostenpunkts ist.

Java und Mokka Kaffee zu gleichen Theilen gemischt, gilt für die beste Mischung. Rio ist viel billiger und von starkem, reinen Geschmack. Die Quantität, die zu mäßig starkem Kaffee gebraucht wird, ist ein Eßlöffel (gemahlen) zu einer Tasse.

Cichorie wird hier als bloses Fälschungsmittel betrachtet, während in Europa ein ganz kleines Bischen davon, etwa $\frac{1}{4}$ Theelöffel präparirter Cichorie zu einer Tasse ge-

DRINKS AT MEALS.

A warm drink at meals is better than a cold one, especially in winter or at any time when we are tired; and the drinking of ice water cannot be too strongly condemned, lowering as it does the temperature of the stomach and so delaying digestion. To furnish warm drinks for each meal, acceptable to the palate, cheap and harmless, is no easy question. Soups or broth once adopted as a part of two meals in the day, as is so frequently seen in Europe, and the problem is half solved; indeed some of the drinks here given are really thin vegetable soups or porridges to which the flavor of salt or of sugar may be given according to taste.

Coffee. It may be concluded, after comparing authors on the subject, that although coffee somewhat retards digestion and acts as a stimulant to the nervous system, still one or even two cups of moderately strong coffee a day will not harm a healthy person. We may say, therefore, that its use to this extent is a question of expense only.

Java and Mocha coffee in equal parts are considered the best mixture. Rio is much cheaper, and of strong, pure flavor. The amount to be used for moderately strong coffee is 1 tablespoon (ground) to a cup.

Chicory is considered here only as an adulterant, whereas in Europe a very little of it, say $\frac{1}{2}$ teaspoon of

mahlenen Kaffees zur Hebung des Geschmackes verwendet wird.

Zunächst nach der Qualität des Kaffees ist von Bedeutung, daß er frisch gemahlen und gebräunt ist. Wenn Du ihn gebräunt kaufst, erwärme ihn wieder, ehe Du ihn mahlst. Die leichteste und sparsamste Weise der Kaffee-Bereitung ist, ihn erst sehr fein zu mahlen und ihn dann in einen Sack von gewobenem Zeug zu schütten, wozu eine weiße Strumpfspitze hinreicht; laß Raum genug zum Aufschwellen. Erwärme diesen in Deinem Kaffeetopf so heiß Du kannst, ohne ihn zu verbrennen. Gieße kochendes Wasser darauf und halte 15—20 Minuten heiß und gut zugedeckt.

Kochender Kaffee wird stärker, erhält aber keinen besseren Geschmack.

Thee. Alle Schriftsteller sind über die Schädlichkeit starken Thees, wenn er im Uebermaß genossen wird, einig.

Gib Dir bei der Bereitung des Thees recht Mühe. Verwende einen irdenen Theetopf und halte Dir einen Theewärmer oder ein großes Flanneltuch zum Einhüllen.

Das zu verwendende Wasser sollte nicht zu hart und nicht zu weich sein, so daß es das Aroma, nicht aber den zusammenziehenden Geschmack herauszieht; in China verwendet man Flußwasser. Muß man hartes Wasser verwenden, so bedenke man, daß das Sieden seine Härte noch vermehrt und daß man es verwenden muß, sobald es den Siedepunkt erreicht hat.

Nimm einen Theelöffelvoll auf eine Theetasse; thue ihn in den Theetopf und erwärme ihn in einem Backofen, bis er heiß ist, gieße eine Tasse Wasser, das eben in's Kochen gekommen ist, darüber und decke mit dem Theewärmer zu. Lasse ihn fünf Minuten stehen, fülle dann mit der erforderlichen Quantität heißen Wassers und tische ihn unverzüglich auf.

Cacao und Chocolade. Diese Beide enthalten ein gut Theil Nahrung und werden als Getränke für

the prepared chicory to a cup of ground coffee, is used to improve the flavor.

Next to the quality of the coffee, it is of importance that it should be freshly ground and browned. If you buy it browned, reheat it first before grinding. The easiest and most economical way of making is to grind it very fine and put into a bag made of woven stuff, a white stocking top will do; leave room to swell. Heat this in your coffee pot as hot as you can without burning. Pour on boiling water and keep it hot and close-covered for 15 or 20 minutes.

Boiling coffee increases its strength, but does not improve its flavor.

Tea. All authors agree as to the harmfulness of strong tea, taken to excess.

Take great pains in making tea. Use an earthen teapot, and have a tea cozy or a large flannel cloth to wrap it in.

The water used should be between hard and soft, extracting the aroma but not the astringency; in China river water is used. If hard water must be used, remember that boiling increases its hardness and that it should be used as soon as it reaches the boiling point.

Take 1 teaspoonful of tea to a cup, put it in the teapot and heat in an oven till hot, pour on 1 cup of water that has just come to a boil, and cover with the tea cozy. Let it stand 5 minutes, then fill up with the requisite quantity of hot water and serve immediately.

Cocoa and chocolate. These both contain a good deal of nourishment, and as drinks are considered rather heavy. As the various kinds differ

etwas schwer gehalten. Da die verschiedenen Sorten sehr von einander abweichen, bereitet man sie am besten nach den auf den Packeten befindlichen Anweisungen.

„Cambric-Thee". Milch kann, außer für Kinder, kaum als Getränke betrachtet werden, aber mit heißem Wasser verdünnt und mit Zucker versüßt hat man ihn schon „Cambric-Thee" für die Kinder getauft, und er ist auch kein schlechtes Getränke für Aeltere als sie.

Grützeschleim. Ein dünner Grützeschleim, leicht versüßt, ist ein gutes Getränke.

Haferschleim. In ein Quart kochenden Wassers rühre 2 Eßlöffelvoll Hafergrütze; koche eine Stunde oder noch länger, gieße durch ein grobes Sieb oder einen Seiher, gib eine Priese Salz und etwas Zuckermilch zu.

Reisschleim. Feuchte einen Eßlöffel Reismehl in etwas kalter Milch an, gieße ein Quart kochendes Wasser zu, salze leicht und koche, bis es durchscheinend wird. Würze mit etwas Citronenschale und Zucker.

Maismehl-Schleim. 1 Qt. kochendes Wasser, 3 Eßlöffelvoll Maismehl, das in verschiedenen Wassern abgespült worden, ½ Theelöffel Salz; gib ½ Tasse Milch und etwas Zucker zu; eine Priese Ingwer trägt zur Hebung bei.

Gerstenschleim. Weiche Perl- oder geschrotene Gerste die ganze Nacht oder ein paar Stunden in kaltem Wasser ein, bringe sie in kochendes Wasser und koche sie ganz weich. Würze wie die anderen.

Sago- und Tapioca-Schleim. Kann auf dieselbe Weise bereitet werden.

Alle diese Getränke müssen dünn und nicht zu stark gewürzt sein.

Maiskaffee. Bräune gewöhnlichen Feldmais gerade wie Kaffee, so stark Du kannst, ohne ihn

very much from each other, they are best prepared according to the recipes found on the packages.

"Cambric Tea." Milk, except for children, can hardly be looked upon as a drink, but diluted with hot water, and sweetened, it has already been christened for the children as "cambric tea," and it is no bad drink for their elders.

Gruels. A very thin gruel, slightly sweetened, is a good drink.

Oatmeal gruel. Into a qt. of boiling water stir 2 tablespoons oatmeal; boil for an hour or longer, strain through a coarse sieve or a cullender, add a pinch of salt, and a little milk and sugar.

Rice gruel. Wet 1 tablespoon rice flour in a little cold milk, put into 1 qt. boiling water, salt slightly and boil till transparent. Flavor with a little lemon peel and sugar.

Cornmeal gruel. 1 qt. boiling water, 3 tablespoons corn meal washed in several waters, $\frac{1}{2}$ teaspoon salt; add $\frac{1}{2}$ cup milk and a little sugar;—a pinch of ginger is an improvement.

Barley gruel. Soak pearl or ground barley all night or a few hours in cold water, put into boiling water and cook till very soft. Season like the others.

Sago and Tapioca gruel. Can be made in the same way.

All these drinks must be thin and not too highly seasoned.

Corn coffee Brown common field corn as you would coffee, as brown as you can without burning. Grind coarsely and steep like coffee. Add milk and sugar, and you will find it a delicious drink.

zu verbrennen. Mahle ihn grob und laſſe ihn ziehen wie Kaffee. Gib Milch und Zucker zu und Du wirſt ein deliciöſes Getränke finden.

Kalte Getränke im Sommer. Limonade iſt von zu ſtarker Säure für ein regelmäßiges Getränk bei Mahlzeiten, die Citrone iſt jedoch als Würzmittel ſtets willkommen.

Limonade von isländiſchem Moos. Waſche eine Handvoll isländiſches Moos in 5 Waſſern ab, gieße 2 Qts. kochendes Waſſer darüber und laſſe es ſtehen, bis es kalt iſt. Seihe es und gib noch mehr Waſſer zu, wenn es nothwendig iſt, wie auch den Saft von 2 Citronen, und verſüße mit Stückzucker, den man an den Citronen gerieben hat, um das Oel von der Schale zu erhalten.

Soda-Creme. 1 Pfd. Zucker, 1 Unze Weinſteinſäure in 1 Pt. heißen Waſſers aufgelöſt. Wenn es kalt geworden, würze man mit Citronenſchalenſaft oder Extrakt und gib ein zerkleppertes Eiweiß zu. Beim Gebrauch gib 2 Eßlöffelvoll in ein Glas Waſſer, in dem ein Viertels-Theelöffelvoll Soda aufgelöſt iſt.

Apfel-Waſſer. Schneide ſaure Aepfel in kochendes Waſſer und halte ſie eine Stunde lang warm. Seihe durch und verſüße. Alle dieſe Getränke ſchmecken mit Eis abgekühlt am beſten (aber nicht zu kalt.

Apfel-Wein. Süßer Apfelwein kann zum Gebrauch auf Flaſchen gezogen werden und gibt ein deliciöſes Getränke. Siede ihn und ſchäume ab, bis er klar iſt,—nicht länger; gieße ihn heiß in die Flaſchen und verſiegle dieſe.

Siehe auch Vegetabilien- und Frucht-Suppen.

Cold drinks in Summer. Lemonade is too strongly acid for a regular drink at meals, but lemon as a flavor is always welcome.

Irish moss lemonade. Wash a handful of Irish moss in 5 waters, pour over it 2 qts. boiling water and let it stand till cold. Strain, adding more water if necessary and add the juice of 2 lemons and sweeten with lump sugar which you have rubbed on the lemons to obtain the oil in the skin.

Soda cream. 1 lb. sugar, 1 oz. tartaric acid dissolved in a pt. of hot water. When cold flavor with lemon zest or extract, and add the beaten white of an egg. When used, add 2 tablespoons of it to a glass of water in which you have dissolved ¼ teaspoon soda.

Apple water. Slice juicy sour apples into boiling water and keep warm an hour. Strain and sweeten. All these drinks taste best cooled (but not *too* cold) with ice.

Cider. Sweet cider can be bottled for use and makes a delicious drink. Boil and skim till it is clear—no longer; pour hot into bottles, and seal.

See also vegetable and fruit soups.

Küche für Kranke.

Es ist verhältnißmäßig leicht für Deine Familie mit einem schmalen Einkommen zu leben, so lange alle Angehörigen derselben sich guter Gesundheit erfreuen, allein Du wirst Deine Hilfsmittel alle zu kärglich finden, wenn Du für den Appetit eines Kranken Proviant zu schaffen hast.

Auch im besten Falle stellt Krankheit stets starke Anforderungen an das beschränkte Einkommen, hier jedoch, wie in jeder anderen Abtheilung Deiner Arbeit, wirst Du finden, daß gesunder Menschenverstand und Genie Dir das Geld ersetzen können.

Während eines schweren Uebelbefindens steht die Nahrung ebensowohl, wie die Medicin unter Aufsicht des Arztes, wenn aber die Gefahr vorüber ist und er Dich blos mit allgemeinen Anweisungen verlassen hat, so wirst Du mehr als wahrscheinlich in Deiner Verlegenheit den Rath irgend einer Nachbarin annehmen, die hereingeschneit kommt, obschon Du vielleicht weißt, daß weder ihr Urtheilsvermögen noch ihre Erfahrung so gut sind, wie Deine eigenen.

Nun überlege Dir erst, was der Doktor gemeint hat, als er Dir sagte, der Patient müsse „herausgefüttert" werden, und wie seine zerstörte Figur wieder Fett und Muskeln zurückerhalten kann, die in der Krankheit abgebrannt sind? Vor allen Dingen, wie Du weißt, durch Verdauung der Nahrung, der Proteinkörper, der Fette und Kohlenhydrate, über die wir gesprochen haben, sodann aber auch noch durch etwas Anderes, ein wirkliches, wenn auch oft vergessenes Nahrungsmittel, den Sauerstoff der Luft.

Wir haben gesagt, daß wir uns um dieses Nahrungsmittel keine Sorge zu machen brauchen und daß es selbst für sich sorge; und dies wird es thun, wenn wir uns in einem Gesundheitszustande befinden und ein Leben führen, wie

COOKERY FOR THE SICK.

It is comparatively easy for your family to live on a small income while all its members are in good health, but you will find your resources all too slender when you must cater for the appetite of an invalid.

At best, sickness is always a severe drain on the limited income, but here, as in every other department of your work, you will find that good sense and ingenuity will often stand you in stead for money.

During a severe illness the food as much as the medicine is under the care of the physician, but when the danger is over and he has left you with only general directions, you will be more than likely in your bewilderment to take the advice of the first neighbor that drops in, although you may know that neither her judgment nor experience is as good as your own.

Now consider first, what did the doctor mean by saying that the patient must be "built up," and how is the wasted frame to get back the fat and muscle that were burned away in the sickness? Chiefly, as you know, by the digestion of food, the proteids and fats and carbohydrates that we have been talking about, and still another, a real food although so often forgotten, the oxygen of the air.

We have said that we need not concern ourselves about this food, that it would take care of itself; and so it will when we are in a state of health and living

es menschlichen Wesen zukommt, denn wo wir gehen und stehen, nährt uns die Luft, ohne daß wir es wissen. Die Sache verhält sich jedoch ganz anders bei einem armen Leidenden, der im Krankenzimmer eingeschlossen ist; ihm müssen wir mit ebenso großer Sorgfalt und Regelmäßigkeit frische Luft schaffen, wie seine Gelees und Kraftbrühen.

Wenn wir erwägen, womit wir unseren Kranen speisen sollen, so können wir nichts Besseres thun, als uns an unsere alte Classification zu halten, die Proteinkörper, Fette und Kohlenhydrate. Er muß alle diese Grundlagen nur in der am leichtesten zu verdauenden Form haben, denn sein Magen ist schwach, wie sein übriger Körper. Aus diesem Grunde müssen ihm die Proteinkörper vorzugsweise aus dem Thierreich zugeführt führt werden, Butter oder Rahm müssen das Fett liefern, und die Kohlenhydrate müssen möglichst wenig von dem Zellstoff mit sich bringen und so gekocht werden, daß sie sich leicht verdauen.

Erstlich, die Proteinkörper betreffend. Heiße Milch, öfters in kleinen Quantitäten gegeben, wird in den ersten Stufen der Wiedergenesung viel gebraucht und ist allgemeiner beliebt, als mit der Beigabe von einem Stückchen gerösteten Brodes oder in der Verarbeitung zu einem dünnen Schleim.

In der ersten Reihe kommt auch Suppe aus magerem, feingeschabtem Rindfleisch, das mit kaltem Wasser übergossen und dann eine Stunde lang stehen gelassen, sodann langsam zur Brühhitze erwärmt und eine kurze Zeitlang dabei gehalten wird; es wird sodann durch ein grobes Sieb geseiht, wobei man die kleinen, braunen Flocken mit durchlaufen läßt. Würze blos mit Salz. Oder röste ein dickes, weiches Steak, zerschneide es in Stücke, presse dann mit einem Citronenzerdrücker jedes Bischen Saft aus, worauf er verdünnt und gewürzt werden kann.

Hammelfleischbrühe wird wie Rindfleischsuppe gemacht,

as human beings should, for as we walk or work we are fed by the air without knowing it. But the case is quite different with a poor invalid shut up in a sick room, we must bring the fresh air to him with as much care and regularity as we do his jellies and broths.

When we are considering what we shall feed our invalid, we cannot do better than keep to our old classification of Proteids, Fats, and Carbohydrates. He must have all these principles but in the most digestible form, for the stomach is feeble like the rest of the body. For this reason the proteids must be furnished mainly from the animal kingdom, butter and cream must supply the fat, and the carbohydrates must bring with them as little as possible of the tough cellulose, and they must be so cooked as to be easily digested.

First, as to the Proteids.

Hot milk, given often in small quantities, is much used in the early stages of recovery and is generally better liked if accompanied by a bit of toasted bread or made into a thin gruel.

In the first rank, also, comes soup made of lean beef scraped fine, covered with cold water and allowed to stand for an hour, then brought slowly to scalding heat and kept there for a short time; it is then strained through a coarse sieve, the small brown flakes being allowed to pass. Season only with salt. Or, broil a thick, tender steak, cut it in pieces, and then with a lemon squeezer press out every particle of juice, it may then be diluted and seasoned.

Mutton broth is made like beef soup but should be cooked a longer time. Chicken broth also requires more cooking.

sollte aber längere Zeit kochen. Auch Hühnersuppe braucht längeres Kochen.

In irgend einer dieser Suppen kann etwas Reis oder Tapioca gekocht werden.

Eier sind ein wichtiger Posten in der Krankendiät, da sie sehr nahrhaft und frisch leicht verdaulich sind; benutze sie gar nicht, wenn Du ihres Alters nicht sicher bist.

Eier kann man roh geben (s. S. 58) oder weich gekocht (s. S. 59) oder in heißem Wasser eingeschlagen. Ein Ei kann auf viele verschiedene Weisen aufgetischt werden und gibt stets ein hübsches, anziehendes Gericht. Beim Kochen sollte man es jedoch nie einer zu hohen Temperatur unterwerfen, weil dies das Weiße hornig und unverdaulich macht.

Ein Eierrahm aus einem Ei und einer Tasse Milch nebst einem halben Eßlöffel Zucker kann bei der Wiedergenesung zeitig gegeben werden. Oder verwende auch Rindfleischsuppe oder Hühnerbrühe statt der Milch und würze mit etwas Salz und Pfeffer. Diese Eierrahme sollten in einem Blechtopf, der in einen Kessel kochenden Wassers gesetzt wird, bereitet werden, wobei man den Eierrahm umrührt, bis er dick zu werden beginnt.

Zunächst in der Reihe kommt gekochtes Fleisch. Rindfleisch ist am allerbesten, allein es muß saftig und zart sein, und man muß es rösten oder braten und halb roh auftischen. Ein geröstetes Hammelschnittchen kommt vielleicht zunächst, obschon einem Huhn wegen seines delikaten Geschmack oft der Vorzug gegeben wird. Ein Kranker sollte Schweinefleisch nicht anrühren, und Kalb- oder Lammfleisch nur in der Form von Suppe erhalten.

Was Fette betrifft, so bedarf ihrer der Körper selbstverständlich, fettes Fleisch aber sollte nicht gegeben werden, blos Butter, oder noch besser, Rahm. Die Butter darf nie zerlassen und in die Speise aufgesogen, auch nicht in eine Sauce verwandelt werden.

Was den pflanzlichen Theil der Nahrung betrifft, so

Any of these soups may have a little rice or tapioca cooked with them.

Eggs are an important item in the diet of an invalid, being very nutritious and, if fresh, easily digested; do not use them at all if uncertain of their age.

Eggs may be given raw (see page 58) or soft-boiled (see page 59) or poached in hot water. An egg may be served in many ways and makes always a pretty and attractive dish. In cooking, it should never be submitted to a high temperature, as that makes the white part horny and indigestible.

A custard made from an egg and a cup of milk and a half table spoon of sugar may be given early in a convalescence. Or use beef soup or chicken broth instead of the milk, and flavor with a little salt and pepper. These custards should be made in a pail set in a kettle of boiling water, the custard being stirred till it begins to thicken.

Next in order, comes cooked meat. Beef is best of all, but let it be juicy and tender and broil or roast it, serving it rare. Probably a broiled mutton chop ranks next, although chicken, because of its delicate flavor will often receive the first choice. An invalid should not touch pork, and should be given veal or lamb only in the form of soup.

As to fats, the system needs them of course, but fat meat should not be given, only butter or better still, cream. The butter must never be melted and soaked into the food, nor made into a sauce.

As to the vegetable part of the diet, much care must be used. In the form of gruel or porridge, it is generally very welcome and gives the fluid part of

muß große Sorgfalt darauf verwendet werden. In der Form von Schleim oder Mehlsuppe ist er allgemein willkommen und gibt den flüssigen Theil der Mahlzeit in guter Form. Betreffs Welschkorn- und Hafermehlsuppe siehe S. 122. Milch kann die Stelle des Wassers vertreten.

Geröstetes Brod wird mit gutem Grunde als Krankenspeise betrachtet, denn der Röstproceß verwandelt das Stärkmehl des Brodes zum Theil in Dextrin, das sehr leicht verdaut wird. Auch Getreidearten können gebräunt oder geröstet werden. Reis röste wie Kaffee; koche wie gewöhnlich und iß mit etwas Rahm. Bedenke, daß Brod zum Rösten dünn geschnitten und erst in kurzer Entfernung vom Feuer etwas ausgetrocknet, dann näher gebracht und gebräunt werden muß. Du kannst es dann als trockenen Toast, leicht mit Butter bestrichen, auftischen, oder außer der Butter und etwas Salz heißes Wasser oder Milch unmittelbar vor dem Anrichten darauf gießen.

Panada von geröstetem Schwarzbrod, Weißbrod oder Crackers wird bereitet, indem man in einer Schüssel die Stücke aufeinander schichtet, nachdem sie mit Salz oder Zucker überstreut worden sind, dann übergießt man sie mit hinreichend kochendem Wasser, um sie tüchtig einzuweichen. Sie sollte eine Stunde oder noch länger heiß gehalten werden, worauf man die Stücke sorgfältig auf eine heiße Untertasse heraushebt und mit etwas Rahm und vielleicht noch etwas Salz oder Zucker anrichtet. Muskatnuß kann zugegeben werden.

Auch Reis ist ein sehr werthvolles Nahrungsmittel zum Gebrauch in Krankheitsfällen, da er auch der schwächlichsten Verdauungsfähigkeit keine Zumuthungen stellt.

Macaronis werden leicht verdaut und sind von hohem Nährwerth. Sie sollten in heißem Salzwasser gesotten werden, bis sie weich sind, worauf man sie mit etwas Butter oder Rahm anrichtet. Oder kann man sie einer Eierrahm zugeben und leicht backen.

the meal in a good form. For Indian meal and oatmeal porridge see page 122. Milk may take the place of the water.

Toast is with good reason considered invalids' food, for the process of toasting turns part of the starch of the bread into dextrine which is digested with great ease. Grains may be also browned or roasted. Roast rice as you would coffee, cook as usual and eat with a little cream. Remember that bread for toast must be cut thin and first dried out at a little distance from the fire, then brought nearer and browned. You may then serve it as dry toast lightly buttered, or in addition to the butter and a little salt, pour hot water or milk on it just before serving.

Panada of toasted brown bread, white bread or crackers, is made by piling the pieces in a bowl, having sprinkled either salt or sugar over, and then pouring over enough boiling water to soak them well. It should be kept hot for an hour or more, the pieces then lifted out carefully on a hot saucer and served with a little cream and perhaps more salt or sugar. Nutmeg may be added.

Rice is also a very valuable food for use in sickness, as it does not tax the most delicate digestion.

Macaroni is easily digested and of high food value. It should be boiled in salted hot water till tender and served with a little butter or cream. Or it may be added to a custard and lightly baked.

Barley, thoroughly cooked, is good food for an invalid. Oatmeal must be used with caution until the digestion becomes stronger.

As to vegetables proper, a mealy baked potatoe is

Gerste, gründlich gekocht, ist eine gute Nahrung für einen Kranken. Hafermehl muß mit Vorsicht benutzt werden, bis die Verdauung stärker wird.

Was eigentliche Vegetabilien betrifft, so ist eine gebackene, mehlige Kartoffel vielleicht das erste, das in den Speisezettel aufgenommen werden darf; entferne das Innere, zerdrücke sie fein und würze sie mit etwas Salz und Rahm. Hüte Dich vor Kartoffeln, die auf irgendwelche andere Weise gekocht sind.

Obstsaft kann zeitig als Geschmackszugabe zu Getränken benützt werden: der breiige Theil muß jedoch entfernt werden. Ein gebratener Apfel ist für den Anfang das Sicherste, wenn die Zeit zur Einführung von Früchten in eine solche Diät gekommen ist.

Was das Anrichten betrifft, so benutze Porzellan, Silber und Leinwand von der besten Sorte, die Du im Haus hast, und laß es an ausgesuchter Sauberkeit nie fehlen.

Bedenke, daß Ueberraschungen einem Kranken sehr angenehm sind; laß ihn nie den Speisezettel voraus wissen, und wenn Du ein wohlbekanntes Gericht verhüllt auftischen kannst, so ist es um so besser. Zerschlagenes Eiweiß ist eine gute Fee und leistet Dir billige Dienste. Schneeweiß oder im Backofen zu einem Goldbraun gemacht kann es die Obenseite von manchem Gerichte bilden, wobei es das eine Mal den Eierrahm verhüllt, das andere Mal geformtes Hühnergelee oder sogar eine Tasse delikates Apfelmus.

Das Verfahren beim Kochen, sieht ein Kranker, wenn es einfach ist, gern mit an, und der Anblick schärft oft seinen Appetitt. Bring ihm seinen Mehlschleim in der Form eines Breis und verdünne ihn vor seinen Augen mit Milch oder Rahm, backe sein Ei leicht in einer Steingutschüssel, während er einen anderen Gang verzehrt, und bereite vor allen Dingen seinen Thee neben seinem Bette.

perhaps the first to be introduced into the bill of fare; remove the inside, mash fine and season with a little salt and cream. Beware of potatoes cooked in any other way.

The juice of fruits may be used early as a flavor in drinks, but the pulp must be discarded. A baked apple is safest to begin with, when the time comes to introduce fruit as such into the diet.

As to the serving, use the best china, silver and linen that you have in the house and let exquisite neatness never fail.

Remember that surprises are delightful to a sick person; never let the bill of fare be known before hand, and if you can disguise a well known dish, so much the better. Beaten white of egg is a good fairy and serves you cheaply. Snowy white or made golden brown in the oven, it may top many a dish, concealing at one time a custard, at another a mold of chicken jelly or even a cup of delicate apple sauce.

The processes of cooking, if simple, an invalid loves to watch and the sight is often a whet to the appetite. Bring his gruel to him in the form of mush and thin it before his eyes with milk or cream, coddle his egg in a stone ware bowl while he eats another course, and by all means make his tea at the bed-side.

Speisekarten.

Folgende Speisekarten sind für eine Familie von 6 Personen, die aus einem Arbeitsmann, zwei Frauenzimmern und drei Kindern im Alter zwischen 6—15 Jahren besteht, wobei die Größe der Familie und die erreichten Altersstufen als dem Durchschnitt hinreichend nahe betrachtet werden.

Die Quantität der Nahrung und die Proportionen, in welchen die großen Nahrungsgrundlagen repräsentirt sind, sind annähernd das, was von den stehenden Diätregeln für eine solche Familie verlangt wird. Für den Mann der Familie haben wir, wie bereits bemerkt, die von Prof. Atwater für einen Amerikaner von Durchschnittsalter bei harter Handarbeit vorgeschlagene gewählt, für die Frauen und Kinder die von Prof. König vorgeschlagenen.

Angenommene Diätregeln. Die von ihnen repräsentirten Quantitäten sind:

	Proteinkörper.	Fette.	Kohlenhydrate.
Mann............	125 Grm.	125 Grm.	400 Grm.
2 Frauen (jede).....	96 "	48 "	400 "
3 Kinder von 6—15 (jedes)......	76 "	44 "	320 "
Totalsumme........	545 Grm.	353 Grm.	2210 Grm.
Oder in Unzen ausgedrückt.......	19.19 Unz.	12.42 Unz.	78.03 Unz.

Bei Berechnung dieser Quantitäten sind wir fast vollständig den von Prof. König zusammengetragenen, analytischen Tabellen gefolgt.

Fleisch wird ohne Knochen und mäßig fett in die Berechnung gebracht, und in beinahe allen Speisekarten übersteigt die Quantität der Proteinkörper die von den angenommenen Diätregeln verlangte hinreichend, so daß wir diesen Verlust ertragen können. Das Mehl ist von Mittel=Qualität, Eier werden ohne die Schalen berechnet und Milch mit einem Gewicht von 34.4 Unzen per Quart.

BILLS OF FARE.

The following bills of fare are made out for a family of six persons, consisting of a working man, two women, and three children between the ages of six and fifteen, the size of the family and the ages attained being considered sufficiently near the average.

The amount of food and the proportions in which the great food principles are represented approximate to what is demanded by standard dietaries for such a family. For the man of the family we have taken, as has been said, the one proposed by Professor Atwater for an American at average manual labor, for the women and children those proposed by Prof. König.

Dietary adopted. The amounts represented by them are:

	Proteids.	Fats.	Carbohydrates.
Man	125 gms.	125 gms.	400 gms.
2 women (each)	96 "	48 "	400 "
3 children, 6 to 15 yrs. (each)	76 "	44 "	320 "
Sum total is	545 gms.	353 gms.	2210 gms.
Or translated into oz.	19.19 oz.	12.42 oz.	78.03 oz.

In calculating these amounts we have followed almost entirely the analytical tables compiled by Prof. König.

Meat is reckoned without bone and moderately fat, and in nearly all the bills of fare the amount of

Was die Preise betrifft, so sind es hauptsächlich die von den Baltimorer Märkten, in einigen Fällen nach den New Yorker verbessert. Eier werden zu 18 Cents im Frühjahr, zu 25 Cents im Herbst und Winter berechnet; in Büchsen konservirte Früchte sind zu den für Obst im Sommer bezahlten Preisen angegeben. Die Kosten der Rohmaterialien sind in allen Fällen genannt, wobei Brod nach dem Preis des in ihm enthaltenen Mehles berechnet wird.

In drei verschiedenen Jahreszeiten sind vier aufeinanderfolgende Tage ausgewählt, die als diejenigen, welche die Haushalterin auf die härteste Probe stellen, betrachtet werden — Samstag, Sonntag, Montag und Dienstag, und dies gibt Gelegenheit, zu zeigen, wie die Speisen zum Voraus geplant und gekocht werden sollen. Es wird beabsichtigt, daß am Samstag, so weit es möglich ist, die Speisen für den Sonntag gekocht werden, weil die Mittagsmahlzeit am Sonntag eine gute sein, dabei aber an diesem Tage möglichst wenig Arbeit verursachen sollte; die Mittagsmahlzeit am Montag sollte eine solche sein, die auf dem hinteren Theile des Ofens und im Backofen hergestellt werden kann.

Die Rezepte werden einiger Abwechslung unterworfen werden müssen, dem an geeigneter Stelle gegebenen Rath über Sparsamkeit entsprechend, z. B. durch Substituirung von Rindsfett statt Butter, oder durch Zugabe derselben, wo abgerahmte Milch statt vollständiger benutzt wird.

Es wird ferner beabsichtigt, daß an jedem Tage ein kleiner Ueberschuß an Geld zum Ankauf von Gewürzen und Geschmackszugaben bleiben soll.

Einleitung zu den Speisezetteln,
I. Classe.

(Für die Hausmutter.)

In der allgemeinen Einleitung hat die Verfasserin ein paar Grundsätze angegeben, die uns bei der Auswahl unserer Nahrung leiten sollten. Wir haben gelernt, daß

proteids enough exceeds that required by the dietary adopted so that we can afford this loss. Flour is of medium quality, eggs are reckoned without shell, and milk as weighing 34.4 oz. per qt.

As to prices, they are mainly those of Baltimore markets, corrected in some cases by those of New York. Eggs are reckoned as costing in the spring 18 cts., in Fall and Winter 25 cts., canned fruit is put down at the price paid for the fruit in Summer. The cost of raw material is given in all cases, bread being reckoned at the cost of the flour contained in it.

In three different seasons, four days in succession are selected, these days being the ones considered most trying to the housekeeper—Saturday, Sunday, Monday and Tuesday, and this gives an opportunity to show how the food should be planned and cooked ahead. It is intended that on Saturday the food for Sunday should be cooked as nearly as possible, as the Sunday dinner should be a good one but requiring a minimum of labor on that day; the dinner on Monday should be such as can be cooked on the back of the stove and in the oven.

The recipes will have to be varied a little according to advice given in appropriate places as to economy, *e. g.*, substituting beef fat for butter, or adding it when skim milk is used instead of whole milk.

It is intended that each day there shall be a small surplus of money for purchasing seasonings and flavors.

INTRODUCTION TO BILLS OF FARE, CLASS I.

(*To the Mother of the Family.*)

In the general introduction the writer has stated a

wir, wenn wir uns bei guter Gesundheit und Arbeitskraft erhalten wollen, eine bestimmte Quantität von dem haben müssen, was uns am besten durch Fleisch, Eier, Milch und andere thierische Erzeugnisse geliefert wird, und daß wir ferner ebensowohl Fette haben müssen, wie das, was uns in Getreidearten und Gemüsen geboten wird.

Nun aber hat unsere Aufgabe erst begonnen, denn wir müssen diese Nahrungsgrundlagen in Gestalt gekochter Gerichte liefern, die dreimal des Tages auf den Familientisch kommen sollen, und die Gerichte müssen nicht blos nahrhaft sein, sondern auch gut schmecken, und Tag für Tag muß uns Abwechslung genug geboten werden; endlich aber—und dies ist der allerschwierigste Punkt—müssen wir versuchen, dies mit der Summe von 13 Cents per Tag für jede Person fertig zu bringen.

Ich werde mir nun vorstellen, daß ich zu einer Hausmutter spreche, welche sechs Mäuler zu füttern hat, und nicht mehr Geld dazu besitzt. Vielleicht hat diese Frau nie genaue Rechnungen geführt und weiß nicht ob sie mehr oder weniger als diese Summe ausgibt. Sehr wahrscheinlich hat sie ihre „Spendir"- und ihre „armen" Tage je nach den verschiedenen Beträgen der Familieneinnahmen, und es mag ein Trost für sie sein, zu wissen, daß sie, wenn sie diese Tage eintheilen und etwas planmäßiger behandeln kann, im Stande ist, ihre Familie ganz hübsch mit dieser Summe zu ernähren.

Einige Thatsachen über das, was der Erfahrung der Verfasserin gemäß, in dieser Beziehung schon geschehen ist, werden nicht übel angebracht sein. Ich kannte eine Familie von 6 Personen aus einer der Berufsklassen, zur Hälfte Erwachsene und zur Hälfte Kinder, welche ein Jahr lang zu einem Durchschnittspreis von 11 Cents per Person lebten, und von niemand wurde behauptet, daß sie nicht gut genug lebten; sie hatten ungefähr vier von den sieben Tagen Fleisch, auf dem Abendtisch stand stets ein Kuchen, und sie genossen reichlich Obst.

Hier ist ein Durchschnitts=Speisezettel. Frühstück—Milch,

few principles that should guide us in choosing our food. We have learned that to keep us in good health and working order we ought to have a certain amount of what is best furnished by meat, eggs, milk and other animal products, and that we must also have fats as well as what is given us in grains and vegetables.

But now our work has only just begun for we are to furnish these food principles in the shape of cooked dishes to be put on the family table three times a day, and the dishes must not only be nourishing but they must taste good, and there must be plenty of variety from day to day; and last—and this is the hardest point of all—we are to try to do this for the sum of *13 cents per person daily.*

I am going to consider myself as talking to the mother of a family who has six mouths to feed, and no more money than this to do it with. Perhaps this woman has never kept accurate accounts and does not know whether she spends more or less than this sum. She very likely has her "flush" days and her "poor" days according to the varying amounts of the family earnings, and it may be a comfort to her to know that if she could average these days and plan a little better, she can feed her family nicely on this sum.

A few facts as to what the writer knows to have been done in this line will not be amiss. I knew a family of 6 belonging to one of the professional classes, half, grown people, and half, children, that lived for a year on an average of 11 cents per person daily, and no one would have said that they did not live well enough; they had meat about four days out of the seven, there was always cake on their supper table, and they used plenty of fruit.

geröstetes Brod, gebratene Kartoffeln, Kaffee; Mittagessen—Suppe von Rindsschenkel, gebackene Leber, Reis und Kartoffeln; Abendessen—Butterbrod, in Fett gebackener Brei, gedämpfte Birnen und Kuchen. Am nächsten Tag wurde gepreßtes Rindfleisch aus dem zerhackten und gewürzten Suppenfleisch gemacht, und am Tage darauf gab es hübsch gebratenen, billigen Fisch. Das Haupt der Haushaltung war eine geschickte Wirthschafterin, beim Kochen wurden absolut keine Fehler gemacht und nicht ein Stückchen ging verloren; sie hatte eine lange Liste einfacher Gerichte zur Verfügung und machte Abwechslung zu ihrem speziellen Studium. "Ich gebe selbst ein Lieblingsgericht Wochen lang auf," sagte sie, "wenn irgend jemand es müde ist." Ich führe dies als Probe von dem an, was ich von einer höchst respektablen Familie in einer kleinen Stadt in einem unserer östlichen Staaten thun sah.

Es muß hier erwähnt werden, daß der Preis, zu welchem diese Familie bequem lebte, nicht so niedrig hätte sein können, wie er wirklich war, wenn sie nicht ein großes Hilfsmittel gehabt hätte; sie hatte ein Gärtchen, das ihr Grünes und einige Früchte lieferte. Beinahe jede Familie hat indessen irgend einen speziellen Vortheil, der ihre Kosten etwas erniedrigt; die eine kauft Butter und Früchte mit Vortheil von Freunden auf dem Lande, eine andere kann im Großen einkaufen, wenn manche Stapelartikel am billigsten sind, wieder andere können sich einiges Geflügel halten usw. Es könnten zahlreiche Beispiele dafür angeführt werden, welche beweisen, daß die Nahrung für eine Familie in rohem Zustande für die Summe pro Person, für die wir sie zu kaufen unternehmen, beschafft werden kann, und daß mit Geschicklichkeit im Kochen, Würzen und der Gewährung richtiger Abwechslung, eine gesunde, recht annehmbare Diät damit zu liefern ist, obschon sie natürlich keine Luxusartikel enthalten kann.

Here is an average bill of fare. Breakfast — milk toast, fried potatoes, coffee; dinner — soup made of shank of beef, fried liver, rice and potatoes; supper — bread and butter fried mush, stewed pears and cake. Next day there was pressed beef made from the soup meat chopped and flavored, and next day there was cheap fish nicely fried. The head of this household was a skillful economist, absolutely no mistakes were made in cooking, and not a scrap was wasted, she had a long list of simple dishes at her command and she especially studied variety. "I abandon even a favorite dish for weeks," she said, "if any one tires of it." I give this as a sample of what I know to have been done by a highly respectable family in a city of small size in one of our eastern states.

It must be mentioned that the price on which this family lived in comfort could not have been as low as it was but for one great help; they had a small garden that furnished green vegetables and a little fruit. But then almost every family has some special advantage that would lower the rate somewhat; one buys butter or fruit advantageously of friends in the country, another can buy at wholesale when certain staples are cheapest, still another may be able to keep a few fowls, and so on. Numerous instances could be brought to prove that the food for a family can be purchased in a raw condition for the sum per head for which we have undertaken to buy it, and that by skill in cooking, flavoring and giving right variety, a healthful and very acceptable diet can be furnished, though it cannot, of course, contain luxuries.

Wenn ich ferner von einer Frau spreche, welche die Nahrung einer Familie für 13 Cents per Kopf täglich liefern soll, so habe ich dabei die Frau eines Mannes im Sinn, der diese Summe selbst verdient, während die Frau ihre volle Zeit zur Wartung ihres Haushaltes und ihrer Kinder zur Verfügung hat. Wenn eine Frau verdienen hilft, wie in der Fabrik, und das Meiste von ihrer Hausarbeit verrichten muß, wenn sie Nachts heimkommt, so muß sie sicherlich mehr Geld haben als im ersteren Falle, um dieselben Resultate zu erzielen, denn sie muß ihr Brod schon gebacken kaufen und kann blos die Gerichte kochen, welche am wenigsten Zeit beanspruchen.

Ich setze voraus, daß Du die Küchengeräthe hast, die auf Seite 20 beschrieben sind; wenn nicht, kaufe sie, denn Du kannst nicht ohne sie fertig werden. Die Speise ist im Vergleich mit Töpfen und Pfannen sehr kostspielig; Du darfst keine Speise verderben lassen, weil es dir an den richtigen Dingen zum Kochen fehlt.

Ich verlange von dir zum Voraus blos, daß Du die Rezepte, die ich Dir gebe, probiren und Deine Vorurtheile gegen Gerichte, an die Du nicht gewöhnt bist, wie z. B. Suppen und Käsegerichte, beiseite legst. Du kannst Dir nicht erlauben, irgend etwas zu verwerfen, das Abwechslung in Deine Lebensweise bringt, denn viele gutschmeckende Sachen kannst Du Dir nicht kaufen.

Ich weiß, es ist für eine vielbeschäftigte Frau schwer, auf ihr Kochen etwas mehr Zeit zu verwenden, als „gerade angeht", aber wenn Du Dir zur Regel machst, die Nacht vorher bereits zu bestimmen, was Du am folgenden Tage kochen willst, so wirst Du zu diesem Resultate gelangen, wie einfach auch Deine Speisen sein mögen; mit den Dir zur Verfügung stehenden Materialien wirst Du Deiner Familie viel bessere Speisen vorsetzen können, und man wird Dich eine gute Köchin nennen und die Ansicht bekommen, daß keine Familie besser zu leben brauche, wie sie; und dieser Eindruck wird besonders durch die

Another thing, when I speak of a woman who is to buy the food of a family for 13 cents apiece daily, I have in mind the wife of a man who earns this sum himself, the wife having her time to attend to the housework and children. If a woman helps earn, as in a factory, doing most of her housework after she comes home at night, she must certainly have more money than in the first case in order to accomplish the same result, for she must buy her bread already baked and can only cook those dishes that take the least time.

I shall take for granted that you have the kitchen utensils described on page 20; if not, buy them, because, you cannot afford to do without them. Food is very expensive compared with pots and pans; you must not spoil food for lack of the right things to cook it in.

I only ask you in advance to try the recipes I shall give and to try to lay aside your prejudices against dishes to which you are not accustomed, as soups and cheese dishes for instance. You cannot afford to reject anything that will vary your diet, for many good tasting things you cannot buy.

I know it is hard for a busy woman to give to her cooking a bit more time than will "just do," but if you make it a rule to determine the night beforehand just what you will cook on the following day, no matter how simple the food may be, you will gain this result; with the materials at your disposal you will put before your family much better food, and they will call you a good cook and think that no family need live better than they; and this impression will be

richtige Abwechslung, die Du bringst, hervorgerufen werden. Laßt uns von Anfang an feststellen, daß es gerade jetzt Deine Aufgabe im Leben ist, über diese Nahrungsfrage, soweit sie Deine Familie berührt, Herr zu werden. Gerade wie der Geschäftsmann den Markt beobachten und sich einen halben Cent am Pfund von einem Artikel zunutze machen muß, um erfolgreich mit seinem Nachbar konkurriren zu können, so mußt Du auf der Hochwacht sein, um jeden möglichen Vortheil zu benutzen. Dies ist ein Kampf, in welchem Energie und Berechnung sehr viel ausrichten, und Du wirst an jedem Punkt, den Du gewinnst, tüchtige Freude haben.

Beim Einkaufen von Fleisch kannst Du weniger an der Quantität, als an der Qualität sparen. Versuche, die verschiedenen Theile von einem Thier kennen und zwischen dem Fleisch von einem fetten Ochsen und dem von einem mageren unterscheiden zu lernen, denn wie wir bereits erklärt haben, enthält das erstere weniger Wasser, und warum solltest Du Dein gutes Geld für etwas bezahlen, was die Natur Dir umsonst gibt? Im Winter versuche Fleisch im Voraus zu kaufen, so daß Du es durch Aufbewahren zart machen kannst, und Du wirst dann auch wahrnehmen, daß je größer das gekaufte Stück, desto kleiner der Prozentsatz Knochen ist, den Du mitbekommst. Der Knochenprozentsatz im ganzen Thiere beträgt, wie bei einem Ochsen der Fall, nicht mehr als 10—11 Prozent; der Käufer eines kleinen Stückes Fleisch aber erhält oft zweimal diese Proportion. Wie wir wiederholt in diesen Seiten bemerkt haben, enthalten die billigen oder zäheren Theile ebenso viel Nahrung für Dich, wie der Rippenbraten, der Deine Börse übersteigt. Wähle häufig das fette Mittelrippenstück aus und koche es lang und langsam; kaufe das Nacken- und Halsstück vom Hammel und dämpfe es zu Gemüse; kaufe einen Kalbskopf und sieh, was für eine feine Suppe Du daraus machen kannst. Verschaffe Dir

made principally from your having the right variety. Let us understand, to begin with, that it is your business in life just now to conquer this food question as it affects your family. Just as the business man must watch the market and take advantage of a half cent a pound on an article, that he may successfully compete with his neighbor, so you must be on the alert to use every possible advantage. It is a struggle in which energy and calculation will tell for a great deal, and you will have solid enjoyment in every point that you gain.

In buying meat your saving cannot be so much in quantity as in quality. Try to learn the different parts of an animal, and to distinguish between meat from a fat ox and that from a lean one, for, as we have explained, the former has less water in it, and why should you pay good money for that which nature gives you free? In winter, try to buy meat ahead so that you can make it tender by keeping it, and you will notice, too, that the larger the piece you buy the smaller is the per cent of bone you get with it. The per cent of bone in the whole animal, as in the case of an ox, is not more than 10 or 11 per cent, but the buyer of a small piece of meat often gets twice that proportion. As we have said again and again in these pages, the low-priced or tougher parts have as much nutriment for you as the rib roast which is beyond your purse. Choose often the fat middle rib and cook it long and slowly; buy the neck and scrag of mutton, and make a stew with vegetables; buy half a calf's head, and see what a fine soup you can make of it. Have beef's liver now and then, and tripe, rather than put

lieber hier und da Rindsleber und Caldaunen, als daß Du Dein Geld auf Wurst von zweifelhafter Qualität verwendest. Unter allen Umständen kaufe Fisch wenn er billig ist, Kaulbarsch z. B. der gebraten ausgezeichnet ist. Halte stets Nierenfett im Vorrath und verwende es statt Butter, wie bereits Anweisung gegeben wurde.

Niemand braucht Dir zu sagen, wie werthvoll eingesalzenes und geräuchertes Schweinefleisch für Dich ist, — die einzige Gefahr dabei ist, daß Du zuviel davon verbrauchst.

Beim Ankauf von Eiern mußt Du Dich vom Preise leiten lassen; im Winter gebrauche so wenig, wie möglich, und selbst im Frühjahr, wenn sie am billigsten sind, bedenke, daß sie nicht so billig sind, wie Fleischschnitte fetter Thiere vom niedrigsten Preise. Wenn sie aber blos 15 Cents das Dutzend kosten, so kannst Du wohl in Anbetracht ihres hohen Werthes zur Beschaffung von Abwechslung jede kleine Vergleichung der Nährwerthe außer Acht lassen; Du kannst Dir dann erlauben, sie hier und da anstatt Fleisch und zur Bereitung verschiedener Eierspeisen zu verwenden.

Ueber den Werth des Käse's als regelmäßige Speise an Stelle von Fleisch kannst Du in einem anderen Theile dieser Abhandlung lesen. Kaufe wenigstens einmal die Woche die rahmlose Sorte, wenn Dir Deine Mittel keine andere erlauben, und reibe oder koche ihn nach den gegebenen Rezepten.

Versuche, einen zuverlässigen Milchhändler ausfindig zu machen und kaufe abgerahmte Milch zum halben Preise der vollständigen; verwende sie zu allen Kochzwecken und halte vollständige Milch und wenn möglich etwas Rahm zum Kaffee.

Betrachten wir nun den pflanzlichen Theil unserer Diät.

Getreide. Du mußt Dir jede Art von Mehl und Körnerfrüchten, die nicht zu kostspielig ist, im Vorrath halten; sei dankbar dafür, daß Weizenmehl so gut und so

your money into sausage of doubtful quality. By all means buy fish when it is cheap, catfish, for instance, which are excellent fried. Keep suet always on hand and use instead of butter, as has been directed.

No one need tell you how valuable salt pork and bacon are for you,—the only danger is that you will use too much of them.

In buying eggs, you must be governed by the price; in winter use as few as possible, and even in the spring when they are cheapest, remember that they are not as cheap as the lowest priced cuts of meat from fat animals. But when they cost only 15 cents a dozen you can well disregard any small comparison of nutritive values, in consideration of their high worth in furnishing variety; you can afford to use them now and then in the place of meat and in making the various egg dishes.

Of the value of cheese as a regular dish to take the place of meat, you can read in another part of this essay. Buy it once a week at least, the skim variety, if you cannot afford the others, and grate or cook it according to the recipes given.

Try to find a reliable milkman and buy skim milk at half the price of full, and use it for all cooking purposes, keeping full milk, and, if possible, a little of the cream, for coffee.

Now let us take the vegetable part of your diet.

Grains. You must keep on hand every kind of flour and grain that is not too expensive; be thankful that wheat flour is so good and so cheap, it will be your best friend. If you are not already skillful in using it in bread and other doughs,

billig ist, es wird Dein bester Freund sein. Wenn Du
nicht schon Geschicklichkeit in seiner Verwendung zu Brod
und anderen Teigspeisen hast, wirst Du Deine Materialien
verderben und erst Fehler machen, allein es bleibt Dir
nichts Anderes übrig als Meisterin in dieser Abtheilung
der Kochkunst zu werden. Verwende Brod reichlich zu
allen Brodgerichten, lerne jedes derselben bereiten. Du
mußt Buchweizen zu Kuchen verwenden, Reis zu Puddin-
gen, Gerste in Suppen, Hafergrütze und Maismehl zu
Breien und Du mußt sie alle in möglichst vielerlei Weisen
gebrauchen lernen. Die Körnerfrüchte sind für uns billigere
Speisen als die Gemüse, obschon gedörrte Erbsen, Bohnen und Linsen ganz dicht hinter ihnen kommen. Selbst
die Kartoffel, die man unser Lieblings-Vegetabil nennen
kann, ist kostspieliger als Weizenmehl, wenn wir blos vom
Nährwerth sprechen.

Die Höhe der Saison ausgenommen, habe nichts mit
grünen Gemüsen zu schaffen, wenigstens nicht mit dem
Eindruck, daß sie billig seien; wenn Du sie kaufst, sei Dir
bewußt, daß Du eher für Wohlgeschmack nnd Abwechslung bezahlst, als für Nahrung. Selbst zu Anfang des
Frühlings aber kaufe reichlich Vegetabilien wie Zwiebeln,
gelbe Rüben, Petersilie und andere grüne Kräuter zu
Deinen Suppen und Saucen. Wenn Du einen Spazier-
gang auf's Land machst vergiß nicht Münze und Sauerrampfer in der Tasche mitheimzubringen; die erstere gibt
Dir eine hübsche Fleischsauce, die letztere einen kostbaren
Geschmack für Deine Suppe. Es wird Dir ganz leicht
sein, in einer Fensterkiste jenes deliciöse Kraut, die Petersilie, zu ziehen und sie stets frisch zu haben.

Für eine schmale Börse gibt es kein größeres Hilfsmittel, als die Kenntniß der Geschmackszugaben. Wenn
wir uns erinnern, daß wir von Brod, Bohnen, Erbsen
und etwas billigem Fleisch und Fett das ganze Jahr über leben können, wenn wir sie blos „hinunter bekommen" können, so sollten wir uns der Bedeutung solcher Zuthaten zur

you will waste your materials and make mistakes at first, but there is nothing for you but to become mistress of this department of cookery. Use bread freely in all the bread dishes, learn how to make every one. You will use buckwheat for cakes, rice for puddings, barley in soups, oatmeal and cornmeal for mushes, and you must learn to use them all in as many ways as possible. The grains are cheaper foods for us than vegetables, although dried peas, beans and lentils follow hard upon them. Even the potato, which may be called our favorite vegetable, is more expensive than wheat flour, if we are talking only of food values.

Except in the height of their season, have nothing to do with green vegetables, at least not under the impression that they are cheap; if you buy them, know that you are paying for flavors and variety, rather than for food. But even in the early spring, buy plenty of such vegetables as onions, carrots, parsley and other green herbs for your soups and stews. When you go for a walk in the country, be sure to bring home mint and sorrel in your pocket; the former will make you a nice meat sauce, the latter a delightful flavor in soup. It will be perfectly easy for you to grow in a window box that delicious herb, parsley, and have it always fresh.

For a low purse, there is no help so great as a knowledge of flavorings. When we remember that we can live on bread, beans, peas and a little cheap meat and fat the year round if we can only make it "go down," we shall realize the importance of such additions as rouse the appetite; there is room here for all your skill and all your invention. Always make a

Reizung des Appetitts bewußt werden; hier gibt es Gelegenheit für Deine ganze Geschicklichkeit und Deinen ganzen Erfindungsgeist. Mache ein billiges aber nahrhaftes Gericht stets von einladendem Aeußerem. Dies beeinflußt besonders den Appetitt der Kinder, welchen ein ganz einfacher Kuchen köstlich schmeckt, wenn er blos oben einige Rosinen oder etwas Zucker aufweist.

Die Speisezettel auf Seite 146—158, bei welchen 78 Cents die Kosten der Nahrung für eine Familie von sechs Personen für einen Tag decken, und die Nahrungsqualität sorgfältig abgewogen und abgeschätzt ist, sollen Dir blos andeuten, wie in ein paar Fällen Deine Nahrungsfrage gelöst werden kann. Du kannst ohne Zweifel Dein Geld auf Art und Weisen ausgeben, die dem Geschmack Deiner Familie besser zusagen, allein ich bitte Dich, Deine Leibspeisen aufs Nene zu prüfen, um zu sehen, ob sie so nahrhaft sind, wie sie nach ihrem Preise sein sollten. Bedenke, daß die Portein=Columne, die ist, nach der Du am sorgfältigsten sehen mußt, weil sie mit den größten Kosten geliefert wird, und es ist von großer Wichtigkeit, daß sie nicht unter die von mir gegebenen Ziffern herabgeht. Wenn Du z. B. am Fleisch sparst, um Kuchen und Pastetengebäck zu kaufen, so leidet diese Columne für die Kosten der anderen zwei und Deine Familie wird nicht hinreichend genährt sein.

---

cheap but nutritious dish inviting in appearance; especially does this influence the appetites of children who are delighted with a very plain cake if only a few raisins or some sugar appear on the top.

The Bills of Fare on pages 146 to 158, where 78 cents covers the cost of food for a family of 6 per day, and where the amount of food is carefully weighed and estimated, is meant only to suggest to you how in a few cases your food problem can be solved. You can, no doubt, spend the money in ways that will better suit the tastes of your family, but I beg you to examine anew your favorite dishes to see if they are as nutritious as they should be for their price. Remember that the Proteid column is the one that you must look to most carefully because it is furnished at the most expense, and it is very important that it should not fall below the figures I have given. If, for instance, you should economize in meat in order to buy cake and pastry, this column would suffer at the expense of the other two and your family would be under nourished.

Speise-Karten, Classe I.

Für eine Familie von sechs Personen, Durchschnittskosten 78 Cents per Tag, oder 13 Cents per Person.

Samstag, Mai.

Frühstück.
Mehl-Pfannkuchen
(S. 103) mit Zucker-Syrup,
Kaffee.

Mittagessen.
Brod-Suppe (S. 20).
Rindshals, gedämpft,
Nudeln (S. 90).
Gequollener Reis-Pudding (S. 107).

Abendessen.
Gebrannte Mehlsuppe mit in Fett geröstetem Brod (S. 121).
Toast und Käse (Seite 62, Nr. 1).

	Proteinkörper.	Fette.	Kohlenhydrate.	Preis in
	Unz.	Unz.	Unz.	Cents.
½ Pfd. Reis........	.64	.08	6.12	4
1 Pfd. Zucker........	....	....	15.42	7
¼ Pfd. fetter Käse....	3.00	3.48	.24	11¼
2 Qts. abgerahmte Milch	2.12	.48	3.30	8
2 Pfd. Mehl.........	3.84	.48	22.88	6
½ Qt. vollständige Milch	.58	.62	.83	3½
2 Eier.............	.34	.32	....	3
2½ Pfd. Rinds-Hals....	8.40	2.20	....	20
⅜ Pfd. Nierenfett......	....	5.88	....	3
¼ Pfd. Kaffee.........	....	....	....	$3^2/_5$
3½ Pfd. Brod.........	3.36	.28	29.06	$8^{11}/_{20}$
Total............	22.28	13.82	77.85	$77^1/_5$
Verlangt........	19.19	12.42	78.03	78

BILLS OF FARE, CLASS I.

For family of six, average price 78 cents per day, or 13 cents per person.

SATURDAY, MAY.

Breakfast.
Flour Pancakes,
(p. 103) with Sugar Syrup.
Coffee.

Dinner.
Bread Soup (p. 20).
Beefneck Stew
Noodles (p. 90).
Swelled Rice Pudding (p. 107).

Supper.
Browned Flour Soup, with Fried Bread (p. 121).
Toast and Cheese (page 62, No. 1).

	Proteids. oz.	Fats. oz.	Carbo-hydrates. oz.	Cost in Cents.
½ lb. Rice	.64	.08	6.12	4
1 lb. Sugar	....	....	15.42	7
¾ lb. Fat Cheese	3.00	3.48	.24	11¼
2 qts. Skim Milk	2.12	.48	3.30	8
2 lb. Flour	3.84	.48	22.88	6
½ qt. Whole Milk	.58	.62	.83	3½
2 Eggs	.34	.32	....	3
2½ lbs. Beef neck	8.40	2.20	....	20
⅜ lb. Suet	....	5.88	....	3
⅛ lb. Coffee	....	....	....	$3\frac{2}{3}$
3½ lbs. Bread	3.36	.28	29.06	$8\frac{5}{20}$
Total	22.28	13.82	77.85	77⅕
Required	19.19	12.42	78.03	78

Speise-Karten, Classe 1.

Sonntag, Mai.

Frühstück.
Milch-Toast.
Kaffee.

Mittagessen.
Gefülltes Rindsherz (S. 48).
Kartoffeln, gedämpft
mit Milch.
Gedörrte Apfelpastete (S. 108).
Brod und Käse.
Mais-Kaffee (S. 135.)

Abendessen.
Nudel-Suppe (vom Samstag, S. 91)
Gebratener Hering.
Brod.
Thee.

	Proteinkörper.	Fette.	Kohlen-hydrate.	Preis in
	Unz.	Unz.	Unz.	Cents.
Herz eines fetten Ochsen, 2 Pfd. wiegend	5.76	2.56	....	10
4 Pfd. Brod	3.84	.32	33.22	$9^1/_5$
¼ Pfd. Zucker	....	....	11.88	5
1 Qt. abgerahmte Milch	1.06	.24	1.65	4
¼ Pfd. gedörrte Aepfel	.10	....	4.50	6
1½ Pfd. Mehl	2.88	.36	17.16	4¼
12 geräuch. Hering (1 Pfd.)	3.36	1.36	....	10
¼ Pfd. Nierenfett	....	9.23	....	2
2 Pfd. Kartoffeln	.64	....	6.62	2¼
¼ Pfd. Butter	....	3.33	....	6¼
¼ Pfd. rahmloser Käse	2.40	1.07	.40	4
Thee	....	....	....	2
⅛ Pfd. Kaffee	....	....	....	$3^2/_5$
1 Qt. vollständige Milch	1.16	1.23	1.65	7
Total	21.20	14.39	77.08	76
Verlangt	19.19	12.42	78.03	78

Sunday, May.

Breakfast.

Milk Toast.
Coffee.

Dinner.

Stuffed Beef's Heart (p. 48).
Potatoes stewed with Milk.
Dried Apple Pie (p. 108).
Bread and Cheese.
Corn Coffee (p. 135).

Supper.

Noodle Soup (from Saturday, p. 91).
Broiled Herring.
Bread.
Tea.

	Proteids. oz.	Fats. oz.	Carbo-hydrates. oz.	Cost in Cents.
Heart of Fat Ox weighing 2 lbs.	5.76	2.56	....	10
4 lbs. Bread	3.84	.32	33.22	9⅕
¾ lb. Sugar	....	....	11.88	5
1 qt. Skim Milk	1.06	.24	1.65	4
½ lb. Dried Apples	.10	....	4.50	6
1½ lb. Flour	2.88	.36	17.16	4½
12 Smoked Herring (1 pound).	3.36	1.36	....	10
¼ lb. Suet	....	9.23	....	2
2 lbs. Potatoes	.64	....	6.62	2½
¼ lb. Butter	....	3.33	....	6¼
½ lb. Skim Cheese	2.40	1.07	40	4
Tea	....	....	....	2
⅛ lb. Coffee	....	....	....	3⅗
1 qt. Whole Milk	1.16	1.23	1.65	7
Total	21.20	14.39	77.08	76
Required	19.19	12.42	78.03	78

Montag, Mai.

Frühstück.

Hafergrützebrei, mit
Milch und Zucker.
Brod.
Kaffee.

Mittagessen.

Erbsen-Suppe (S. 117).
Hammelfleisch, gedämpft (S. 52).
Gekochte Kartoffeln.
Brod.

Abendessen.

Brod-Pfannkuchen (S. 93.)
Geräuchertes Schweinefleisch, gebraten.
Thee.

	Proteinkörper.	Fette.	Kohlen-hydrate.	Preis in
	Unz.	Unz.	Unz.	Cents.
2 Eier................	.34	.32	....	3
¾ Pfd. Hafergrütze.....	1.74	.72	7.80	3¾
⅛ Pfd. Kaffee.........	....	....	....	3²/₅
½ Pfd. Zucker.........	....	....	7.92	3¾
1½ Qt. abgerahmte Milch	1.59	.36	1.48	6
¼ Pfd. geräuch. Schweinefl.	.36	9.60	....	9
4 Pfd. Kartoffeln.......	1.28	....	13.24	5
4 Pfd. Brod...........	3.84	.32	33.20	9¹/₅
1 Qt. vollständige Milch	1.16	1.24	1.66	7
3 Pfd. Hammelschulter..	8.16	2.88	....	21
1 Pfd. gedörrte Erbsen..	3.68	.32	8.32	5
½ Pfd. Mehl...........	.96	.12	5.72	1½
Total............	23.11	15.88	80.34	77.3
Verlangt.........	19.19	12.42	78.03	78

Monday, May.

Breakfast.

Oatmeal Mush, with
Milk and Sugar.
Bread.
Coffee.

Dinner.

Pea Soup (p. 117).
Mutton Stew (p. 52).
Boiled Potatoes.
Bread.

Supper.

Bread Pancakes (p. 93).
Fried Bacon.
Tea.

	Proteids. oz.	Fats. oz.	Carbo-hydrates. oz.	Cost in Cents.
2 Eggs	.34	.32	....	3
¾ lb. Oatmeal	1.74	.72	7.80	3¾
⅛ lb. Coffee	....	....	....	3⅖
½ lb. Sugar	....	....	7.92	3½
1½ qts. Skim Milk	1.59	.36	1.48	6
¾ lb. Bacon	.36	9.60	....	9
4 lbs. Potatoes	1.28	....	13.24	5
4 lbs. Bread	3.84	.32	33.20	9⅕
1 qt. Whole Milk	1.16	1.24	1.66	7
3 lbs. Shoulder of Mutton	8.16	2.88	....	21
1 lb. Peas, Dried	3.68	.32	8.32	5
½ lb. Flour	.96	.12	5.72	1½
Total	23.11	15.88	80.34	77.3
Required	19.19	12.42	78.03	78

Dienstag, Mai.

Frühstück.

Hafergrützebrei und Milch.
Butterbestrichener Toast.
Kaffee.

Mittagessen.

Kaulbarsch, gebraten,
mit Münz-Sauce (S. 73).
Geröstete Kartoffeln.
Brod.

Abendessen.

Geschmorter Gries-Pudding (S. 107).
Gesalzenes Schweinefleisch, gebraten.
Brod.
Thee.

	Proteinkörper.	Fette.	Kohlen-hydrate.	Preis in
	Unz.	Unz.	Unz.	Cents.
1 Pfd. Hafergrütze	2.32	.96	10.40	5
1 Qt. vollständige Milch	1.16	1.23	1.65	7
1 Qt. abgerahmte Milch	1.06	.24	1.65	4
3¼ Pfd. Kaulbarsch	7.00	.20	....	17½
1¼ Pfd. Gries	2.50	....	18.22	7½
2 Eier	.34	.32	....	3
4½ Pfd. Brod	4.32	.36	37.36	10 $\tfrac{35}{100}$
Kaffee	....	....	....	3 $\tfrac{2}{5}$
2 Pfd. Kartoffeln	.64	....	6.62	2½
⅜ Pfd. gesalzenes Schweinefleisch	.30	8.00	....	7½
¼ Pfd. Butter	....	1.67	....	3⅓
¼ Pfd. Zucker	....	....	3.96	1½
Thee	....	....	....	2
Total	19.64	12.98	79.86	74 $\tfrac{3}{5}$
Verlangt	19.19	12.42	78.03	78

Tuesday, May.

Breakfast.
Oatmeal Mush and Milk.
Buttered Toast.
Coffee.

Dinner.
Fried Catfish
with Mint Sauce (p. 73).
Fried Potatoes.
Bread.

Supper.
Fried Farina Pudding (p. 107).
Broiled Salt Pork.
Bread.
Tea.

	Proteids. oz.	Fats. oz.	Carbo-hydrates. oz.	Cost in Cents.
1 lb. Oatmeal	2.32	.96	10.40	5
1 qt. Whole Milk	1.16	1.23	1.65	7
1 qt. Skim Milk	1.06	.24	1.65	4
3½ lbs. Catfish	7.00	.20	....	17½
1½ lbs. Farina	2.50	...	18.22	7½
2 eggs	.34	.32	....	3
4½ lbs. Bread	4.32	.36	37.36	$10\tfrac{35}{100}$
Coffee	....	....	....	$3\tfrac{2}{5}$
2 lbs. Potatoes	.64	....	6.62	2½
⅝ lb. Salt Pork	.30	8.00	....	7½
⅙ lb. Butter	....	1.67	....	3½
¼ lb. Sugar	....	....	3.96	1¾
Tea	....	....	....	2
Total	19.64	12.98	79.86	$74\tfrac{3}{5}$
Required	19.19	12.42	78.03	78

Samstag, September.

Frühstück.
Soda-Biscuit.
Gebackene Kartoffeln mit
zerlassener Buttersauce.
Cacao.

Mittagessen.
Erbsensuppe (S. 117).
Irish. Stew.
Brod.

Abendessen.
Maisbrei und Molasse.
Brod mit geriebenem Käse.
Thee.

	Proteinkörper.	Fette.	Kohlen-hydrate.	Preis in
	Unz.	Unz.	Unz.	Cents.
1 Pfd. gedörte Erbsen...	3.68	.32	8.32	5
2 Pfd. Hammelshals....	5.44	1.92	....	16
3 Pfd. Kartoffeln.......	.96	....	9.94	3¾
3 Pfd. Brod..........	2.88	.24	24.90	6 9/10
2 Pfd. Maismehl	3.14	.90	19.50	6
¼ Pfd. Zucker.........	....	....	3.96	1¼
¼ Pfd. fetter Käse......	1.00	1.56	.08	3¾
1 Qt. vollständige Milch..	1.16	1.23	1.65	7
¼ Pfd. Butter.........	....	3.33	....	6 3/20
1½ Pfd. Mehl.........	2.88	.36	17.16	6¼
¼ Pfd. Nierenfett.......	....	3.92	....	2
¼ Pfd. Molasse........	....	....	2.48	2½
Cacao-Schalen.........	....	....	....	2
Thee................	....	....	....	2
Total............	21.14	13.78	87.99	71½
Verlangt.........	19.19	12.42	78.03	78

Saturday, September.

Breakfast.
Soda Biscuit.
Baked Potatoes with
Drawn Butter Sauce.
Cocoa.

Dinner.
Pea Soup (p. 117)
Irish Stew.
Bread.

Supper.
Corn Mush and Molasses.
Bread and Grated Cheese.
Tea.

	Proteids. oz.	Fats. oz.	Carbohydrates. oz.	Cost in Cents.
1 lb. Dried Peas	3.68	.32	8.32	5
2 lbs. Scrag of Mutton	5.44	1.92	....	16
3 lbs. Potatoes	.96	....	9.94	3¾
3 lbs. Bread	2.88	.24	24.90	$6\frac{9}{10}$
2 lbs. Cornmeal	3.14	.90	19.50	6
¼ lb. Sugar	....	....	3.96	1¾
¼ lb. Fat Cheese	1.00	1.56	.08	3¾
1 qt. Whole Milk	1.16	1.23	1.65	7
¼ lb. Butter	....	3.33	....	$6\frac{3}{20}$
1½ lbs. Flour	2.88	.36	17.16	6¾
¼ lb. Suet	....	3.92	....	2
¼ lb. Molasses	....	....	2.48	2½
Cocoa Shells	....	....	....	2
Tea	....	....	....	2
Total	21.14	13.78	87.99	71½
Required	19.19	12.42	78.03	78

Sonntag, September.

Frühstück.
Hafergrütze und Milch.
Butterbrod.
Cacao.

Mittagessen.
Geröstete Rindsleber.
Gesottene Kartoffeln und
gelbe Rüben.
mit geschmorten Zwiebeln
(S. 116). Brod und Käse.

Abendessen.
Linsensuppe mit in Fett geröstetem Brod (S. 118).
Geräucherter Hering.
Brod. Gerstensuppe (S. 122).

	Proteinkörper.	Fette.	Kohlen-hydrate.	Preis in
	Unz.	Unz.	Unz.	Cents.
1½ Pfd. Rindsleber.....	4.80	.96	....	15
3 Pfd. Kartoffeln......	.96	....	9.94	3½
1 Pfd. gelbe Rüben.....	....	....	1.44	1½
1½ Pfd. Hafergrütze....	3.48	1.44	15.60	7½
½ Pfd. Linsen.........	2.04	.16	4.32	5
1½ Qt. vollständige Milch	1.74	1.85	2.48	10½
½ Pfd. Zucker.........	....	....	7.92	3½
¼ Pfd. Perlgerste......	.44	.06	2.86	2
¼ Pfd. Nierenfett......	....	3.92	....	2
4 Pfd. Brod..........	3.84	.32	33.22	9 1/5
6 geräuch. Hering(8Unz.)	1.68	.68	....	5
¼ Pfd. Butter.........	....	3.33	....	6½
¼ Pfd. fetter Käse......	1.00	1.16	....	3¼
Cacao-Schalen.........	....	....	....	2
Total............	19.98	13.88	77.76	76 9/10
Verlangt..........	19.19	12.42	78.03	78

SUNDAY, SEPTEMBER.

Breakfast.

Oatmeal and Milk.
Bread and Butter.
Cocoa.

Dinner.

Broiled Beef's Liver.
Boiled Potatoes and Carrots with Fried Onions (p. 116).
Bread and Cheese.

Supper.

Lentil Soup with Fried Bread (p. 118).
Smoked Herring.
Bread. Barley Porridge (p. 122).

	Proteids. oz.	Fats. oz.	Carbo-hydrates. oz.	Cost in Cents.
1½ lbs. Beef's Liver.............	4.80	.96	....	15
3 lbs. Potatoes..................	.96	....	9.94	3¾
1 lb. Carrots....................	....	....	1.44	1½
1½ lbs. Oatmeal..................	3.48	1.44	15.60	7½
½ lb. Lentils....................	2.04	.16	4.32	5
1½ qt. Whole Milk................	1.74	1.85	2.48	10½
½ lb. Sugar......................	....	....	7.92	3½
¼ lb. Pearl Barley...............	.44	.06	2.86	2
¼ lb. Suet.......................	....	3.92	....	2
4 lbs. Bread.....................	3.84	.32	33.20	9⅕
6 Smoked Herring (8 oz.).........	1.68	.68	....	5
¼ lb. Butter.....................	....	3.33	....	6¼
¼ lb. Fat Cheese.................	1.00	1.16	....	3¾
Cocoa Shells.....................	....	....	....	2
Total............................	19.98	13.88	77.76	76$\frac{9}{10}$
Required.........................	19.19	12.42	78.03	78

Montag, September.

Frühstück.

Buchweizenkuchen,
Geräuch. Speck, gebraten.
Kaffee.

Mittagessen.

Geflügelklein-Suppe (S. 58).
Gebackene Kartoffeln mit
zerlassener Buttersauce.
Brod.

Abendessen.

Stockfischklöße (S. 57).
Käse.
Brod. Thee.

	Proteinkörper. Unz.	Fette. Unz.	Kohlenhydrate. Unz.	Preis in Cents.
2 Pfd. Buchweizenmehl..	3.04	.64	23.30	10
Geflügelklein...........	2.20	.12	....	8
3 Pfd. Kartoffeln	.96	....	9.94	$3\frac{3}{4}$
$\frac{3}{4}$ Pfd. geräuch. Speck....	.36	9.60	....	9
$4\frac{1}{2}$ Pfd. Brod..........	4.32	.36	37.36	$10\frac{35}{100}$
$\frac{1}{2}$ Pfd. Zucker..........	....	....	7.92	$3\frac{1}{2}$
$\frac{3}{4}$ Pfd. fetter Käse.......	3.	2.48	.24	$11\frac{1}{4}$
1 Pfd. gesalzener Stockfisch	4.80	.16	....	8
Thee..................	....	....	....	2
1 Qt. vollständige Milch	1.16	1.23	1.65	7
$\frac{1}{8}$ Pfd. Kaffee..........	....	....	....	$3\,^{2}/_{5}$
Total.............	19.84	15.59	80.41	$76\frac{1}{4}$
Verlangt	19.19	12.42	78.03	78

MONDAY, SEPTEMBER.

Breakfast.
Buckwheat Cakes.
Fried Bacon.
Coffee.

Dinner.
Giblet Soup (p. 58).
Baked Potatoes with
Drawn Butter Sauce.
Bread.

Supper.
Codfish Balls (p. 57).
Cheese.
Bread. Tea.

	Proteids. oz.	Fats. oz.	Carbo- hydrates. oz.	Cost in Cents.
2 lbs. Buckwheat Flour	3.04	.64	23.30	10
Giblets	2.20	.12	....	8
3 lbs. Potatoes	.96	....	9.94	3¾
¾ lb. Bacon	.36	9.60	....	9
4½ lbs. Bread	4.32	.36	37.36	10 35/100
½ lb. Sugar	....	....	7.92	3½
¾ lb. Fat Cheese	3.	2.48	.24	11¼
1 lb. Salt Codfish	4.80	.16	....	8
Tea	....	....	....	2
1 qt. Whole Milk	1.16	1.23	1.65	7
⅙ lb. Coffee	....	....	....	3⅖
Total	19.84	15.59	80.41	76¼
Required	19.19	12.42	78.03	78

Dienstag, September.

Frühstück.
Geräuch. Speck, gebraten.
Gesottene Kartoffeln.
Brod.   Kaffee.

Mittagessen.
Gepök. Rindfleisch, gesotten,
mit Meerrettig=Mus.
Gedämpfter Kohl.
Brod.
Gerstensuppe (S. 122)

Abendessen.
Erbsensuppe.
Hefebiscuit und Butter.
Gedämpftes Obst.

	Proteinkörper.	Fette.	Kohlen= hydrate.	Preis in
	Unz.	Unz.	Unz.	Cents.
1½ Pfd. gepök. Rindfleisch	6.96	1.54	....	15
3 Pfd. Kohl............	.80	....	2.	6
2 Pfd. Mehl...........	3.84	.48	22.88	6
2 Pfd. Kartoffeln.......	.64	....	6.62	2½
1 Pfd. gedörrte Erbsen..	3.68	.32	8.32	5
3½ Pfd. Brod..........	3.36	.28	29.06	8 1/20
½ Pfd. geräuch. Speck...	.24	6.40	....	6
¼ Pfd. Butter..	....	3.33	....	6¼
⅛ Pfd. Nierenfett	....	1.96	....	1
¼ Pfd. Perlgerste.......	.88	.12	5.72	4
1 Qt. abgerahmte Milch.	1.06	.24	1.65	4
1 Pt. vollständige Milch.	.58	.62	.83	3½
⅛ Kaffee.............	....	....	....	3 4/10
⅛ Pfd. Zucker.........	....	....	7.92	3½
Obst.................	....	....	....	3
Total............	22.04	15.29	85.	77 1/5
Verlangt	19.19	12.42	78.03	78

Tuesday, September.

Breakfast.

Fried Bacon.
Boiled Potatoes.
Bread.   Coffee.

Dinner.

Boiled Corned Beef
with Horseradish Sauce.
Stewed Cabbage.
Bread.
Barley Porridge (p. 122).

Supper.

Pea Soup.
Yeast Biscuit and Butter.
Stewed Fruit.

	Proteids. oz.	Fats. oz.	Carbo-hydrates. oz.	Cost in Cents.
1½ lbs. Corn Beef	6.96	1.54	....	15
3 lbs. Cabbage	.80	....	2.	6
2 lbs. Flour	3.84	.48	22.88	6
2 lbs. Potatoes	.64	....	6.62	2½
1 lb. Dried Peas	3.68	.32	8.32	5
3½ lbs. Bread	3.36	.28	29.06	$8\frac{1}{20}$
½ lb. Bacon	.24	6.40	....	6
¼ lb. Butter	....	3.33	....	6¼
⅙ lb. Suet	....	1.96	....	1
¼ lb. Pearl Barley	.88	.12	5.72	4
1 qt. Skim Milk	1.06	.24	1.65	4
1 pt. Whole Milk	.58	.62	.83	3½
¼ lb. Coffee	....	....	....	$3\frac{4}{10}$
½ lb. Sugar	....	....	7.92	3½
Fruit	....	....	....	3
Total	22.04	15.29	85.	$77\frac{1}{5}$
Required	19.19	12.42	78.03	78

Samstag, Januar.

Frühſtück.
Geräuch. Speck, gebraten.
Maisbrod (S. 103).
Kaffee.

Mittageſſen.
Gebrannte Mehlſuppe (S. 121).
Gedämpftes Hammelfleiſch.
Quetſchkartoffeln.
Brod.

Abendeſſen.
Gebackene Bohnen. Brod.
Apfelklöſe (S. 108)
nebſt Pudding-Sauce (S. 112).
Thee.

	Proteinkörper.	Fette.	Kohlen- hydrate.	Preis in
	Unz.	Unz.	Unz.	Cents.
3 Pfd. Hammelsnacken...	8.16	2.88	....	24
3 Pfd. Kartoffeln.......	.98	....	9.94	3½
4 Pfd. Brod...........	3.84	.32	33.20	9 1|5
1 Pfd. Mehl...........	1.92	.24	11.44	3
2 Pfd. Maismehl.......	3.14	1.20	22.40	6
1 Pfd. Bohnen.........	3.68	.32	8.56	5
½ Pfd. Zucker..........	....	....	7.92	3½
½ Pfd. geräucherter Speck	.24	6.44	....	6
⅛ Pfd. Nierenfett.......	....	1.96	....	1
⅛ Pfd. Kaffee	....	....	....	3 2|5
1 Qt. vollſtändige Milch	1.16	1.23	1.65	7
Aepfel.................	....	....	....	2
Thee..................	....	....	....	2
Total.............	23.10	14.59	95.11	75 4|5
Verlangt..........	19.19	12.42	78.08	78

Saturday, January.

Breakfast.
Fried Bacon.
Corn Bread (p. 103).
Coffee.

Dinner.
Browned Flour Soup (p. 121).
Stewed Mutton.
Mashed Potatoes.
Bread.

Supper.
Baked Beans. Bread.
Apple Dumplings (p. 108),
with Pudding Sauce (p. 112).
Tea.

	Proteids. oz.	Fats. oz.	Carbohydrates. oz.	Cost in Cents.
3 lbs. Neck of Mutton	8.16	2.88	....	24
3 lbs. Potatoes	.98	....	9.94	3¾
4 lbs. Bread	3.84	.32	33.20	9⅕
1 lb. Flour	1.92	.24	11.44	3
2 lbs. Corn Meal	3.14	1.20	22.40	6
1 lb. Beans	3.68	.32	8.56	5
½ lb. Sugar	....	....	7.92	3½
½ lb. Bacon	.24	6.44	....	6
½ lb. Suet	....	1.96	....	1
⅛ lb. Coffee	....	....	....	3⅔
1 qt. Whole Milk	1.16	1.23	1.65	7
Apples	....	....	....	2
Tea	....	....	....	2
Total	23.10	14.59	95.11	75¼
Required	19.19	12.42	78.03	78

Sonntag, Januar.

Frühstück.

Geschmorter Stockfisch.
Butterbrod.
Kaffee.

Mittagessen.

Gedämpfter Schafskopf
nebst Soda-Biscuit-Klößen.
Bratkartoffeln.
Brod und geriebener Käse.
Cacao.

Abendessen.

Kartoffeln mit Zwiebelsalat.
Eingesalzenes Schweinefleisch, geröstet.
Maisbrei mit Pudding-Sauce (S. 112).

	Proteinkörper.	Fette.	Kohlen-hydrate.	Preis in
	Unz.	Unz.	Unz.	Cents.
2 Pfd. Maismehl.......	3.14	1.20	22.40	6
1 Qt. abgerahmte Milch..	1.06	.24	1.65	5
1 Pt. vollständige Milch..	.58	.62	.83	3½
½ Pfd. Zucker...........	....	....	7.92	3½
3 Pfd. Brod............	2.88	.24	24.90	6 9/10
1 Pfd. gesalz. Stockfisch..	4.80	....	....	8
½ Pfd. Butter..........	....	6.66	....	12½
¼ Pfd. rahmloser Käse...	1.20	.53	.20	2
4 Pfd. Kartoffeln.......	1.28	....	13.25	5
¼ Pfd eingesalz Schweinefl.	.12	3.20	....	3
¼ Pfd. Nierenfett.......	....	3.92	....	2
¾ Pfd. Mehl..........	1.44	.18	8.58	2¼
Schafskopf auf 1½ Pfd. Fleisch veranschlagt..	4.08	1.44	....	12
Zwiebeln..............	....	....	....	2
Cacao-Schalen.........	....	....	....	2
Kaffee.......	....	....	....	3 2/5
Total.............	20.58	18.23	79.73	78
Verlangt...........	19.19	12.42	78.03	78

Sunday, January.

Breakfast.
Fried Codfish.
Bread and Butter.
Coffee.

Dinner.
Sheep's Head Stew
with Soda Biscuit Dumplings.
Baked Potatoes.
Bread and Grated Cheese.
Cocoa.

Supper.
Potato and Onion Salad.
Broiled Salt Pork.   Bread.
Corn Mush with Pudding Sauce (p. 112).

	Proteids. oz.	Fats. oz.	Carbohydrates. oz.	Cost in Cents.
2 lbs. Corn Meal	3.14	1.20	22.40	6
1 qt. Skim Milk	1.06	.24	1.65	4
1 pt. Whole Milk	.58	.62	.83	3½
½ lb. Sugar	....	....	7.92	3½
3 lbs. Bread	2.88	.24	24.90	6 3/10
1 lb. Salt Codfish	4.80	....	....	8
½ lb. Butter	....	6.66	....	12½
¼ lb. Skim Cheese	1.20	.53	.20	2
4 lbs. Potatoes	1.28	....	13.25	5
¼ lb. Salt Pork	.12	3.20	....	3
¼ lb. Suet	....	3.92	....	2
¾ lb. Flour	1.44	.18	8.58	2¼
1 Sheep's Head, assumed to contain 1½ lbs. meat	4.08	1.44	....	12
Onions	....	....	....	2
Cocoa Shells	....	....	....	2
Coffee	....	....	....	3⅖
Total	20.58	18.23	79.73	78
Required	19.19	12.42	78.03	78

Montag, Januar.

Frühstück.

Gebackener Brei und Molasse.
Brod.
Kaffee.

Mittagessen.

Suppe (von gekochtem Rindfleisch) mit Macaronis.
Gekochte Rindsweiche mit Senfsauce.
Bohnen-Brei.
Brod.

Abendessen.

Gesottene Kartoffeln mit Butter-Sauce.
Roly-Poly-Pudding mit gedörrten Aepfeln (S. 108).
Brod. Thee.

	Proteinkörper.	Fette.	Kohlen-hydrate.	Preis in
	Unz.	Unz.	Unz.	Cents.
2 Pfd. Rindsweiche......	6.72	1.76	....	16
1 Pfd. Bohnen..........	3.68	.32	8.56	5
½ Pfd. gedörrte Aepfel...	.10	....	4.50	6
2 Pfd. Kartoffeln.......	.64	....	6.62	2½
2 Pfd. Maismehl........	3.14	1.20	22.40	6
1½ Pfd. Mehl...........	2.88	.36	17.16	4½
¼ Pfd. Butter..........	....	3.33	....	6¼
¼ Pfd. Nierenfett.......	....	3.92	....	2
¼ Pfd. Molasse........	....	....	2.48	2½
½ Pfd. Zucker...........	....	....	7.92	3½
3 Pfd. Brod......... .	2.88	.24	24.90	6 9/10
1 Qt. vollständige Milch	1.16	1.23	1.65	7
⅛ Pfd. Kaffee...........	....	....	....	3 2/5
Thee..................	....	....	....	2
¼ Pfd. Macaronis.......	.36	.02	3.06	3¾
Total.............	21.56	12.38	99.25	77 3/10
Verlangt.........	19.19	12.42	78.03	78

Monday, January.

Breakfast.

Fried Mush and Molasses.
Bread.
Coffee.

Dinner.

Soup (from Boiled Beef)
with Macaroni.
Boiled Beef Flank
with Mustard Sauce.
Bean Puree.
Bread.

Supper.

Boiled Potatoes with
Butter Gravy.
Dried Apple Roly Poly Pudding (p. 108).
Bread. Tea.

	Proteids oz.	Fats oz.	Carbohydrates oz.	Cost in Cents
2 lb. Beef Flank	6.72	1.76	....	16
1 lb. Beans	3.68	.32	8.56	5
½ lb. Dried Apples	.10	....	4.50	6
2 lbs. Potatoes	.64	....	6.62	2½
2 lbs. Corn Meal	3.14	1.20	22.40	6
1½ lbs. Flour	2.88	.36	17.16	4½
¼ lb. Butter	....	3.33	....	6¼
¼ lb. Suet	....	3.92	....	2
¼ lb. Molasses	....	....	2.48	2½
½ lb. Sugar	....	....	7.92	3½
3 lbs. bread	2.88	.24	24.90	$6\frac{9}{10}$
1 qt. Whole Milk	1.16	1.23	1.65	7
⅛ lb. Coffee	....	....	....	$3\frac{3}{2}$
Tea	....	....	....	2
¼ lb. Macaroni	.36	.02	3.06	3¾
Total	21.56	12.38	99.25	$77\frac{3}{10}$
Required	19.19	12.42	78.03	78

14

Speise=Karten Classe I.

Dienstag, Januar.

Frühstück.
Bratkartoffeln.
Brod.
Kaffee.

Mittagessen.
Gebrannte Griessuppe mit
geröstetem Brod (S. 121).
Gedämpftes Hammelfleisch
mit Hefeklösen.

Abendessen.
Bohnensuppe.
Milchtoast.
Thee.

	Proteinkörper.	Fette.	Kohlen=hydrate.	Preis in
	Unz.	Unz.	Unz.	Cents.
2½ Pfd. Hammelfleisch...	6.80	2.40	....	20
1 Qt. abgerahmte Milch..	1.06	.24	1.65	4
1½ Pfd. Bohnen........	5.52	.48	12.84	7½
¼ Pfund Butter.........	....	3.33	....	6¼
¼ Pfd. Nierenfett........	....	7.84	....	4
½ Pfd. Zucker..........	....	....	7.92	3½
3 Pfd. Kartoffeln........	.96	....	9.94	4¼
1½ Pfd. Mehl...........	2.88	.36	17.16	4½
1 Qt. vollständige Milch..	1.16	1.23	1.65	7
3 Pfd. Brod............	2.88	.24	24.90	6 9/10
¼ Pfd. Gries...........	.42	....	3.03	1¼
⅛ Pfd. Kaffee..........	....	....	....	3 2/5
Thee.................	....	....	....	
Total.............	21.68	16.12	79.09	75
Verlangt..........	19.19	12.42	78.03	78

Tuesday, January.

Breakfast.
Fried Potatoes.
Bread.
Coffee.

Dinner.
Browned Farina Soup with Toast (p. 121).
Stewed Mutton, with Yeast Dumplings.

Supper.
Bean Soup.
Milk Toast.
Tea.

	Proteids oz.	Fats oz.	Carbo-hydrates oz.	Cost in Cents
2½ lbs. Mutton	6.80	2.40	....	20
1 qt. Skim Milk	1.06	.24	1.65	4
1½ lbs. Beans	5.52	.48	12.84	7½
¼ lb. Butter	....	3.33	....	6¼
½ lb. Suet	....	7.84	....	4
½ lb. Sugar	....	....	7.92	3½
3 lbs. Potatoes	.96	....	9.94	4¼
1½ lbs. Flour	2.88	.36	17.16	4½
1 qt. Whole Milk	1.16	1.23	1.65	7
3 lbs. Bread	2.88	.24	24.90	6 $\tfrac{9}{10}$
¼ lb. Farina	.42	....	3.03	1¾
⅛ lb Coffee	....	....	....	3⅔
Tea	....	....	....	.
Total	21.68	16.12	79.09	75
Required	19.19	12.42	78.03	78

Speisekarten, Classe II.

Für eine Familie von Sechsen. Durchschnittskosten $1.26 per Tag oder 18 Cents pro Person.

Die Speisekarten dieser Classe werden nicht im Detail gegeben. Indem die für die erste Classe als Basis angenommen wird, wird erwartet, daß einige Luxusartikel beigefügt und eine bessere Qualität Speisen verwendet werden; die Qualitäten der Proteinkörper, des Fettes und der Kohlenhydrate werden dann nicht vermindert, was ein Punkt von größter Bedeutung ist.

BILLS OF FARE, CLASS II.

For family of six. Average price $1.26 per day, or 18 cts. per person.

The bills of fare in this class will not be given in detail. Taking those given for Class I as a basis, it is expected that certain luxuries will be added and a better quality of food used; the quantities of Proteid, Fat and Carbohydrate will then not be lowered, which is the point of greatest importance.

Speise-Karten, Classe III.

Für eine Familie von Sechsen. Durchschnittspreis $1.38 per Tag, oder 23 Cents per Person.

Samstag, Mai.

Frühstück.
Orangen
Eier-Omelette auf Toast.
Gekochter Reis mit Milch und Zucker.
Kaffee.

Mittagessen.
Rindfleischsuppe mit Eierteig (S. 128).
Macaronis mit Käse (S. 90).
Löwenzahn-Grün.
Brod.

Abendessen.
Saure Rahmsuppe (S. 124).
Fleischküchelchen (von Suppenfleisch) (S. 49).
Grahambrod mit Butter.
Thee. Kuchen.

	Proteinkörper.	Fette.	Kohlen-hydrate.	Preis in
	Unz.	Unz.	Unz.	Cents.
1 Pfd. Reis............	1.28	.16	12.24	8
¼ Pfund Zucker........	....	....	7.92	3½
6 Apfelsinen............	....	....	....	10
¾ Pfund Macaronis.....	1.08	....	9.18	12¼
4 Pfund Brod..........	3.84	.32	33.22	9 1/5
2 Pfund Mehl..........	3.84	.48	22.88	6
¼ Pfund Kaffee.........	....	....	....	3 2/5
2 Qt. vollständige Milch	2.32	2.46	3.30	14
10 Eier................	1.70	1.60	....	15
2½ Pfund Fleisch.......	8.40	2.20	....	20
¾ Pfund Butter.........	....	9.99	....	18¾
¼ Pfund fetter Käse.....	2.00	2.32	.16	7½
Saurer Rahm und Gewürze für Suppe...	....	....	....	6
Thee..................	....	....	....	2
Total............	24.46	19.53	88.90	136 1/10
Verlangt..........	19.19	12.42	78.03	138

BILLS OF FARE, CLASS III.

For family of six. Average price, $1.38 per day, or 23 cents per person.

SATURDAY, MAY.

Breakfast.
Oranges.
Egg Omelet on Toast.
Boiled Rice with Milk and Sugar.
Coffee.

Dinner.
Beef Soup with Egg Sponge (p. 128).
Macaroni with Cheese (p. 90).
Dandelion Greens.
Bread.

Supper.
Sour Cream Soup (p. 124).
Meat Croquettes (of soup meat) (p. 49).
Graham Bread and Butter.
Tea. Cake.

	Proteids oz.	Fats oz.	Carbohydrates oz.	Cost in Cents
1 lb. Rice	1.28	.16	12.24	8
½ lb. Sugar	....	....	7.92	3½
6 Oranges	....	....	....	10
¾ lb. Macaroni	1.08	....	9.18	12¾
4 lbs. Bread	3.84	.32	33.22	9⅕
2 lbs. Flour	3.84	.48	22.88	6
⅙ lb. Coffee	....	....	....	3⅖
2 qts. Whole Milk	2.32	2.46	3.30	14
10 Eggs	1.70	1.60	....	15
2½ lbs. Meat	8.40	2.20	....	20
¾ lb. Butter	....	9.99	....	18¾
½ lb. Fat Cheese	2.00	2.32	.16	7½
Sour Cream and flavors for soup	....	....	....	6
Tea	....	....	....	2
Total	24.46	19.53	88.90	136 1/10
Required	19.19	12.42	78.03	138

Speisekarten, Classe III.

Sonntag, Mai.

Frühstück.
Haferbrei mit
Zucker und Milch.
Butterbrod.
Kaffee.

Mittagessen.
Schinken mit Eiern.
Salat von kalten Bohnen
mit Lattich.
Rhabarber=Pie.
Cacao.
Brod.

Abendessen.
Reispfannkuchen (S. 93) mit
Zuckersyrup.
Saucekartoffeln.
Thee.

	Proteinkörper.	Fette.	Kohlen=hydrate.	Preis in
	Unz.	Unz.	Unz.	Cents.
⅜ Pfd. Hafergrütze......	1.74	0.72	7.80	3 ⁴⁄₅
⅛ Pfd. Kaffee..........	....	....	....	3 ²⁄₅
1 Pfd. Zucker.........	....	....	15.84	7
2 Qt vollständige Milch	2.32	2.46	3.30	14
⅝ Pfd. Butter.........	....	9.99	....	18½
1 Pfd. Schinken......	3.84	5.84	....	25
⅛ Pfd. Nierenfett.......	....	1.96	....	1
12 Eier...............	2.04	1.92	....	18
Cacao................	....	....	....	4
3 Pfd. Kartoffeln	.96	....	9.94	3½
4 Pfd. Brod..........	3.84	.32	33.20	9 ¹⁄₅
⅛ Pfd. Salat.........	.10	....	.20	5
1 Pfd. Bohnen	3.68	.32	8.55	5
Rhabarber	....	....	....	4
¼ Pfd. Reis..........	.64	.08	6.12	4
1½ Pfd. Mehl........	2.88	.36	17.16	4½
Thee................	....	....	....	2
Salatzubehör.........	....	....	....	5
Total............	22.04	23.97	102.11	137
Verlangt....	19.19	12.42	78.03	138

SUNDAY, MAY.

Breakfast.

Oatmeal Mush with sugar and milk.
Bread and Butter.
Coffee.

Dinner.

Ham and Eggs.
Salad of Cold Beans and Lettuce
Rhubarb Pie.
Cocoa.
Bread.

Supper.

Rice Pancakes (p. 93), with Sugar Syrup.
Stewed Potatoes.
Tea.

	Proteids oz.	Fats oz.	Carbo-hydrates oz.	Cost in Cents.
¾ lb. Oatmeal	1.74	0.72	7.80	3⅘
⅛ lb. Coffee	....	....	....	3⅖
1 lb. Sugar	....	....	15.84	7
2 qts. Whole Milk	2.32	2.46	3.30	14
¾ lb. Butter	....	9.99	....	18¾
1 lb. Ham	3.84	5.84	....	25
⅛ lb. Suet	....	1.96	....	1
12 Eggs	2.04	1.92	....	18
Cocoa	....	....	....	4
3 lbs. Potatoes	.96	....	9.94	3¾
4 lbs. Bread	3.84	.32	33.20	9⅕
½ lb. Lettuce	.10	....	.20	5
1 lb. Beans	3.68	.32	8.55	5
Rhubarb	....	....	....	4
½ lb. Rice	.64	.08	6.12	4
1½ lbs. Flour	2.88	.36	17.16	4½
Tea	....	....	....	2
Salad Dressing	....	....	....	5
Total	22.04	23.97	102.11	137
Required	19.19	12.42	78.03	138

Speisekarte, Classe III.   166

Montag, Mai.

Frühstück.
Orangen.
Milch = Toast.
Kaffee.

Mittagessen.
Hammelbraten mit Brod=
füllsel (S. 106).
Quetschkartoffeln.
Maisbrei mit Zucker und Milch.
Sodarahm (S. 136).

Abendessen.
Pastinakensuppe (S. 119) mit Hefeklösen (S. 128).
Butterbrod.
Süßes Biscuit. Thee.

	Proteinkörper.	Fette.	Kohlen=hydrate.	Preis in
	Unz.	Unz.	Unz.	Cents.
3½ Pfd. Brod..........	3.36	.28	29.06	8 1/10
3 Pfd. Hammelfleisch....	8.16	2.88	....	48
2 Qt. vollständige Milch..	2.32	2.46	3.30	14
1½ Pfd. Zucker	....	....	23.76	10½
1 Pfd. Mehl...........	1.92	.24	11.44	3
½ Pfd. Butter..........	....	6.66	....	12½
⅕ Pfd. Kaffee..........	....	....	....	3 2/5
6 Orangen.............	....	....	....	10
2 Pfd. Maismehl	3.14	1.20	22.40	6
4 Eier.................	.68	.64	....	6
3 Pfd. Kartoffeln.......	.96	....	9.94	3¼
Thee..................	....	....	....	2
Sodarahm.............	....	....	....	3
Pastinaken............	....	....	....	6
Total.............	20.54	14.36	99.90	136½
Verlangt.	19.19	12.42	78.03	138

Monday, May.

Breakfast.
Oranges.
Milk Toast.
Coffee.

Dinner.
Roast Mutton and Bread
Dressing (p. 106).
Mashed Potatoes.
Corn Mush with Sugar
and Milk.
Soda Cream (p. 136).

Supper.
Parsnip Soup (p. 119), with Yeast Dumplings (p. 128).
Bread and butter.
Sponge Cake. Tea.

	Proteids oz.	Fats oz.	Carbo-hydrates oz.	Cost in Cents
3½ lbs. Bread............	3.36	.28	29.06	8 1/10
3 lbs. Mutton............	8.16	2.88	....	48
2 qts. Whole Milk........	2.32	2.46	3.30	14
1½ lbs. Sugar............	....	....	23.76	10½
1 lb. Flour..............	1.92	.24	11.44	3
½ lb. Butter.............	....	6.66	....	12½
⅙ lb. Coffee.............	....	....	....	3¾
6 Oranges...............	....	....	....	10
2 lb. Cornmeal...........	3.14	1.20	22.40	6
4 Eggs..................	.68	.64	....	8
3 lbs. Potatoes...........	.96	....	9.94	3¾
Tea.....................	....	....	....	2
Soda Cream..............	....	....	....	3
Parsnips.................	....	....	....	6
Total................	20.54	14.36	99.90	136¼
Required.............	19.19	12.42	78.03	138

Speisekarten, Classe III.

Dienstag, Mai.

Frühstück.
Buttertoast.
Kaffee.
Conservirte Früchte.

Mittagessen.
Sauerampfer-Suppe (S. 120).
Gebratener Kaulbarsch.
Nudeln (S. 90).
Brod.
Gequellter Reispudding (S. 107).

Abendessen.
Gebackener Brei.
Gedämpfter Rhabarber.
Frische Zwiebäcke mit Butter (S. 98).
Thee.

	Proteinkörper.	Fette.	Kohlen-hydrate.	Preis in
	Unz.	Unz.	Unz.	Cents.
Eingemachte Früchte....	....	....	....	15
2 Pfd. Maismehl.......	3.14	1.20	22.40	6
3 Pfd. Brod..........	2.88	.24	24.90	6 9/10
1½ Qt. vollständige Milch	1.74	1.86	2.50	10½
2 Qt. abgerahmte Milch.	2.12	.48	3.30	8
Rhabarber............	....	....	....	8
2 Pfd. Mehl..........	3.84	.48	22.88	6
1 Pfd. Butter........	....	13.33	....	25
½ Pfd. Zucker........	....	....	7.92	3½
Sauerampfer usw. für Suppe............	....	....	....	5
¼ Pfd. Reis..........	.64	.08	6.12	4
¼ Pfd. Nierenfett	....	3.92	....	2
3 Pfd. frische Fische.....	8.00	.24	....	18
⅛ Pfd. Kaffee........	....	....	....	3 2/5
4 Eier...............	.68	.64	....	6
Thee................	....	....	....	2
Total............	23.04	22.47	90.02	129 3
Verlangt	19.19	12.42	78.03	138 10

Tuesday, May.

Breakfast.
Buttered Toast.
Coffee.
Canned Fruit.

Dinner.
Sorrel Soup (p. 120.)
Fried Catfish.
Noodles (p. 90.)
Bread.
Swelled Rice Pudding (p. 107).

Supper.
Fried Mush.
Stewed Rhubarb.
Fresh Rusks and Butter (p. 98).
Tea.

	Proteids. oz.	Fats. oz.	Carbohydrates. oz.	Cost in Cents.
Canned Fruit................	....	....	....	15
2 lbs. Corn Meal	3.14	1.20	22.40	6
3 lbs. Bread	2.88	.24	24.90	$6\frac{9}{10}$
1½ qts. Whole Milk	1.74	1.86	2.50	10½
2 qts. Skim Milk	2.12	.48	3.30	8
Rhubarb.....................	....	....	....	8
2 lbs. Flour	3.84	.48	22.88	6
1 lb. Butter	....	13.33	....	25
½ lb. Sugar	....	....	7.92	3½
Sorrel &c. for Soup	....	....	....	5
½ lb. Rice	.64	.08	6.12	4
¼ lb. Suet	....	3.92	....	2
3 lbs. Fresh Fish	8.00	.24	....	18
⅛ lb. Coffee	....	....	....	$3\frac{2}{5}$
4 Eggs	.08	.64	....	6
Tea	....	....	....	2
Total	23.04	22.47	90.02	$129\frac{3}{10}$
Required	19.19	12.42	78.03	138

Speisekarten, Classe III.   168

Samstag, September.

Frühstück.
Hominy-Brei mit
  Zuckersyrup.
Gedämpfte Birnen
  geröstete Crackers.
Kaffee.

Mittagessen.
Pflaumensuppe (S. 125).
Geröstetes Beafsteak.
Gesottener, grüner Mais.
Weiße Rüben und Kartoffeln
  (S. 116). Brod.
Apfelpie (S. 109).

Abendessen.
Irish Stew (S. 52).
Biscuit und Butter.
Hefekräpfchen (S. 99).
Thee.

	Proteinkörper.	Fette.	Kohlenhydrate.	Preis in
	Unz.	Unz.	Unz.	Cents.
1 Pfd. Hominy	1.58	.60	11.20	5
Birnen und Pflaumen	....	....	....	5
2 Pfd. Brod	1.92	.16	16.60	4 3/5
¼ Pfd. Crackers	.50	....	4.15	5
2 Pfd. Beef Steak	6.72	1.76	....	36
1 Duz. grüner Mais	....	....	....	15
2 Pfd. Kartoffeln	.64	....	6.62	2½
Aepfel	....	....	....	4
1 Pfd. weiße Rüben	.15	....	1.12	0 7/10
3 Pfd. Mehl	5.76	.64	34.32	9
¼ Pfd. Nierenfett	....	1.96	....	1
1 Pfd. Hammelfleisch	2.72	.96	....	8
⅜ Pfd. Butter	....	9.99	....	18½
2 Eier	.34	.32	....	4 1/6
Thee	....	....	....	2
1 Pfd. Zucker	....	....	15.84	7
1 Qt. vollständige Milch	1.16	1.23	1.65	7
¼ Pfd. Kaffee	....	....	....	3 2/5
Total	20.83	17.62	91.50	138 1/10
Verlangt	19.19	12.42	78.03	138

SATURDAY, SEPTEMBER.

Breakfast.

Hominy Mush with
Sugar Syrup
Stewed Pears.
Toasted Crackers.
Coffee.

Dinner.

Plum Soup (p. 125).
Broiled Beef Steak.
Boiled Green Corn.
Turnips and Potatoes (p. 116).
Bread.
Apple Pie (p. 109).

Supper.

Irish Stew (p. 52).
Biscuit and Butter.
Yeast Doughnuts (p. 99).
Tea.

	Proteids. oz.	Fats. oz.	Carbo-hydrates. oz.	Cost in Cents.
1 lb. Hominy	1.58	.60	11.20	5
Pears and Plums	....	....	....	5
2 lbs. Bread	1.92	.16	16.60	4 3/5
½ lb. Crackers	.50	....	4.15	5
2 lbs. Beef Steak	6.72	1.76	....	36
1 doz. Green Corn	....	....	....	15
2 lbs. Potatoes	.64	....	6.62	2½
Apples	....	....	....	4
1 lb. Turnips	.15	....	1.12	0 7/10
3 lbs. Flour	5.76	.64	34.32	9
⅛ lb. Suet	....	1.96	....	1
1 lb. Mutton	2.72	.96	....	8
¾ lb. Butter	....	9.99	....	18¾
2 Eggs	.84	.32	....	4 1/6
Tea	....	....	....	2
1 lb. Sugar	....	....	15.84	7
1 qt. Whole Milk	1.16	1.23	1.65	7
⅛ lb. Coffee	....	....	....	3 2/5
Total	20.83	17.62	91.50	138 1/10
Required	19.19	12.42	78.03	138

Sonntag, September.

Frühstück.

Sauermilchpfannkuchen mit Zuckersyrup (S. 103).
Wurst. Brod.
Gurken.
Kaffee.

Mittagessen.

Grüne Maissuppe (S. 120).
Fricassirtes Huhn (S. 57).
Kartoffeln und gelbe Rüben (S. 116) mit geschmorten Zwiebeln.
Brod.

Abendessen.

Gebackener Griespudding (S. 108).
Wassertoast.
Rettige.
Thee.

	Proteinkörper. Unz.	Fette. Unz.	Kohlenhydrate. Unz.	Preis in Cents.
Rettige	....	....	....	3
1 Pfd. Wurst	2.32	6.00	....	12
¾ Pfd. Zucker	....	....	9.90	5½
1½ Qt. vollständige Milch	1.74	1.85	2.48	10½
3 Pfd. Brod	2.88	.24	24.90	6 9/10
½ Duz. grüner Mais	....	....	....	7½
Ein altes Huhn (3 Pfd.)	9.00	1.90	....	50
2 Pfd. Kartoffeln	.60	....	6.60	2⅓
½ Pfd. gelbe Rüben	....	....	.72	1
Gurken	....	....	....	2
1½ Pfd. Mehl	2.88	.36	17.16	4½
½ Pfd. Gries	.84	....	6.00	2⅓
¼ Pfd. Butter	....	3.33	....	6¼
1 Qt. sauere Milch	1.06	.24	1.65	4
Kaffee	....	....	....	3 2/5
Thee	....	....	....	2
2 Eier	.34	.32	....	4 1/6
Total	21.66	14.24	69.41	127 2/5
Verlangt	19.19	12.42	78.03	138

Sunday, September.

Breakfast.

Sour Milk Pancakes with
Sugar Syrup (p. 103).
Sausage. Bread.
Cucumbers.
Coffee.

Dinner.

Green Corn Soup (p. 120).
Fricaseed Chicken (p. 57).
Potatoes and Carrots (p. 116).
with Fried Onions.
Bread.

Supper.

Fried Farina Pudding (p. 108.
Water Toast.
Radishes.
Tea.

	Proteids. oz.	Fats. oz.	Carbo-hydrates. oz.	Cost in Cents.
Radishes	....	....	....	3
1 lb. Sausage	2.32	6.00	....	12
¾ lb. Sugar	....	....	9.90	$5\frac{1}{4}$
1½ qts. Whole Milk	1.74	1.85	2.48	$10\frac{1}{2}$
3 lbs. Bread	2.88	.24	24.90	$6\frac{9}{10}$
½ doz. Green Corn	....	....	....	$7\frac{1}{2}$
An Old Chicken (3 lbs.)	9.00	1.90	....	50
2 lbs. Potatoes	.60	....	6.60	$2\frac{1}{2}$
½ lb. Carrots	....	....	.72	1
Cucumbers	....	....	....	2
1½ lb. Flour	2.88	.36	17.16	$4\frac{1}{2}$
½ lb. Farina	.84	....	6.00	$2\frac{1}{2}$
¼ lb. Butter	....	3.33	....	$6\frac{1}{4}$
1 qt. Sour Milk	1.06	.24	1.65	4
Coffee	....	....	....	$3\frac{2}{5}$
Tea	....	....	....	2
2 Eggs	.34	.32	....	$4\frac{1}{5}$
Total	21.66	14.24	69.41	$127\frac{2}{5}$
Required	19.19	12.42	78.03	138

Montag, September.

Frühstück.
Stockfisch-Klöse.
Butterbrod.
Kaffee.
Gedämpfte Aepfel.

Mittagessen.
Rindsbraten.
Gebackene Kartoffeln
Gedämpfte Paradiesäpfel.
Limonade.
Brod.

Abendessen
Beeren-Roly Poly (S. 108.)
Käse.
Butterbrod.
Thee.

	Proteinkörper.	Fette.	Kohlen-hydrate.	Preis in
	Unz.	Unz.	Unz.	Cents.
¼ Pfd. Stockfisch.........	3.60	....	....	6
4 Pfd. Kartoffeln..........	1.28	....	13.24	5
3 Pfd. Brod.............	2.88	.24	24.90	6 9/10
½ Pfd. Butter............	....	9.99	....	18¾
2 Qt. vollständige Milch...	2.32	2.46	3.30	14
1 Pfd. Zucker............	....	....	15.84	7
2½ Pfd. Rindfleisch........	8.40	2.20	....	40
3 Pfd. Paradiesäpfel......	....	....	4.00	5
Citronen................	....	....	....	7
1½ Pfd. Mehl.............	3.88	.36	17.16	4½
½ Pfd. fetter Käse........	2.00	2.32	.18	7½
⅛ Pfd. Kaffee............	....	....	....	3 2/5
Thee...................	....	....	....	2
Obst....................	....	....	....	10
Total	24.36	17.57	78.62	137
Verlangt...........	19.19	12.42	78.03	138

Monday, September.

Breakfast.
Codfish Balls.
Bread and Butter.
Coffee.
Stewed Apples.

Dinner.
Roast Beef.
Baked Potatoes.
Stewed Tomatoes.
Lemonade.
Bread.

Supper.
Berry Roly Poly (p. 108).
Cheese.
Bread and Butter.
Tea.

	Proteids. oz.	Fats. oz.	Carbohydrates. oz.	Cost in Cents.
¾ lb. Codfish	3.60	....	....	6
4 lbs. Potatoes	1.28	....	13.24	5
3 lbs. Bread	2.88	.24	24.90	6 9/10
¾ lb. Butter	....	9.99	....	18¾
2 qts. Whole Milk	2.32	2.46	3.30	14
1 lb. Sugar	....	....	15.84	7
2½ lbs. Beef	8.40	2.20	....	40
3 lbs. Tomatoes	....	....	4.00	5
Lemons	....	....	....	7
1½ lb. Flour	3.88	.36	17.16	4½
½ lb. Fat Cheese	2.00	2.32	.18	7½
⅛ lb. Coffee	....	....	....	3⅔
Tea	....	....	....	2
Fruit	....	....	....	10
Total	24.36	17.57	78.62	137
Required	19.19	12.42	78.03	138

Speisekarten, Classe III.

Dienstag, September.

Frühstück.

Geröstete Mackrelen.
Saucekartoffeln.
Butterbrod.
Kaffee.

Mittagessen.

Saure Rahmsuppe (S. 124).
Hammelbraten mit
Brodfüllsel.
Gekochte rothe Rüben.
Brodpudding (S. 111 No. 2.)

Abendessen.

Apfelkräpfchen mit
Zuckersyrup.
Butterbrod.
Thee.

	Proteinkörper.	Fette.	Kohlen=hydrate.	Preis in
	Unz.	Unz.	Unz.	Cents.
1½ Pfd. Mehl............	2.88	.36	17.16	4½
4 Eier.................	.68	.64	....	8⅓
2 Qt. vollständige Milch...	2.32	2.46	3.30	14
1 Pfd. Zucker............	....	....	15.84	7
⅛ Pfd. Nierenfett........	....	1.96	....	1
2½ Pfd. Hammelfleisch.....	6.80	2.40	....	40
2 Pfd. rothe Rüben.......	....	....	3.00	5
1½ Pfd. gesalz. Mackrelen..	4.56	3.00	....	18¾
1½ Pfd. Kartoffeln	.48	....	4.96	1 9/10
4 Pfd. Brod	3.84	.32	33.20	9 1/5
½ Pfd. Butter...........	....	6.66	....	12½
Saurer Rahm und Aepfel.	....	....	....	8
⅛ Pfd. Kaffee...........	....	....	....	3 2/6
Thee...................	....	....	....	2
Total..............	21.56	17.80	79.46	135½
Verlangt...........	19.19	12.42	78.03	138

Tuesday, September.

Breakfast.
Broiled Mackerel.
Stewed Potatoes.
Bread and Butter.
Coffee.

Dinner.
Sour Cream Soup (p. 124).
Roast Mutton
with Bread Stuffing.
Boiled Beets.
Bread Pudding (p. 111, No. 2).

Supper.
Apple Fritters (p. 114),
with Sugar Syrup.
Bread and Butter.
Tea.

	Proteids. oz.	Fats. oz.	Carbo-hydrates. oz.	Cost in Cents.
1½ lbs. Flour	2.88	.36	17.16	4½
4 Eggs	.68	.64	....	8⅓
2 qts. Whole Milk	2.32	2.46	3.30	14
1 lb. Sugar	....	....	15.84	7
⅛ lb. Suet	....	1.96	....	1
2½ lbs. Mutton	6.80	2.40	....	40
2 lbs. Beets	....	....	3.00	5
1½ lbs. Salt Mackerel	4.56	3.00	....	18¾
1½ lbs. Potatoes	.48	....	4.96	1 9/10
4 lbs. Bread	3.84	.32	33.20	9½
½ lb. Butter	....	6.66	....	12½
Sour Cream and Apples	....	....	....	8
⅛ lb. Coffee	....	....	....	3⅔
Tea	....	....	....	2
Total	21.56	17.80	79.46	135½
Required	19.19	12.42	78.03	138

Speise=Karten, Classe III.

Samstag, Januar.

Frühstück.
Buchweizenkuchen, und
Zuckersyrup.
Butterbrod.
Kaffee.

Mittagessen.
Schweinebraten mit
Apfelmus.
Quetschkartoffeln.
Indianischer Pudding (S. 110.)
Brod.

Abendessen.
Hering und Kartoffelsalat.
Linsen mit Zwetschen (S. 116).
Butterbrod.
Thee.

	Proteinkörper.	Fette.	Kohlen= hydrate.	Preis in
	Unz.	Unz.	Unz.	Cents.
2 Pfd. Buchweizenmehl..	3.04	.64	23.20	10
1½ Pfd. Maismehl......	2.28	.91	16.80	4¼
1 Pfd. Butter..........	....	13.33	....	25
¾ Pfd. Zucker..........	....	....	11.88	5¼
1 Qt. vollständige Milch..	1.16	1.23	1.65	7
Aepfel................	....	....	....	4
2½ Pfd. Schweinefleisch..	8.00	2.80	....	37½
3 Pfd. Kartoffeln.......	.96	....	9.94	3 4/5
2 Eier................	.34	.32	....	4 1/6
1 Qt. abgerahmte Milch..	1.16	.24	1.65	4
3 Pfd. Brod...........	2.88	.24	24.90	6 9/10
½ Pfd. Linsen..........	2.04	.16	4.32	5
¼ Pfd. Zwetschen.......	.15	....	3.80	5
¼ Pfd. Kaffee..........	....	....	....	3 2/5
Thee.................	....	....	....	2
6 Heringe	1.68	.68	....	5
Salat=Zubehör........	....	....	....	5
Total	23.69	20.55	98.14	137½
Verlangt...........	19.19	12.42	78.03	138

Saturday, January.

Breakfast.

Buckwheat Cakes and Sugar Syrup.
Bread and Butter.
Coffee.

Dinner.

Roast Fresh Pork, with Apple Sauce.
Mashed Potatoes.
Indian Pudding (p. 110).
Bread.

Supper.

Herring and Potato Salad.
Lentils, with Prunes (p. 116).
Bread and Butter.
Tea.

	Proteids. oz.	Fats. oz.	Carbo-hydrates. oz.	Cost in Cents.
2 lbs. Buckwheat Flour.........	3.04	.64	23.20	10
1½ lbs. Corn Meal	2.28	.91	16.80	4½
1 lb. Butter	....	13.33	....	25
¾ lb. Sugar	....	....	11.88	5¼
1 qt. Whole Milk..................	1.16	1.23	1.65	7
Apples	....	....	....	4
2½ lbs. Fresh Pork	8.00	2.80	....	37½
3 lbs. Potatoes	.96	....	9.94	3⅕
2 Eggs	.34	.32	....	4⅙
1 qt. Skim Milk....................	1.16	.24	1.65	4
3 lbs. Bread	2.88	.24	24.90	6 9/10
½ lb. Lentils	2.04	.16	4.32	5
⅛ lb. Prunes.......................	.15	....	3.80	5
⅛ lb. Coffee........................	....	....	....	3⅖
Tea....................................	....	....	....	2
6 Herrings	1.68	.68	....	5
Salad Dressing	....	....	....	5
Total..................................	23.69	20.55	98.14	137½
Required	19.19	12.42	78.03	138

Speise-Karten, Classe III.

Sonntag, Januar.

Frühstück.
Milch-Toast.
Bratkartoffeln.
Kaffee.

Mittagessen.
Kalter Schweinebraten.
Nudeln (S. 90).
Gedämpfter Kohl.
Brod.
Gequellter Reispudding (S. 107).
Maiskaffee (S. 135).

Abendessen.
Kartoffelsuppe [S. 118]. Geriebener Käse.
Butterbrod.
Aufgegangener Kuchen [S. 98]. Conservirte Früchte.
Thee.

	Proteinkörper.	Fette.	Kohlen-hydrate.	Preis in
	Unz.	Unz.	Unz.	Cents.
¼ Pfd. fetter Käse.......	1.08	.95	.06	3¼
4 Pfd. Kartoffeln.......	1.28	....	13.24	5
2 Pfd. Mehl..........	3.84	.48	22.88	6
4 Eier............	.68	.64	....	8¼
2 Qt. vollständige Milch	2.32	2.46	3.30	14
1 Qt. abgerahmte Milch..	1.06	.24	1.65	4
⅜ Pfd. Butter..........	....	9.99	....	18¾
1 Pfd. Zucker..........	....	....	15.42	7
2 Pfd. Schweinefleisch....	6.40	2.24	....	30
2 Pfd. Kohl..........	.80	....	1.60	8
¼ Pfd. Reis..........	.64	.08	6.12	4
3 Pfd. Brod..........	2.88	.24	24.90	6 9/10
Maismehl (gedör Körner)	....	....	....	2
Conservirte Früchte.....	....	....	....	10
¼ Pfd. Kaffee..........	....	....	....	3 2/5
Thee............	....	....	....	2
Total............	20.98	17.32	89.17	133 11/10
Verlangt..........	19.19	12.42	78.03	138

Bills of Fare, Class III.

Sunday, January.

Breakfast.
Milk Toast.
Fried Potatoes.
Coffee.

Dinner.
Cold Roast Pork,
Noodles (p. 90).
Stewed Cabbage.
Bread.
Swelled Rice Pudding (p. 107).
Corn Coffee (p. 135).

Supper.

Potato Soup (p. 118). Grated Cheese.
Bread and butter.
Raised Cake (p. 98). Canned Fruit.
Tea.

	Proteids oz.	Fats oz.	Carbohydrates oz.	Cost in Cents
¼ lb. Fat Cheese	1.08	.95	.06	3¼
4 lbs. Potatoes	1.28	....	13.24	5
2 lbs. Flour	3.84	48	22.88	6
4 Eggs	.68	.64	....	8⅓
2 qts. Whole Milk	2.32	2.46	3.30	14
1 qt. Skim Milk	1.06	.24	1.65	4
¾ lb. Butter	....	9.99	....	18¾
1 lb. Sugar	....	....	15.42	7
2 lbs. Fresh Pork	6.40	2.24	....	30
2 lbs. Cabbage	.80	....	1.60	8
½ lb. Rice	.64	.08	6.12	4
3 lbs. Bread	2.88	.24	24.90	$6\frac{9}{10}$
Corn (dry grain)	....	....	....	2
Canned Fruit	....	....	....	10
⅙ lb. Coffee	....	....	....	$3\frac{3}{5}$
Tea	....	....	....	2
Total	20.98	17.32	89.17	$133\frac{1}{10}$
Required	19.19	12.42	78.03	138

Speisekarten, Classe III.

Montag, Januar.

Frühstück.
Buchweizenkuchen.
Wurst.
Kaffee.
Apfelmus.

Mittagessen
Erbsensuppe [S. 118].
Rindsbraten.
Gebackene Kartoffeln.
Conservirte Paradiesäpfel.
Gerstenschleim [S. 112].

Abendessen.
Kartoffelsuppe mit Eier- und Brodklösen [S. 128].
Schwarzbrod mit Butter.
Conservirte Früchte. Thee.

	Proteinkörper.	Fette.	Kohlen-hydrate.	Preis in
	Unz.	Unz.	Unz.	Cents.
2 Pfd. Buchweizenmehl..	3.04	.64	23.20	10
1 Pfd. Wurst............	2.32	6.00	....	12
2 Pfd. Rindfleisch)....	6.72	1.76	....	32
3 Pfd. Kartoffeln......	.96	....	9.94	3¼
2 Pfd. Paradiesäpfel [selbst eingemacht]........	.19	....	3.50	6
3 Pfd. Brod..........	2.88	.24	24.90	6 9/10
2 Eier	.34	.32	....	4 1/6
½ Pfd. Gerste........	.88	.12	5.72	4
1 Qt. vollständige Milch	1.16	1.23	1.65	7
½ Pfd. Zucker........	....	....	7.92	3½
1 Pfd. gedörrte Erbsen..	3.68	.32	8.32	5
¼ Pfund Butter........	....	6.66	....	12½
Conservirte Früchte	....	....	....	10
⅛ Pfd. Kaffee.........	....	....	....	3 2/5
Thee.................	....	....	....	2
Aepfel...............	....	....	....	5
Total............	22.17	17.29	85.15	127 1/5
Verlangt..........	19.19	12.42	78.03	138

Monday, January.

Breakfast.

Buckwheat Cakes.
Sausage.
Coffee.
Apple Sauce.

Dinner.

Pea Soup (p. 118).
Roast Beef.
Baked Potatoes.
Canned Tomatoes.
Barley Gruel (p. 121).

Supper.

Potato Soup with Egg and Bread Balls (p. 128).
Brown Bread and Butter.
Canned Fruit. Tea.

	Proteids oz.	Fats oz.	Carbo-hydrates. oz.	Cost in Cents
2 lbs. Buckwheat Flour........	3.04	.64	23.20	10
1 lb. Sausage	2.32	6.00	....	12
2 lbs. Beef	6.72	1.76	....	32
3 lbs. Potatoes	.96	....	9.94	3¾
2 lbs. Tomatoes (canned at home)	.19	....	3.50	6
3 lbs. Bread	2.88	.24	24.90	6 9/10
2 Eggs..............................	.34	.32	....	4⅕
½ lb. Barley	.88	.12	5.72	4
1 qt. Whole Milk..............	1.16	1.23	1.65	7
½ lb. Sugar	....	....	7.92	3½
1 lb. Dried Peas	3.68	.32	8.32	5
½ lb. Butter	....	6.66	....	12½
Canned Fruit....................	....	....	....	10
⅛ lb. Coffee......................	....	....	....	3⅜
Tea	....	....	....	2
Apples..............................	....	....	....	5
Total..............................	22.17	17.29	85.15	127⅕
Required	19.19	12.42	78.03	138

Speisekarte, Classe III.

Dienstag, Januar.

Frühstück.
Graham-Biscuits.
Geräucherter Speck, gebraten.
Apfelmus.
Kaffee.

Mittagessen.
Gekochtes Hammelfleisch.
Gebackene Kartoffeln
Winter-Speisekürbis.
Butterkuchen mit gedörrten Aepfeln nebst Puddingsauce.
Maiskaffee.

Abendessen.
Hammelfleisch und Bohnenbrühe.
Butterbrod.
Käse. Thee.
Plätzchen.

	Proteinkörper.	Fette.	Kohlenhydrate.	Preis in
	Unz.	Unz.	Unz.	Cents.
¾ Pfd. geräucherter Speck	.36	9.66	....	9
¼ Pfd. gedörrte Aepfel...	.10	....	4.44	6
1 Pfd. Bohnen...........	3.68	.32	8.56	5
¼ Pfd. fetter Käse.......	1.00	1.16	....	3¾
1 Pfd. Zucker...........	....	....	15.84	7
2 Qt. vollständige Milch..	2.32	2.46	3.30	14
2½ Pfd. Hammelfleisch...	6.80	2.40	....	30
3 Pfd. Kartoffeln........	.96	....	9.94	3¾
2 Pfd. Winter-Speisekürbis	.16	....	3.20	10
Plätzchen...............	....	....	....	15
2 Pfd. Brod.............	1.92	.16	16.60	4 ³⁄₅
2½ Pfd. Mehl............	4.80	.60	27.94	8½
¼ Pfd. Butter............	....	3.33	....	6¼
¼ Pfd. Kaffee............	....	....	....	3 ²⁄₅
Thee...................	....	....	....	2
Aepfel..................	....	....	....	5
Total...................	22.10	20.09	89.82	132 ⁷⁄₁₀
Verlangt................	19.19	12.42	78.03	138

Bills of Fare, Class III.

Tuesday, January.

Breakfast.
Graham Biscuits.
Fried Bacon.   Apple Sauce.
Coffee.

Dinner.
Boiled Mutton.
Baked Potatoes.
Winter Squash.
Dried Apple Short Cake
with Pudding Sauce.
Corn Coffee.

Supper.
Mutton and Bean Broth.
Bread and Butter.
Cheese.   Tea.
Cookies.

	Proteids oz.	Fats oz.	Carbo-hydrates oz.	Costs in Cent
¾ lb. Bacon	.36	9.66	....	9
½ lb. dried Apples	.10	....	4.44	6
1 lb. Beans	3.68	.32	8.56	5
¼ lb. Fat Cheese	1.00	1.16	....	3¾
1 lb. Sugar	....	....	15.84	7
2 qts. Whole Milk	2.32	2.46	3.30	14
2½ lbs. Mutton	6.80	2.40	....	30
3 lb. Potatoes	.96	....	9.94	3¾
2 lbs. Winter Squash	.16	....	3.20	10
Cookies	....	....	....	15
2 lbs. Bread	1.92	.16	16.60	4⅗
2½ lbs. Flour	4.80	.60	27.94	8½
¼ lb. Butter	....	3.33	....	6¼
⅛ lb. Coffee	....	....	....	3⅖
Tea	....	....	....	2
Apples	....	....	....	5
Total	22.10	20.09	89.82	132 7/10
Required	19.19	12.42	78.03	138

Zwölf kalte Mittagsmahlzeiten.

Wenn Jemand Monate oder auch nur Wochen lang kalte Mittagsmahlzeiten zu genießen hat, so ist es der Mühe werth, diese Mittagsmahlzeit so gut zu bereiten, wie es möglich ist, und sie hübsch zum Mitnehmen zu verpacken. Jedermann weiß, wie es auch den besten Appetit verderben kann, wenn man sein belegtes Butterbrod mit Apfel-Pie beschmiert, oder seinen Kuchen mit Essig von den Gurken durchweicht findet. Damit eine Büchse oder ein Korb von bestimmten Demensionen so viel wie möglich und die verschiedenen Sorten von einander getrennt halten kann, müssen sie in Fächer getheilt sein.

Das Einfachste—ein länglich-viereckiger Korb,—theile ihn in zwei Fächer vermittelst eines so zugeschnittenen Stückes Pappendeckel, daß es sich ziemlich dicht einschieben läßt; füttere dann die zwei Fächer mit hübschem Packpapier aus, das jeden Tag frisch beigefügt wird. Man kann auf dieselbe Weise auch vier Fächer abtheilen. Eine dicht schließende zinnerne Gewürzbüchse ist hübsch zum Aufbewahren von Käse. Eine winzige „Salbenbüchse" sollte Salz und Pfeffer durcheinander gemengt enthalten. Nähe an die innere Seite des Korbdeckels Lederriemen zum Halten des Messers, der Gabel und des Löffels.

Um den Korb winde einen Riemen, damit Du einen kleinen Blechkessel mit kalten Suppen, wie sie als Getränke im Sommer empfohlen werden, anhängen kannst.

Kalte Puddinge sollten in starkes Schreibpapier, dann in Kalkpapier eingewickelt und dicht zugesteckt werden.

TWELVE COLD DINNERS.

If a man is to eat a cold dinner for months or even for weeks, it is quite worth while to make that dinner as good as it can be, and to pack it nicely for carrying Every one knows how it can take the edge off even a keen appetite to find his sandwich smeared with apple pie, or his cake soaked with vinegar from the pickles. That a box or basket of given dimensions should hold as much as possible, and keep the different kinds of food separate, it must be divided into compartments.

Simplest — an oblong basket,—divide into two compartments by a piece of pasteboard cut so that it slips in rather tightly, then line the two compartments with nice wrapping paper put in fresh every day. It may be divided into four parts in the same way. A close fitting tin spice box is nice for holding cheese. A tiny "salve" box should contain salt and pepper mixed. Sew leather straps on the cover of the basket inside, for holding knife, fork and spoon.

Put a strap around the basket that you may hang from it a little pail containing cold soups recommended for drinks in summer.

Cold puddings should be wrapped in strong writing paper, then in wrapping paper and pinned close.

Kalte Mittagsmahlzeiten für den Sommer.

1. Butterbrod.
Kartoffelsalat und kalte gebackene Fische.
Kaltes, gekochtes Rindfleisch.
Molasse-Plätzchen.
Apfelmus.

2. Maisbrod.
Mit Schinken belegtes Brod.
Gebratene Süßäpfel.
Eierrahm-Pie.
Pflaumenjuppe.

3. Butterbrod.
Kaltes Kalbfleisch.
Hartgesottene Eier.
Eingemachte rothe Rüben.
Kirschen-Pie.

4. Mit gehacktem Rindfleisch belegtes Brod.
Salat von Limabohnen.
Ingwerplätzchen.
Cottage-Käse.
Limonade von isländischem Moos.

5. Graham Brod.
Kalter Hammelbraten.
Gurken mit Salz.
Kürbis-Pie.
Soda-Rahm.

6. Butterbrod.
Geräuchertes Rindfleisch.
Crackers.   Käse.
Süßes Biscuit.
Kalter Kaffee.

Kalte Mittagsmahlzeiten für den Winter.

7. Brod.
Kaltes, gesottenes Schweinefleisch. Kalte, gebackene Bohnen mit Senf und Essig.
Schmalzkräpfchen.   Apfel-Pie.
Kalter Kaffee.

8. Hefebiscuit und Butter.
Kaltes Huhn.
Eingemachte Gurken.
Kalter Reispudding.
Aepfel.

9. Kalte Soda-Biscuits.
Mit Kalbfleisch oder Schinken belegtes Brod.
Saratoga Kartoffeln.
Mince Pie.

10. Biscuits mit Butter und Honig.
Kaltes, gepökeltes Rindfleisch und Roggenbrod.
Torten von gedörrten Aepfeln.
Käse.

11. Butterbrod.
Geräucherter Hering.
Eingemachte Bohnen.
Ingwerbrod.
Aepfel.

12. Maisbrod mit Butter.
Kalter Rindsbraten mit Weißbrod.
Brod mit Apfelpudding.
Brod-Kuchen.

COLD DINNERS FOR SUMMER.

1. Bread and butter.
Salad of potatoes and cold
baked fish.
Cold boiled beef.
Molasses Cookies.
Apple Soup.

2. Corn Bread.
Ham Sandwiches.
Baked sweet apples.
Custard pie.
Plum Soup.

3. Bread and butter.
Cold veal.
Hard boiled eggs.
Pickled beets.
Cherry Pie.

4. Chopped beef sandwiches.
Salad of Lima Beans.
Ginger Snaps.
Cottage Cheese.
Irish Moss Lemonade.

5. Graham bread.
Cold roast mutton.
Cucumbers and salt.
Pumpkin pie.
Soda cream.

6. Bread and butter.
Dried Beef. Crackers.
Cheese. Sponge cake.
Cold coffee.

COLD DINNERS FOR WINTER.

7. Bread.
Cold boiled pork.
Cold baked beans with
mustard and vinegar.
Doughnuts.
Apple pie.
Cold coffee.

8. Yeast biscuits and butter.
Cold chicken.
Pickles.
Cold rice pudding.
Apples.

9. Cold soda biscuits.
Veal and ham sandwiches.
Saratoga potatoes.
Mince pie.

10. Biscuits and butter with
honey.
Cold corn beef and rye
bread.
Dried apple tarts.
Cheese.

11. Bread and butter.
Smoked Herring.
Pickled beans.
Gingerbread.
Apples.

12. Corn bread and butter.
Cold roast beef and white
bread.
Bread and apple pudding.
Bread cake.

Inhaltsverzeichniß.

	Seite.
Aepfel, Nährwerth	84
Apfelplatz	108
Apfelpastete	109
Apfelwasser	136
Apfelwein in Flaschen	136
Birnen, Nährwerth	84
Biscuit, Graham	103
Soda	102
Soda B. in Puddingen	108
Hefe	97
Bonny Clabber	65
Bohnenmehl	82
Bohnensuppe	117
Bohnen, Zellstoff	82
Bohnen, gekocht	115
Verdaulichkeit	77, 82
Proteinkörper	81
mit Zwetschen	116
Breie, geschmort	87
zu bereiten	86
andere Verwendung	87
Brod, Graham	97
Bereitung	95
Prinzipien bei der Bereitung	91
Omelette	60
Pfannkuchen	93
Pudding	110
Uebergebacken	106
Roggenbrod	97
in Dampf gekocht	99
Altbackenes mit Dampf	105
Suppe	121
Verwendungen	105
Buchweizen, Analyse	80
Pfannkuchen	100
Buns, einfach	98
mit Obst	99
Butter, künstliche	70
Substitute	68
ausgelassen	72
Buttermilch, Käse (s. Schmierkäse.)	
frisch zu halten	64
Pudding	108

	Seite.
Buttermilch, Suppe	123
Verwendungen	64
Chocolade	134
Suppe	123
Diätregeln, Armee	67
bairische	67
stehende	67
für eine arme Familie	3, 10–13
Eierspeisen	60
Eier, Nährwerth	29, 58
hartgesotten	60
Omelette	60
Protein	5
roh	59
weichgekocht	59
Eierteig für Suppe	128
Einleitung	1
Erbsen, gespaltene zu kochen	115
Nährwerth	115
Erbsensuppe	118
Fette in Armee-Diätregeln	66
Bedeutung	67
Functionen	9
Verdaulichkeit	69
verschiedene verglichen	70
Verwendung b. im Kochen	70
Fische, Klöse	57
frisch	56
Nährwerth	28
Chowder	56
eingesalzen	57
Suppe	56
Fleisch, Klöse in Suppe	127
Conium	11
Methoden des Kochens	33
Zusammensetzung	32
zähes weich zu machen	45
Fondamin	63
Früchte, gedörrte	84
Kräpfchen	114
Nährwerth	83
Suppen	125
Pudding	108
Gelatin, Geschichte	22
Gemüse, kochen	115

INDEX.

	PAGE.
Apple dumplings	109
pie	109
water	136
Apples, food value of	84
Bacon, balls in soup	128
broiled	54
fried	54
with cabbage	54
Barley, analysis of	80
to cook	86
porridge	122
with prunes	86
in soup	127
Bean flour	82
soup	117
Beans, cellulose in	82
to cook	115
digestibility of	77, 82
proteid in	81
with prunes	116
Beef, analysis of, compared	26, 27
baked	41
boiled	40
broiled	42
corned	47
croquettes	49
fried in fat	40
hash	48
heart	48
liver	47
pie	46
pressed	49
re-cooked	48
stew	40
tripe	48
Biscuit, graham	102
soda	102
soda in puddings	108
yeast	97

	PAGE.
Bills of Fare, explanation of	142
Class I, introduction to	143
Class I	151
Class II	163
Class III	164
Bonny Clabber	64
Bread, corn	97
dressing	106
additional facts about	96
in foreign countries	16
fritters	114
graham	96
making	94
making, principles involved in	91
omelet	60
pancakes	93
pudding	110
re-baked	106
rye	97
steamed	99
stale, steamed	106
soup	121
uses for	105
Buckwheat, analysis of	80
pancakes	100
Buns, plain	98
fruit	98
Butter, artificial	70
substitutes for	68
to try out	71
Buttermilk cheese (see Cottage cheese).	
to keep fresh	64
pudding	108
soup	123
uses for	64
Cake, raised	98
Johnny	103

Inhaltsverzeichniß.

	Seite
Gemüse, Nährwerth	83
mit Früchten	116
vermischt	116
Suppen	117
Gerste, Analyse	80
Kochen derselben	86
Gerstensuppe	122
mit Zwetschen	86
Getränke zu Mahlzeiten	133
Getreide oder Körnerfrüchte	
Analyse	79
Kochen	85
Graham Biscuit	103
Brod	97
Gems	88
Pfannkuchen	104
Gries, Pudding	108
Suppe	121, 122
Hafer, Nährwerth	80
Analyse	80
Haferschleim	135
Pfannkuchen	87
Haferbrei	86
Hammelfleisch, Kochweisen	52
Holzkohle, Verwendungen	21, 43
Hühner, fricassirt	58
Suppe	58
Kaffee	133
Maiskaffee	135
Käse, Schmierkäse	65
mit Brod gekocht	61
Verdaulichkeit	30
Fondamin	63
Nährwerth	29
zerrieben	62
Protein in demselben	5
Verwendung im Ausland	30
Kalbfleisch, Arten der Zubereit.	137
Kaldaunen, zu kochen	48
Kartoffeln, kochen	115
Kruste	47
Omelette	61
Suppe	118
Kohlenhydrate	6
Quantitäten in der Diät	76
in Speisen enthalten	75
Verdaulichkeit	77
Functionen	9
Kräpschen	113
mit Brod	114
mit Ei aufgegangen	114

	Seite
Kräpschen, mit Soda aufgegangen	113
mit Obst	114
Kuchen, aufgegangener	99
Johnny	103
Butterkuchen	103
Erdbeeren Butterkuchen	108
Küche, Einrichtung	18
Geräthe	19
Küche für Kranke	137
Limonade von isländ. Moos	136
Linsen, zu kochen	115
Nährwerth	81
Suppe	118
Macaroni	89
in der Suppe	129
mit Paradiesäpfeln	90
Mais, (Welschkorn) Analyse	80
Brod	97, 103
Brei	80
Pfannkuchen	88
Pone	88
Pudding	107
Schleim	135
Suppe	122
Mark	71
Mehl, feines Weizenmehl	89
mit Ei aufgegangen	92
mit Hefe aufgegangen	94
mit Soda aufgegangen	100
Qualität	94
Mehlsuppen	122
Milch, Analyse	64
Conservirung	65
saure, Verwendung	65
Mittagsmahlzeiten, 12 kalte	177
Mostsuppe	124
Münzsauce	74
Muffins	95
Mus (Hash)	48
Nahrungsgrundlagen, Definition	4
Functionen	7
Proportion in der Diät	11
Nierenfett, Pudding	112
Auslassen	40
Verwendungen	71, 72
Oefe zum Schmoren	41
Omelette, (s. Eier)	
Paradiesäpfel, Omelette	74
Sauce	119

	PAGE.
Cake, short	102
short, strawberry	108
Carbohydrates	6
amount in diet	76
containing foods	75
digestibility of	77
function of	9
Cellulose	75
in beans	76
its uses	82
Charcoal, use of	21, 43
Chocolate	134
soup	123
Cheese, cottage	64
cooked with bread	61
digestibility of	30
fondamin	62
food value of	29
grated	61
proteid in	5
use abroad	30
Chicken, fricaseed	57
soup	57
Cider, bottled	136
soup	124
Coffee	133
corn	135
Corn (Indian), analysis of	80
bread	97, 103
flour	87
gruel	135
mush	87
pancakes	87, 104
pone	88
porridge	122
pudding	107
Croquettes, meat	49
Dietary, army	66
Bavarian	67
standard	3, 10-13
of poor family	12
Dinners, Twelve Cold	175
Doughnuts	99
Drinks at meals	133
Economy, its true scope	13
Egg dishes	59

	PAGE.
Eggs, food value of	29, 58
hard boiled	50
omelets	60
proteid in	5
raw	50
soft boiled	50
Egg sponge for soup	128
Farina, pudding	108
soup	121
Fats in army dietary	66
different, compared	69
digestibility of	68
function of	9
importance of	67
uses of in cooking	71
Fish balls	57
fresh	55
food value of	28
chowder	55
salt	56
soup	56
Flavorings	9, 130
Flour, fine wheat	89
raised with egg	92
raised with soda	100
raised with yeast	93
quality of	94
Fondamin	62
Food Principles, definition of	4
functions of	7
proportion of in diet	10
Fritters	113
bread	114
egg-raised	113
soda-raised	113
fruit	114
Fruits, digestibility of	84
dried	84
fritters	114
food value of	83
soups	124
puddings	108
Gelatine, history of	22
Graham biscuits	102
bread	96
gems	88

Inhaltsverzeichniß.

	Seite.
Pastinakensuppe	119
Pastetenkruste	93
mit Aepfeln	109
Pfanntuchen mit Soda	87
mit Ei	104
mit Hefe	99, 100, 104
Pflanzennahrung, Verdaulichkeit	77
Proteinkörper	5
Functionen	7
Gehalt in Speisen	22
pflanzliche	78
Pudding, Beeren-Betty	110
mit Brod	110
mit Brod und Butter	111
brauner Betty	109
mit Buttermilch	108
mit Eierrahm	110
mit Grieß	108
indischer	107, 110
für einzelne Personen	111
Minutenpudding	107
mit Reis	110
mit Sago	110
mit Tapioca	112
mit Sauce	112
mit Nierenfett	62
Reis, Analyse	80
Kochen	85
Nährwerth	79
Omelette	61
Pfannkuchen	93
Pudding	107, 110
Schleim	135
Rindfleisch, Analyse, Verglichen	26—27
gebacken	42
gesotten	40
geröstet	42
gepökelt	47
Klöse	49
in Fett geschmort	40
Mus	48
Herz	48
Leber	47
Pastete	46
gepreßt	49
gedämpft	40
aufgekocht	48
Kaldaunen	80
Roggen, Mehl, Analyse	80
Brod	97

	Seite.
Salze	6
Saucen, Krautbutter	73
Sauerrampfersuppe	120
Schinken	53
geröstet	54
Schinkenbrödchen	54
Kuchen	54
Küchelchen (Croquetes)	54
Schleime	135
Schmalz	73
Schmalznudeln	99
Schwabenspätzle	74
Schweinefleisch mit Aepfeln	56
mit Bohnen	55
Kochweise	54, 55
Nährwerth	27
Soda-Creme	136
Sparsamkeit, wirklicher Bereich	14
Speck, Klöse für Suppe	128
geröstet	55
geschmort	55
mit Kohl	55
Speisekarten, Erklärung	142
Classe I, Einleitung	143
Classe I	151
Classe II	163
Classe III	164
Suppe, Analyse	24
Zuthaten	126
Kindsuppe	56
Obstsuppen	125
Fleischsuppe, Zubereit	34
Milchsuppe	122
Kräutersuppe	117
Verwendung in Europa	16
Thee	134
Thermometer	43
Trauben, Zuckergehalt	84
Wärmebewahrer	44
Wasser	5
Wecken	97
Weizen	79
Analyse	80
Mehl, kochen	89—105
Weichkornbrei, (Hominy) geschmort	87
Welsh Rarebit	62
Zellstoff, in Bohnen	75
Verwendungen	82
Zucker, Consum	15
Nährwerth	80
Zwiebäcke	98

Index.

	PAGE.
Graham, pancakes	104
Grains, analysis of	80
cooking of	85
Grapes, sugar in	84
Gruels	135
Ham, cakes	54
croquettes	54
boiled	53
broiled	54
fried	54
sandwiches	53
Hash, meat	48
Heat saver	44
Hominy, fried	87
Mushes, fried	87
to make	86
other uses for	87
Introduction	1
Kitchen, arrangement of	18
utensils	19
Lard	72
Lentils, to cook	115
food value of	81
soup	118
Lemonade, Irish moss	136
Macaroni, to cook	89
in soup	129
with tomatoes	90
Marrow	71
Meat balls in soup	129
consumption of	11
methods of cooking	32
structure of	32
tough, to make tender	45
Milk, analysis of	63
canning	63
sour, uses for	64
Mint sauce	74
Muffins	93
Mutton, modes of cooking	51
Noodles	90
Noodle soup	91
Oats, food value of	79
analysis of	80
Oatmeal gruel	135
pancakes	86

	PAGE.
Oatmeal, mush	86
Omelets (see Eggs).	
Oils, for frying	41
Pancakes, soda	87, 103
egg-raised	93
yeast-raised	99, 100, 104
Parsnip soup	119
Pears, food value of	84
Peas Split, to cook	115
food value of	118
Pea soup	118
Plum soup	124
Pie crust	92
apple	109
Pork and apples	55
and beans	55
ways of cooking	55
food value of	27
Potato, cooking of the	115
crust	46
food value of	82
omelet	114
soup	118
Porridges	122
Proteids	5
function of	7
containing foods	22
vegetable	78
Pudding, Berry Betty	110
bread	110
bread and butter	111
Brown Betty	110
buttermilk	108
custard	110
farina	108
Indian	107, 110
individual	111
minute	107
rice	110
sago	110
sauce	112
suet	112
tapioca	110
Rice, analysis of	80
food value of	79
to cook	85

Index.

	PAGE.
Rice, gruel	135
omelet	60
pancakes	93
pudding	107, 110
Rolls	97
Rusks	98
Rye flour, analysis of	80
bread	97
Salts	6
Sauces, drawn butter	73
meat	74
Schwaben Spetzel	128
Sick, cookery for the	136
Starch, in dietary	78
digestibility of	77
Soda Cream	136
Sorrel soup	120
Soup, additions to	126
analysis of	24
fish	121
fruit	124
meat, to make	33
milk	59, 122
use of in Europe	16
vegetable	117
Sugar, consumption of	15
food value of	80
Suet pudding	112
to try out	40
uses of	71, 72
Tea	134
Thermometer, use of	43
Tomato omelet	61
sauce	74
soup	119
Tripe, to cook	48
Veal, modes of cooking	50
Vegetable food, digestibility of	77
Vegetables, cooking of	115
food value of	83
with fruits	116
mixed	116
soups	117
Water	5
Wheat	79
analysis of	80
flour, cooking of	89–104
Welsh rarebit	62

THE AMERICAN PUBLIC HEALTH ASSOCIATION,

Organized in 1872 by a few eminent sanitarians, has grown in fourteen years to be the strongest and ablest association of its kind in America, if not in the world, and contains in its list of members, physicians, lawyers, clergymen, teachers, engineers, architects, and representatives of other trades and professions. Its influence has been felt in the legislative halls of the nation, as well as in every state and territory, for the amelioration of sickness and suffering, and the prolongation of human life.

The fourteen large and elegant volumes it has published are in themselves a monument to American hygiene, while their precepts and teachings have been felt through all ranks and grades of society, from the workshop to the mansion of the millionaire. No library is complete in its literature of sanitation without these works.

Each member of the Association receives a copy of the annual volume free of expense. This work alone is worth more to any individual than the cost of membership.

EXTRACT FROM CONSTITUTION, Art. III.

The members of this Association shall be known as Active and Associate. The Executive Committee shall determine for which class a candidate shall be proposed. The *Active* members shall constitute the permanent body of the Association, subject to the provisions of the Constitution as to continuance in membership. They shall be selected with special reference to their acknowledged interest in or devotion to sanitary studies and allied sciences, and to the practical application of the same. The *Associate* members shall be elected with special reference to their general interest only in sanitary science, and shall have all the privileges and publications of the Associa-

tion, but shall not be entitled to vote. All members shall be elected as follows:

Each candidate for admission shall first be proposed to the Executive Committee in writing (which may be done at any time), with a statement of the business or profession, and special qualifications, of the persons so proposed. On recommendation of a majority of the committee, and on receiving a vote of two thirds of the members present at a regular meeting, the candidate shall be declared duly elected a member of the Association. The annual fee of membership in either class, shall be five dollars.

PUBLICATIONS OF THE AMERICAN PUBLIC HEALTH ASSOCIATION.

PUBLIC HEALTH: REPORTS AND PAPERS OF THE AMERICAN PUBLIC HEALTH ASSOCIATION. Volumes 1 to 14 inclusive and one volume to be issued annually. These volumes contain the papers presented at the annual meetings of the Association, with the discussions upon each, and constitute large and very handsome works. Each member of the Association is entitled to the annual volume. A small edition is also placed in the hands of the treasurer for sale. At the present time there are but few complete sets on hand, and these are being rapidly taken by libraries.

DISINFECTION AND DISINFECTANTS: THEIR APPLICATION AND USE IN THE PREVENTION AND TREATMENT OF DISEASE, AND IN PUBLIC AND PRIVATE SANITATION, by the Committee on Disinfectants, appointed by the American Public Health Association.

The following is the list of authors of this work: GEORGE M. STERNBERG, M. D., Surgeon U. S. Army, and Fellow by Courtesy in the Johns Hopkins University; JOSEPH H. RAYMOND, M. D., Professor of Physiology and Sanitary Science in Long Island College Hospital; VICTOR C. VAUGHAN, M. D., Ph. D., Professor of Physiological Chemistry in the University of Michigan, and Member of the Michigan State Board of Health; CHARLES SMART, M. D., Surgeon U. S. Army, and member of the National Board of Health; GEORGE H. ROHÉ, M. D., Professor of Hygiene in the College of Physicians and Surgeons, Baltimore; JOSEPH HOLT, M. D., President of the Louisiana State Board of Health; SAMUEL H. DURGIN, M. D., health officer of Boston; and J. R. DUGGAN, M. D.

The original experimental investigations made by these specialists are of great importance and value, and render this work the most complete and practical volume upon disinfec-

tion and disinfectants yet published. A large amount of original work is devoted to the various micro-organisms, and in determining the value of many of the so-called disinfectants and germicides. The biological work was conducted mostly at the Johns Hopkins University under the supervision of Dr. Sternberg, and at the University of Michigan under Dr. Vaughan. Various apparatus used for disinfecting purposes, as well as the admirable quarantine system at New Orleans, are fully described and illustrated. The chapter on PTOMAINES, by Dr. Vaughan, is of great value.

The labors and investigations of these gentlemen extended over a period of three years, and involved no inconsiderable expense.

The work consists of two hundred and sixty-five pages, with sixty-eight illustrations, printed upon very heavy paper made especially for this volume, and is elegantly bound in handsome English cloth. The price has been placed at the low figure of two dollars per volume. Sent postpaid on receipt of price.

LOMB PRIZE ESSAYS.

These exceedingly valuable essays, written by authors of great ability, and selected as the best out of many received in competition, by committees of award who were selected by the American Public Health Association, the Conference of State Boards of Health, and the National Board of Health, and whose names alone guarantee the high character of the works, are being placed before the public AT COST, through means that are being furnished the American Public Health Association.

No. 1. Healthy Homes and Foods for the Working-Classes.

By Prof. VICTOR C. VAUGHAN, M. D., Ann Arbor, Mich.

JUDGES:—Dr. E. M. Moore, Pres. State Bd. of Health, Rochester, N. Y.; Dr. C. W. Chancellor, Sec'y State Bd. of Health, Baltimore, Md.; Medical Director Albert L. Gihon, U. S. Navy, Washington, D. C.; Dr. J. H. Raymond, Health Commissioner, Brooklyn, N. Y.; Major Charles Smart, Surgeon U. S. A., Washington, D. C.

SYNOPSIS OF CONTENTS.

Location; the cellar; the walls; the floors; arrangement of rooms; the windows; heating and ventilation; water-supply; the disposal of waste; the surroundings; the care of the home; buying or renting a house; tenement-houses; foods and food stuffs; the nutritive value of foods; the economic value of foods. *Animal foods;*—general properties; methods of cooking meat; milk; butter; cheese. *Vegetable foods;*—cereals and grains; flour and meal; bread; pease and beans; potatoes; other vegetables; starches; sugars; fruits; nuts; vegetable oils; condiments; tea; coffee; chocolate.

8vo paper, 62 pp. Price 10 cts.

Same in English-German (alternate pages in German) .15.

No. 2. The Sanitary Conditions and Necessities of School-Houses and School-Life. By D. F. LINCOLN, M. D., Boston, Mass.

JUDGES:—Hon. Erastus Brooks, LL. D., State Bd. of Health, New York; Dr. H. P. Walcott, State Bd. of Health, Lunacy, and Charity, Cambridge, Mass.; Dr. Granville P. Conn, Pres. State Bd. of Health, Concord, N. H.; John Eaton, Commissioner of Education, Washington, D C.; Col. George E. Waring, Jr., C. E., Newport, R. I.

Site: dampness, the cellar, contamination of soil and air, drainage, foundation walls, neighborhood, etc. Plan and arrangement of the building: architecture, doors, windows, recitation and class-rooms, stairways, fire-escapes, etc. Ventilation and heating: amount of fresh air and cubic space required, introduction of fresh air, carbonic acid gas exhaled, dimensions of ventilating apparatus, size of flues, circulation of air in room, ventilating by steam power, "indirect" heating, testing atmosphere of school-room, source of air-supply, water-closets, ventilating-stoves, open windows, ventilators, etc. Sewerage: bad air dangerous to health, waste-pipes, traps, ventilation of traps, closets, flush-tanks, urinals, privies, disinfectants. Hygiene of the eye: nearsightedness, rules for using the eyes, location of windows, type used in school-books, curtains and blinds. School desks and gymnastics: construction of seats, physical training. Affections of the nervous system: competition for prizes, lack of exercise, dress. Contagious diseases in schools. Sanitary supervision. This work contains fifteen illustrations.

8vo paper, 38 pages. Price, 5 cts.

No. 3. Disinfection and Individual Prophylaxis against Infectious Diseases. By GEORGE M. STERNBERG, M. D., Major and Surgeon U. S. A.

JUDGES:—Dr. S. H. Durgin, Health Officer, Boston, Mass.; Dr. J. E. Reeves, Sec'y State Bd. of Health, Wheeling, W. Va.; Dr. Gustavas Devron, Pres. Aux. San. Assn., New Orleans.

La.; Prof. Richard McSherry, M. D., Baltimore, Md.; Prof. James L. Cabell, LL. D., University of Virginia, Va.

Disinfection; groups of disinfectants.

GROUP I.—1. Fire; 2. Steam under pressure; 3. Boiling water; 4. Chloride of lime; 5. Liquor, soda chlorinatæ; 6. Mercuric chloride.

GROUP II.—7. Dry heat; 8. Sulphur dioxide; 9. Carbolic acid; 10. Sulphate of copper; 11. Chloride of zinc; general directions for disinfection; disinfection of excreta, etc.; disinfection of person; disinfection of clothing and bedding; disinfection of the sick-room; disinfection of privy vaults, cesspools, etc.; hospitals; disinfection of water and articles of food; disinfection of ships; merchandise. Individual prophylaxis against infectious diseases; cholera; yellow fever; smallpox; scarlet fever; diphtheria; tuberculosis; typhoid fever; concluding remarks, etc.

This essay is undoubtedly the best ever written in the English language upon the prevention of disease, and ough t to be placed in the hands of every family.

8vo paper, 40 pp. Price, 5 cts.

Same in English-German (alternate pages in German) .10.

No. 4. **The Preventable Causes of Disease, Injury, and Death in American Manufactories and Workshops, and the Best Means and Appliances for Preventing and Avoiding Them.** By GEORGE H. IRELAND, Springfield, Mass.

JUDGES:—Dr. E. M. Hunt, Sec'y State Bd. of Health, Trenton, N. J.; Dr. A. N. Bell, Editor *Sanitarian*, New York City; Major George M. Sternberg, Surgeon, U. S. A., Baltimore, Md.; Major John S. Billings, LL. D., U. S. A., Washington, D. C.; Mr. W. P. Dunwoody, Secretary National Board of Health, Washington, D. C.

Construction of workshops; elevators; fire-escapes; sanitary condition; plumbing; ventilation; sunlight; heating; lighting; precaution against fires; dust in factories; ice supply; handling

heavy goods; machinery; saws and moulding machines; grindstones; railroading; emergencies; contagious diseases; cleanliness; facilities for workmen, etc.

8vo paper, 20 pages. Price, 5 cts.

The four essays, in one volume of nearly two hundred large octavo pages, *thoroughly indexed*, bound in cloth, 50 cts.

The same printed upon extra heavy paper made especially for this edition, and bound in expensive brown cloth with gold and black finish, making an elegant and handsome volume, $0.75.

www.ingramcontent.com/pod-product-compliance
Lightning Source LLC
Chambersburg PA
CBHW020106010526
44115CB00008B/708